Ephesians
에베소서 묵상집

그리스도의 몸인
교회를 세우라

| 박정훈 지음 |

쿰란출판사

그리스도의 몸인
교회를 세우라

추·천·사

굳은 마음과 생각은 점점 깨져갔고…

우리 교회는 코로나 팬데믹 상황에서도 영상으로 예배와 성경공부와 기도회를 계속했다. 그리고 매일 목사님을 통하여 아침묵상이 카톡에 올려졌다. 아침묵상을 통하여 굳은 마음과 생각은 점점 깨져갔고, 세상의 가치와 기준이었던 나의 시선은 하나님의 기준과 가치로 방향이 조금씩 바뀌어 갔다. 그리고 삶의 자리에서 말씀대로 살아보려고 발버둥 치자 교회 생활과 일상의 문제조차도 행복으로 변해갔다. 흔들림 없는 복음의 열정을 가진 목사님의 발자국 위에 나의 발자국을 포개며 따라온 시간들을 주신 주님께 감사드린다. 오늘도 변함없이 카톡에 올려지는 말씀 묵상으로 인하여 주님께 감사를 올려 드린다.

곽경미 집사

나의 목마름과 공허를 채워주시는…

하나님은 살아 계신가? 의문이 생겼을 때 물 댄 동산 같은 말씀으로 나의 목마름과 공허함을 채워주시는 예수님을 만나게 되었다. 하나님이 있는 삶을 배움으로 이익을 쫓지 않는 '인그리스도'가 되게 하시고 인격신앙을 배움으로 사역하게 하시니 감사드린다.

박소인 집사

기쁨과 감사로, 하나님을 경외함으로…

예배와 교회를 너무나 몰랐다. 그저 한 시간 예배당에 나왔다가 돌아오면 된다고 생각했고, 주일을 지키지 않으면 벌을 주시지 않을까? 하는 두려운 마음으로 교회에 나갔다. 그러나 매일 아침 묵상을 읽으며 그리스도의 몸인 교회, 나의 최고의 것과 모든 정성을 다해 거룩하게 드려야 할 예배에 대하여 알게 되었다. 그래서 지금은 무섭고 두려우신 하나님이 아니라, 사랑이 많으시고 조건 없이 받아 주시는 은혜의 하나님을 알게 되었다. 이제 나의 예배는 진리를 따라 기쁨과 감사로, 하나님을 경외함으로 드리는 예배가 되었음에 감사를 드린다.

소영남 집사

'슈브', 돌아와 바른 '인격신앙'으로…

예전에는 땅의 복만을 생각하고 추구하며 살았던 내가, 현재는 복음을 알고 마음과 생각과 행동이 변했음을 고백한다. 세상의 가치가 아닌 진리의 말씀에만 아멘으로 화답하고 감사하며, 살아 있기에 겪는 고난조차도 사랑하게 됨은 큰 기적이다. 잘못 살았을지라도 깨닫고 '슈브', 돌아와 바른 '인격 신앙'으로 살기 위해 발버둥 치는 나로 인하여 영향력이 손주들에게까지 흘러가는 것을 보며 말씀의 능력을 체험했다. 모르는 것도 죄라는 사실 앞에서 임종예배 드리기 전까지 말씀과 예배와 기도로 승리하는 삶을 살겠다고 다짐하며 선포한다.

강인숙 권사

슈브의 신앙으로 살아가도록…

환경을 뛰어넘어 주님께 감사와 찬양을 드리고 복음에 비밀을 깨닫고, 하늘에 소망을 두고 사는 삶을 살았던 바울을 통해, 어찌하든지 말씀과 예배와 기도로 날마다 '슈브의 신앙'으로 살아가도록 인도하심에 감사드린다.

김애란 권사

하나님을 찬양하고 하나님의 인격을 닮아…

사도 바울이 그리스도이신 예수님의 소유된 이방인의 사도로 부르심 받은 것은 하나님의 뜻과 은혜이며, 하나님의 위대하신 목적과 계획을 위함이라고 말씀한다. 나를 한마음교회의 성도로 부르신 목적도 동일하며, 예수님의 십자가 피로 값없이 주어진 은혜 안에서 하나님의 영광을 드러내며, 하나님을 찬양하고 하나님의 인격을 닮아 돕고 세우고 살리는 삶을 사는 사명을 잘 감당할 수 있기를 오늘도 기도드린다.

서은주 집사

마음에 찔림이 많아 불편할 때도 있었지만…

아침묵상은 죄로 인해 낡고 정체된 삶에 빠져 허우적거리며 진보가 없던 내게 참된 삶, 충만한 삶으로의 길을 안내해 주었다. 묵상 중 마음에 찔림이 많아 불편할 때도 있었지만 에베소서를 정독하며 그리스도의 몸, 영광스러운 교회와 함께 나 자신이 하나님께 합당한 사람으로 자라나야 함을 소망케 하는 선물 같은 묵상이었다.

윤미애 집사

교회의 비밀이 '함께'라는 사실을 알게 되어…

에베소서 아침 묵상을 통하여 믿음으로 내가 예수님과 함께 되었고 나와 이방인과 유대인이 말씀으로 하나 되어 만물에게까지 그리스도의 생명을 흘려보내야 하는 사명이 있음을 배웠다. 무엇보다도 교회의 비밀이 '함께'라는 사실을 알게 되어 감사했다. 아침 묵상을 통하여 나만 잘 믿고, 복 받고, 천국 가는 신앙이 아니라, 복음이 유대인과 이방인(모든 사람)에게 흘러가서 만물에게까지 예수 그리스도의 충만함을 흘려보내야 할 사명이 나에게 있음을 더욱 뚜렷이 알게 되었다.

방영미 사모

작은 책자이지만 마치 작은 주석서와 같이…

친구의 첫 번째 저서인 에베소서 묵상집은 철저한 복음주의 신학자로서 원문에 충실한 해석과 함께 구체적인 적용점을 제시하고 있다. 작은 책자이지만 마치 작은 주석서와 같이 원어 그대로 풀이하여 성경의 의도에 조금도 빗나가지 않고 내용이 알차다. 하루하루 연구한 것이 이렇게 유익한 책자로 발간되어 감사하고 축하한다. 출간을 축하하며 목회자와 신학생 그리고 성도들에게 아주 유익한 책이 될 것이라 생각하며 적극 추천한다.

친구 문성욱 목사(남사보배로운 교회)

에베소서 '아침묵상'을 묵상하며…

아침이면 친구로부터 카톡을 통해 전해오는 에베소서 '아침묵상'을 묵상하며 교회가 무엇인지를 더욱 선명하게 알게 되었고, 성도들에게 분명하게 전할 수 있었다. 친구의 첫 묵상집인 에베소서 출간을 축하하며, 이 귀한 책이 한국교회가 세워져 가는 데 도움이 될 것이라 확신한다.

친구 고일곤 목사(금정교회)

머·리·말

고난…

감당하기 어려운 상처…
너무 힘들고 고통스러워 하나님의 뜻을 묻지도 않고 평생의 소원이었던 목회를 접으려 했던 나의 어리석음의 시간들…
"대단한 인생을 바란 것도 아니었는데…."
"그저 주님의 몸인 교회와 성도들 안에 계신 하나님을 온 힘을 다해 섬기려고 발버둥 치며 살았을 뿐인데…."
"그저 하나님 나라와 구속사를 위해 이바지하고 싶었을 뿐인데…."
"그래서 '구속사를 위해 도와 달라'는 그 말 한마디에, '더 큰 구속사를 위해 보내드린다'는 성도들의 고백을 뒤로하고 눈물로 귀한 성도들을 떠났는데…."
그런데…
믿고 나의 50년의 삶을 던졌던 목사의 '미투' 사건이 드러나며 모든 것이 무너지던 그날…
감당하기 어려운 거짓과 배신과 기만을 직면했던 그날…
더 이상 물러설 자리가 없었던 그날…
생각할수록 기가 막히고 고통스러웠던 날들이었다.

질문…

그 고통의 광야를 지나며 20살부터 품었던 질문 하나가 다시 올라왔다. "교회는 다니는데 왜 사람들은 변화되지 않는 것일까?"
"말씀으로 한 세상을 열었다고 자랑하면서 전국, 전 세계를 누비며 성경을 가르치던 목사는 왜 어린 청년에게 몹쓸 짓을 하여 무너진 것일까?"

"여러 권의 성경을 배워 말씀 사역자라고 자랑하던 이들이, 바른 양심과 진리의 가르침보다 오염된 양심으로 거짓된 이야기를 만들어 퍼뜨리며 기만의 길을 선택한 것일까?"

해답…
인격…
그리스도의 인격…
삼위 하나님의 인격의 부재 때문이라고 하나님은 말씀하셨다.

"주 예수 그리스도의 은혜와 하나님의 사랑과 성령의 교통하심이 너희 무리와 함께 있을지어다"(고후 13:13).

성자 하나님의 '은혜'와 성부 하나님의 '사랑'과 성령 하나님과의 '교통'이 없는 신앙이, 교회를 오래 다니고 성경을 읽고 공부해도 변하지 않는다고 말씀하셨다.

평소에는 신앙인처럼 말하고 행동하던 이들이 어떤 문제가 생기면 '인격 신앙', 즉 하나님의 말씀과 말씀의 가치를 따르지 않고 기득권과 개인적이고 세속적인 이득을 쫓아 양심도 진리도 버리고 익숙한 세속의 가치와 기준으로 돌아가 버린다. 교회를 다녀도 변하지 않는 비밀이 바로 여기에 있다고 말씀하셨다. 그래서 그들은 끊임없이 주님의 이름을 빙자하여 자신의 거짓과 기만을 포장하고 합리화시키며 살아간다고 말씀하셨다.

인격신앙 훈련, 성경공부…

신앙생활은 "사역보다 인격"이 먼저다.

하나님께서는 좋은 목사가 되려고 하기 전에 먼저 '인격 신앙을 가진 좋은 그리스도의 사람' 즉 '인(人, IN) 그리스도'가 되라고 말씀하셨다. 그래서 나는 그날부터 두 가지 훈련을 시작했다.

첫째는 인격 훈련이다.

'인격 훈련'이란, 매일 삼위 하나님의 인격으로 하루를 시작하는 삶이다.

아침에 눈을 뜨면 1분간 찬양하며 하나님을 예배하고, 다시 1분간 기도를 드린다. 그리고 자리에서 일어나 1분간 성경을 펴고 말씀을 읽는 것으로 하루를 시작하는 훈련이다. 그리고 마음 훈련을 위해 아침마다 하나님이 주신 생각들과 5가지 감사를 기록한다. 그리고 중장기적으로 성장하고 싶은 것을 매일 기록한다. 그리고 저녁 잠자리에 들기 전에는 하루의 삶을 지력, 심력, 영력, 체력, 관계로 나누어 매일 점검하며 기록하고 마음일기를 쓰는 것으로 하루를 정리하는 훈련을 했다.

매일 마음을 기록하니 마음의 상처가 조금씩 치료되고, 숨 쉴 수 있는 여유가 조금씩 생기기 시작했다.

둘째는 원문 중심의 성경공부이다.

'개역개정성경'과 '원어분해성경 어플'과 '옥스퍼드주석'과 '카리스 주석'과 '생명의 삶 플러스'를 중심으로 여러 주석들과 인터넷 자료들을 참고해가며 매일 성경을 공부했다.

나의 성경공부는 '알기 위한 공부가 아니라 살기 위한 공부'였다. 왜냐하면 50대 초반에 만난 인생 최대의 광야가 너무 힘들고 고단했기 때문이다. 너무 힘드니 찬송도 위로가 안되고, 기도도 나오지 않았다. 더구나 폐쇄공포증까지 와서 숨 쉬는 것조차 힘들었다. 그때 하나님의 말씀만이 나의 위로였고, 삶의 희망이었고, 다시 일어설 힘이 되었고, 인생의 위기를 극복하는 길이었고, 배신과 거짓과 기만의 시간을 뛰어넘을 수 있는 능력이었다.

"아침묵상"…

목회를 접으려던 생각으로 가득 차 있던 어느 날, 하나님께서는 한 목사와의 만남을 통하여 목회를 접으려던 이유를 제거해 주시며 다시 목회의 자리로 부르셨다.

서울, 하나님께서는 다시 서울 땅으로 부르셔서 교회의 분열로 상처받은 성도들과 함께 한마음교회를 이루게 하셨다. 그런데 교회가 예배당을 얻어 시작된 지 불과 5개월 만에 코로나19로 인한 팬데믹이 발생했다.

아무것도 할 수 없는 상황 속에서, 모든 예배와 모임을 영상으로 돌리고, 매일 새벽기도를 마치고 목양실에 앉아 전도서를 시작으로 '아침묵상'을 만들기 시작했다. 그리고 코로나19로 지쳐가는 성도들을 위해 카톡과 밴드에 올려 나누었다.

하나님의 말씀은 힘이 있고 능력이 있어 아침묵상과 영상예배를 통하여 성도들의 신앙과 삶은 더디지만 꾸준히 성장해 갔고, 팬데믹 상황 속에서도 성도들이 성장하는 만큼 교회도 함께 성장하는 큰 은혜를 누렸다.

출판…

나의 버킷리스트에 출판은 없었다. 그런데 '아침묵상'에 대한 여러 피드백 가운데 책으로 묶어 달라는 성도들의 요청이 출판이라는 현실이 되어 버렸다.

코로나19로 인한 팬데믹 기간을 살아가는 성도들을 위해, 주님의 음성을 따라 한 절 한 절 공부하고 정리했던 '에베소서'가 이렇게 책으로 출판됨은 지나간 삶에 대한 하나님의 보상이자 하나님의 '페이버'(favor)이다.

감사…

생애 첫 출간의 영광을, 나의 삶의 이유가 되시며 부족한 인생을 실수 없이 인도하시는 아버지 하나님께 올려드린다.

그리고 평생 아들이 주님의 복음을 위한 신실한 종이 되게 해 달라고 기도하시며, 믿음의 삶을 물려주시고 하늘나라에 입성하신 나의 어머니 소길엽 권사, 그리고 언제나 가장 큰 힘과 위로가 되는 아내 방영미 사모, 거짓과 기만의 사건으로 힘겨운 시간을 보내는 아빠에게 '목회 그만 두셔도 우리가 책임지겠다'며 상처받은 아빠와 엄마를 위로하던 나의 아들 박솔진, 딸 박하영, 아들 박솔민. 귀한 가족들에게 사랑과 고마움의 마음을 전한다.

그리고 딱딱한 설교를 잘 경청하며, 잘 안 되지만 그럼에도 말씀을 믿고, 존중하며, 그렇게 살기 위해 발버둥 치는 하나님의 기쁨인 귀한 한마음교회 성도들께 감사를 전한다.

그리고 '아침묵상'이 책으로 만들어져 출간되도록 섬겨주신 은진교회 조성원 목사께도 감사드리고, 부족한 자의 졸필을 이렇게 좋은 책으로 다듬고 만들어 주신 쿰란출판사에 감사를 드린다.

2023년 10월
새벽기도를 마치고
박정훈

> 본서는, 개역개정성경을 중심으로 옥스퍼드 주석, 카리스 주석, 생명의삶플러스, 원어분해성경 어플 외 인터넷 자료를 참고하여 묵상한 묵상집입니다.

목·차

추천사 · 4
머리말 · 9

에베소서 1장	17
에베소서 2장	56
에베소서 3장	96
에베소서 4장	131
에베소서 5장	191
에베소서 6장	256

에베소서 1장

※※
1~2절 문안과 인사

1절 하나님의 뜻으로 말미암아 그리스도 예수의 사도 된 바울은 에베소에 있는 성도들과 그리스도 예수 안에 있는 신실한 자들에게 편지하노니

바울은 1차로 로마에 투옥되어 있던 기간 중에 그가 2차 전도 여행 중에 세웠고 3차 전도 여행 중에 거의 3년 동안 머무르면서 목회하였던 에베소 교회에 편지를 보낸다.
먼저 1~2절에서 문안 인사를 전한다.

하나님의 뜻으로 말미암아 그리스도 예수의 사도 된 바울은
* 뜻: (헬)델레마 – 목적, 계획, 경륜
* 사도: (헬)아포스톨로스 – 보냄을 받은 자, 대리자

바울은 자신이 그리스도의 몸인 교회를 세우기 위한 사명을 가진 자, 즉 킹덤 빌더로 부르심을 받은 것은 자신의 원함이나 사람의 계획이 아니고, 더구나 자신의 인격이나 자격이나 공로나 능력이 아니라고 말씀한다.

자신이 그리스도이신 예수님의 소유 된 이방인의 사도로 부르심을 받은 것은, 첫째는 하나님의 기쁘신 뜻과 은혜요, 둘째는 하나님의 위대하신 목적과 계획을 위함이라고 말씀한다.

"그러나 내 어머니의 태로부터 나를 택정하시고 그의 은혜로 나를 부르신 이가"(갈 1:15).

에베소에 있는 성도들과 그리스도 예수 안에 있는 신실한 자들에게 편지하노니

* 성도: (헬)하기오이스 – 바쳐진 자들, 거룩한 자들

바울은 그리스도인에 대한 두 가지 표현으로 에베소 교회의 성도들에게 문안 인사를 전한다.

첫째는 '성도들'이다. 성도들이란, 하나님의 택하심을 받아 하나님을 섬기기 위하여 지명되어 구별된 백성이다.

둘째는 '신실한 자들'이다. 신실한 자들이란, 신앙적인 관점에서는 복음으로 오신 예수 그리스도를 믿고 구원받아 세례를 통하여 예수님과 연합되어 성화의 삶을 살아가는 성도들이다. 인격적인 관점에서는 구원받은 성도로서 진리, 즉 말씀 안에서 삼위 하나님의 인격을 닮아가며 그렇게 살고자 발버둥 치는 성도들을 일컫는다.

묵상

우리의 인생에서 가진 모든 것, 즉 직분, 가정, 자녀, 재능, 부 등의 주체가 하나님이라는 사실을 알아야 한다. 그러므로 자신이 다른 사람보다 조금이라도 더 가졌다고 생각하는 것이 있다면, 결코 자랑하거나 교만하지 말아야 한다. 왜냐하면 바울의 고백과 같이 모든 것이 하나님의 위대하신 계획을 이루기 위해 은혜로 주신 것들이기 때문이다. 그러므로 부르심의 자리에서 성도, 즉 하나님께 바쳐진 자들은 겸손하

게 그리스도의 인격을 닮기 위해 발버둥 치는 삶을 살아야 한다.

📖 나는 성도로, 신실한 자로 살아가고 있는가?

"그러나 내가 나 된 것은 하나님의 은혜로 된 것이니 내게 주신 그의 은혜가 헛되지 아니하여 내가 모든 사도보다 더 많이 수고하였으나 내가 한 것이 아니요 오직 나와 함께하신 하나님의 은혜로라"(고전 15:10).

2절 하나님 우리 아버지와 주 예수 그리스도로부터 은혜와 평강이 너희에게 있을지어다

바울은 에베소 성도들을 향한 축도를 통해 은혜와 평강의 근원에 대하여 말씀한다.

* 은혜: (헬)카리스 – 어떤 것을 과분하게 받는다, 값없이 주시는 호의
* 평강: (헬)에이레네 – 평화, 복, 번영(물질과 안전)

'은혜와 평강'의 축복기도는 바울과 사도들의 서신에서 자주 사용되던 형식이다. '은혜'는 조건 없이 주시는 과분한 은혜로, 당시 초대교회 성도들뿐 아니라 헬라인들의 사이에서도 널리 사용되던 인사말이다. '평강'은 어떠한 환경에도 방해받지 않는 내면의 평화, 즉 구약의 '샬롬'으로 구약 성도들의 대표적인 인사법이었다.

바울은 본절에서 그리스도 밖에 있는 평안은 일회적인 기쁨과 쾌락을 주지만, 십자가의 구속을 통해 주시는 하나님의 은혜는 영원하다고 말씀한다. 그래서 바울은 에베소 교회의 모든 성도들이 하나님과 예수님으로부터 흘러나오는 풍성한 은혜와 평강의 복을 누리기를 축복하며 기도한다.

> **묵상**

우리 신앙의 시작점이 어디인가? 바로 은혜이다. 우리는 죄 없으신 예수님의 십자가의 은혜로 구원받았다. 그리고 그 십자가 안에서만 참된 평화를 누릴 수 있다. 그러므로 예수님의 십자가는 우리의 신앙의 처음이자 마지막이다.

왜 교회를 다녀도 마음이 흔들리고 불평과 원망이 일어나는가? 십자가의 은혜와 평강을 붙들지 않기 때문이다. 주님의 십자가 은혜와 평강은 세상의 돈과 명예와 권력을 뛰어넘는 믿음을 통해서만 주신다.

📖 **나는 마음의 평안을 어디에서 찾고 있는가?**

"평안을 너희에게 끼치노니 곧 나의 평안을 너희에게 주노라 내가 너희에게 주는 것은 세상이 주는 것과 같지 아니하니라 너희는 마음에 근심하지도 말고 두려워하지도 말라"(요 14:27).

＊＊

3~6절 성부 하나님의 선택과 예정

3절 찬송하리로다 하나님 곧 우리 주 예수 그리스도의 아버지께서 그리스도 안에서 하늘에 속한 모든 신령한 복을 우리에게 주시되

바울은 3~4절에서 하늘에 속한 신령한 복에 대하여 말씀한다. 먼저 본절에서 하나님을 예수 그리스도의 아버지로 고백하며 찬양한다.

찬송하리로다

* 찬송: (헬)율로게오 – 찬양을 받기에 족한 ((히)바라크 – 송축하다, 찬양하다)

바울은 3~14절을 통하여 하나님의 구원 경륜이 우리 주 예수 그리스도 안에서 이루어졌음을 찬양한다. 바울은 현재 육신적으로 감옥에 갇혀 찬양할 조건이 아니었음에도, 환경을 뛰어넘어 하나님이 그리스도 예수 안에서 주시는 하늘에 속한 신령한 복 때문에 감사와 찬양을 드리고 있다.

환경과 상황에 따라 찬양도 감사도 변하며 심지어는 봉사도 예물도 드리지 않는 미성숙한 성도들과는 달리, 복음의 비밀을 깨닫고 하늘에 소망을 두고 사는 바울은 환경과 사람 때문에 일희일비하지 않고, 환경 그 너머 하나님의 인생 경영을 바라보며 찬양과 감사의 삶을 살아간다.

하나님 곧 우리 주 예수 그리스도의 아버지께서 그리스도 안에서 하늘에 속한 모든 신령한 복을 우리에게 주시되

* 신령한 복: (헬)율로기아 프뉴마티코스 – 성령님께 속한 영적인 유익들, 영생

바울은 하나님께서 성도들에게 구원의 복을 주시는 세 가지의 이유에 대하여 말씀한다.

첫째는 예수 그리스도의 구속 사역 때문이다. 예수님 안에 거하는 성도들만이 구원의 복을 누릴 수 있다는 말씀이다.

"우리가 그를 전파하여 각 사람을 권하고 모든 지혜로 각 사람을 가르침은 각 사람을 그리스도 안에서 완전한 자로 세우려 함이니" (골 1:28).

둘째는 성도의 복이 하늘에 속해 있기 때문이다. 땅의 복과는 본질적으로 다른, 부활하시고 승천하신 예수님이 계신 하늘의 복을 주시기 위함이라는 말씀이다.

"그의 능력이 그리스도 안에서 역사하사 죽은 자들 가운데서 다시

살리시고 하늘에서 자기의 오른편에 앉히사"(엡 1:20).

셋째는 택한 자에게 주시는 신령한 복 때문이다. 신령한 복이란, 예수님을 믿는 성도가 받는 영적인 복으로 '구원'을 의미한다.

"그 안에서 너희도 진리의 말씀 곧 너희의 구원의 복음을 듣고 그 안에서 또한 믿어 약속의 성령으로 인 치심을 받았으니"(엡 1:13).

묵상

연약한 성도들의 특징은 상황과 환경과 자신의 기분에 따라 살아간다는 것이다. 기분이 좋으면 예배도 감사도 예물도 잘 드린다. 그러나 감정이 상하면 예배와 감사, 십일조와 헌물조차도 드리지 않거나 대충 드린다.

하지만 바울과 같이 믿음이 성숙한 성도는 자신의 상황이 다 이해되지 않아도, 환경 너머에서 실수 없이 자신의 인생을 경영해 나가시는 하나님을 신뢰하고 찬양하며 감사의 삶을 살아간다.

성도의 복은 어디서 오는가? 성도가 누리는 하늘의 복과 땅의 복은 오직 예수 그리스도 안에서만 온다. 그러므로 자신의 환경과 기분을 따라가는 신앙생활은 종교 생활에 불과하다는 사실을 알아야 한다. 종교 생활로는 길이요 진리요 생명이신 예수님으로부터 흐르는 복을 받을 수 없다. 만약 예수님 외에 다른 복과 다른 길을 말하고 가르친다면, 그는 도둑이요 강도이다.

그러므로 환경과 기분을 따라가는 신앙생활을 멈추고 오직 진리의 말씀을 따라 하나님과 교회와 이웃을 섬기는 삶을 살아야 한다.

📖 **나는 환경과 상황과 기분에 따라 하나님께 찬양과 감사와 예물을 드리는 신앙생활을 하고 있지 않는가?**

"육신의 생각은 사망이요 영의 생각은 생명과 평안이니라"(롬 8:6).

4절 곧 창세 전에 그리스도 안에서 우리를 택하사 우리로 사랑 안에서 그 앞에 거룩하고 흠이 없게 하시려고

바울은 유대인과 이방인을 함께 불러서 세우신 신약 교회의 뿌리는, 창세 전부터 예정하신 그리스도의 구속 예정에 근거한다고 말씀한다.

창세 전에 그리스도 안에서 우리를 택하사

교회가 이 땅에 세워진 것은 가시적으로는 성령이 오셔서 교회가 세워졌다. 하지만 교회의 기원은 창세 전부터 그리스도 안에서 예정하신 하나님의 택하심에 있다고 말씀한다. 하나님께서 우리를 택하심은 우리의 공로나 자격이 아니라, 우리가 죄 없으신 예수 그리스도의 십자가의 은혜를 믿음으로 받아들였기 때문이다. 그러므로 믿음이 없다면, 그 누구라도 하나님의 선택의 대상이 될 수 없다.

우리로 사랑 안에서 그 앞에 거룩하고 흠이 없게 하시려고

* 직역) 우리를 거룩하고 흠이 없게 하는 것은 사랑 안에서 된다.

예수 그리스도의 십자가를 통한 하나님의 사랑만이 우리를 거룩하고 흠이 없게 하신다. 그러므로 성도가 거룩하고 흠이 없게 되는 일은 오직 예수 그리스도의 십자가의 사랑 안에 거할 때만 가능하다.

묵상

세상의 선택은 조건과 환경을 먼저 본다. 그러나 하나님의 선택 기준은 세상의 선택, 즉 사람의 외모, 행위, 공로, 충성 맹세, 능력 등이 아니다. 하나님이 우리를 선택하실 때 보시는 것은 단 한 가지인데 바로 예수 그리스도를 믿느냐이다.

그러므로 구원받은 성도는 자신을 택하여 주신 하나님 앞에서 항상 겸손해야 한다. 겸손은 성도의 가장 큰 미덕이다. 왜냐하면 성도의 구원은 자신의 공로나 자격이 아니라, 예수님의 십자가 공로를 믿을 때만 가능한 일이기 때문이다.

나를 부르신 하나님 앞에서 겸손한 삶을 드리는가?

"그 자식들이 아직 나지도 아니하고 무슨 선이나 악을 행하지 아니한 때에 택하심을 따라 되는 하나님의 뜻이 행위로 말미암지 않고 오직 부르시는 이로 말미암아 서게 하려 하사"(롬 9:11).

5절 그 기쁘신 뜻대로 우리를 예정하사 예수 그리스도로 말미암아 자기의 아들들이 되게 하셨으니

바울은 5~6절에서 우리를 예정하셔서 아들로 삼으신 하나님의 경륜에 대하여 말씀한다.

그 기쁘신 뜻대로

* 뜻: (헬)델레마 – 하나님이 주권적으로 계획하신 경륜과 목적

바울은 하나님께서 예수 그리스도를 통하여 우리를 구원하시고 양자로 삼으심은 전적으로 하나님의 기쁘신 뜻이라고 말씀한다. 따라서 예수님의 십자가와 부활과 승천이 없다면 우리는 여전히 죄인이며 하나님의 자녀가 될 수 없다.

우리를 예정하사 예수 그리스도로 말미암아 자기의 아들들이 되게 하셨으니

* 예정하사: (헬)프로오리조 – 사전에 경계를 제한(구획, 설계, 계획)하다

하나님께서는 인간을 구원하시려는 목적을 가지고 예수 그리스도를 보내셨으며, 예수님의 십자가의 도를 믿는 모든 자들을 자녀로 삼아 하나님 나라의 유업을 이어가게 하셨다.

묵상

예정론은 운명론과는 다르다.

운명론은 시간 개념이다. 과거부터 이미 결정된, 피할 수 없는 운명의 시간을 의미한다. 그래서 운명론에는 인격적 개념이 없다. 하지만 예정론은 주권의 개념이다. 모든 시간과 공간의 초월자, 주권자, 인격자이신 하나님이 당신의 뜻, 즉 목적하신 대로 인도해 가신다.

그러므로 성도는 현재 자신의 형편이나 처지를 숙명으로 받아들이는 운명론자가 되지 말고, 말씀과 환경을 통하여 나를 향하신 하나님의 선하신 뜻을 믿어야 한다. 그리고 그 뜻을 발견하기 위해 기도하며 자신의 삶을 개척하는 예정론자의 삶을 살아야 한다.

성도는 운명론자가 아니다. 그러므로 오늘 내가 살아가면서 만나는 모든 사건과 시간 속에 하나님의 선하시고 온전하시고 기뻐하시는 뜻이 있음을 믿으라. 그리고 문제 너머에 계신 하나님을 바라보라. 그리하면 십자가로 나를 구원하신 하나님께서 예정해 주신 하늘의 복과 땅의 복을 받게 될 것이다. 이것이 예정론적인 삶을 사는 것이다.

📖 **나의 인생을 구원하기로 예정하신 하나님의 섭리를 신뢰하는가?**

"그러므로 네가 이 후로는 종이 아니요 아들이니 아들이면 하나님으로 말미암아 유업을 받을 자니라"(갈 4:7).

6절 이는 그가 사랑하시는 자 안에서 우리에게 거저 주시는 바 그의 은혜의 영광을 찬송하게 하려는 것이라 바울은 성도를 예정하시고 자녀로 삼으신 목적에 대하여 말씀한다.

이는 그가 사랑하시는 자 안에서
＊ 사랑하시는 자: (헬)에가페메노 – 가장 사랑받는 사람

바울은 하나님께서 가장 사랑하시는 예수 그리스도의 십자가를 통해 우리를 사랑하셨다고 말씀한다.

우리에게 거저 주시는 바 그의 은혜의 영광을 찬송하게 하려는 것이라

바울은 하나님께서 선택과 예정으로 우리를 자녀 삼으신 궁극적인 목적은, 구원받은 성도가 예수님의 십자가로 값없이 주어진 은혜 안에서 하나님의 영광을 드러내는 존재로, 또한 하나님의 이름과 성품과 하신 일을 찬양하는 존재가 되게 하려 하심이라고 말씀한다. 즉 성도의 삶에서 최고로 중요한 목적은 하나님의 풍성한 은혜 안에서 우리를 구원하신 하나님의 은혜의 영광을 말씀과 예배와 기도의 삶을 통해 찬양하는 것이라고 말씀한다.

그러므로 성도가 은혜를 받은 것은 자신의 어떠한 자격이나 조건 때문이 아님을 알고, 하나님의 풍성한 사랑과 신실함을 찬양하고 영광을 돌리는 삶을 살아야 한다.

묵상

구원의 영광 때문에 기뻐하며 감격해 본 일이 있는가?

의외로 많은 성도들이 구원의 영광을 상실한 채 살아간다. 말과 노래로는 구원을 찬양하지만, 정작 삶의 자리에서는 예수님을 임의로 대우하고 십자가에 못 박았던 유대인들처럼 구원의 기쁨을 상실한 채 세상의 영광을 구하며 살아간다.

📖 **나는 구원받았다는 사실 때문에 가슴 뛰는 감사의 고백을 드리고 있는가?**

"생명의 말씀을 밝혀 나의 달음질이 헛되지 아니하고 수고도 헛되지 아니함으로 그리스도의 날에 내가 자랑할 것이 있게 하려 함이라"(빌 2:16).

✳✳
7~12절 성자 예수님의 구속

7절 우리는 그리스도 안에서 그의 은혜의 풍성함을 따라 그의 피로 말미암아 속량 곧 죄 사함을 받았느니라

바울은 7~10절에서 그리스도 안에서 이루어지는 구속 사역에 대하여 말씀한다.

우리는 그리스도 안에서…그의 피로 말미암아 속량 곧 죄 사함을 받았느니라

* 속량: (헬)아폴뤼트로시스 – 값을 치르고 구매함, 속전을 지불하여 얻은 구출

바울은 성도가 받은 구원의 속전은 자기 자신이 치른 것이 아니요, 오직 죄 없으신 예수 그리스도께서 십자가에서 당신의 몸과 피를 흘려 주신 그 핏값으로 사망의 세력에서 생명을 건짐받았다고 말씀한다.

그의 은혜의 풍성함을 따라

바울은 하나님께서 독생자 아들 예수 그리스도를 통하여 우리를

구원하실 때, 인색함으로 하지 아니하시고 당신 안에 있는 최고의 은혜 즉 예수 그리스도 안에서 차고 넘치는 풍성함으로 우리를 자녀로 받아 주셨다고 말씀한다.

묵상

최고의 사랑으로 우리를 구원해 주신 하나님은, 우리에게 무엇을 원하시는가? 바로 풍성함이다.

하나님께서는 보아스가 룻을 위해 기업을 물려받은 것처럼, 회개하고 돌아온 탕자를 품에 안은 아버지처럼, 회개하고 돌아온 성도가 그리스도이신 예수님 안에서 빚진 자나 종처럼 살기를 원하지 않으신다. 도리어 아버지의 그 풍성하신 품속에서 자녀로서 당당하고 행복한 삶을 살기를 원하신다. 하나님의 은혜의 특징은 한이 없다는 것이다.

세파에 시달려 고달픈가? 잠시 하나님을 떠나 영적 기근에 허덕이고 있는가? 다함이 없는 은혜, 퍼주고 또 퍼주기를 원하시는 아버지께로, 은혜 안으로 '슈브', 즉 돌아오고 계속해서 돌아오라.

📖 나는 실패한 삶의 자리에서 하나님께 돌아가고자 발버둥 치는 신앙을 소유하고 있는가?

"그러나 이 은사는 그 범죄와 같지 아니하니 곧 한 사람의 범죄를 인하여 많은 사람이 죽었은즉 더욱 하나님의 은혜와 또한 한 사람 예수 그리스도의 은혜로 말미암은 선물은 많은 사람에게 넘쳤느니라"(롬 5:15).

8절 이는 그가 모든 지혜와 총명을 우리에게 넘치게 하사

* 지혜: (헬)소피아 – 지적이고 형이상학적인 지혜
* 총명: (헬)프로네세이 – 실제적이고 도덕적인 지혜

바울은 탁월한 하나님의 지혜와 총명에 대하여 말씀한다. '지혜'란

하나님의 지적이고 형이상학적인 지혜를 의미하고, '총명'이란 실제적이고 도덕적인 지혜를 의미한다. 바울은 하나님께서 구원받은 성도 안에 이러한 지혜와 총명이 넘치게 하셨다고 말씀한다. 하나님께서는 당신의 뜻 안에서 예정과 양자 됨과 구속의 피의 능력을 알게 하시기 위함이다.

장 칼뱅은 하나님의 지혜와 총명을 '복음'이라고 말했다. 인간의 이성적인 지혜와 도덕적인 총명으로는 하나님의 뜻의 비밀을 알 수가 없다. 하나님의 지혜와 총명은 오직 복음 안에서 거듭나서 세례를 통해 예수님과 연합된 성도만이 소유할 수 있는 것이다.

묵상

성도의 믿음의 현주소는 말씀과 기도이다. 만세 전부터 비밀로 감추어져 있는 구원의 비밀을 얼마나 알고 믿고 행하느냐가 '믿음의 수준'을 결정한다. 복음의 비밀을 몰랐던 유대인들은 예수님을 십자가에 못 박아 죽게 했다.

오늘날도 구원받았다고 하면서도 죄 없으신 예수님의 말씀을 몰라 지혜와 총명을 상실한 채 맘몬이즘과 세속적인 번영을 따라 사는 사람들이 얼마나 많은가?

그러므로 십자가의 은혜로 하나님의 자녀가 된 성도는, 솔로몬의 고백처럼 '자선의 삶'과 '말씀을 공부하는 삶'만이 인생의 마지막 날에 후회하지 않을 것이라는 말씀을 기억하고 힘써 구제하는 삶, 말씀을 공부하는 삶을 살아야 한다.

📖 **나는 거듭난 성도로서 하나님의 지혜와 총명을 누리고 사는가?**

"이로써 우리도 듣던 날부터 너희를 위하여 기도하기를 그치지 아니하고 구하노니 너희로 하여금 모든 신령한 지혜와 총명에 하나님의 뜻을 아는 것으로 채우게 하시고"(골 1:9).

9절 그 뜻의 비밀을 우리에게 알리신 것이요 그의 기뻐하심을 따라 그리스도 안에서 때가 찬 경륜을 위하여 예정하신 것이니

바울은 하나님께서 은혜의 풍성함으로 주신 '지혜'와 '총명'을 통해서만 하나님의 뜻의 비밀을 알게 된다고 말씀한다.

그 뜻의 비밀을 우리에게 알리신 것이요
* 비밀: (헬)뮈스테리온 – 신비, 이상

바울은 구약적인 사고를 가졌던 유대인들은 상상도 못할 비밀, 즉 예수 그리스도를 통하여 유대인과 이방인 사이에 막혀 있던 담을 허물고, 성령님 안에서 담대히 하나님께 나아가게 하려는 구원의 신비를 성도들에게 알리셨다고 말씀한다.

그의 기뻐하심을 따라 그리스도 안에서 때가 찬 경륜을 위하여 예정하신 것이니
* 때: (헬)카이로스 – 특별히 의미의 시간(크로노스의 반대)
* 찬: (헬)플레로마 – 그릇에 물이 가득 차 있는 상태
* 경륜: (헬)오이코노미아 – 집안일을 관리하는 것, 경영

하나님께서 성도들에게 그 뜻의 비밀을 알리신 이유는 무엇인가? 바울은 복음이 우연히 선포된 것이 아니라, 인간을 구원하시려는 하나님의 영원한 계획 안에서 가득 찬 구원의 때, 즉 예수 그리스도의 성육신의 때에 예수님을 통하여 만물을 통일하시려는 영원한 계획을 이루시기 위함이라고 말씀한다.

묵상

복음의 비밀은 세상적인 학문이 높다고 이해할 수 있는 것이 아니다. 왜냐하면 '신비'이기 때문이다. 설령 성경과 기독교를 연구하는 학자라도 복음의 진리를 이해하지 못할 수도 있다.

그러면 누가 복음의 비밀을 이해할 수 있는가? 복음이신 예수님을 믿고 예수님의 말씀을 알고, 그 말씀을 삶의 으뜸으로 존중하며, 말씀대로 살고자 발버둥 치는 성도만이 복음의 신비를 진정으로 이해할 수 있다. 사도 바울 당시에 제사장, 바리새인, 서기관들도 복음의 비밀을 몰라서 예수님을 십자가에 못 박고 복음을 핍박하는 죄를 저질렀다. 그러나 세상적인 학문이 빈약했던 예수님의 제자들이 복음에 대하여 산헤드린 공의회 앞에서 논박할 때, 당대 최고의 지식을 가졌던 공의회 회원들이 제자들의 지혜를 이길 수 없었음을 기억해야 한다.

"그들이 베드로와 요한이 담대하게 말함을 보고 그들을 본래 학문 없는 범인으로 알았다가 이상히 여기며 또 전에 예수와 함께 있던 줄도 알고"(행 4:13).

다른 사람들보다 지혜와 지식이 없다고 한탄하는가? 남보다 못 배웠다고 원망하는가? 복음의 비밀을 알게 하신 하나님을 찬양하라. 그리고 담대히 십자가와 부활과 승천의 비밀을 증거하는 삶을 살라. 우리의 문제는, 모르는 것이 아니라 그리스도의 인격으로 살지 못하는 것이다.

📖 **나는 하나님을 아는 지식이 인생에서 최고의 지식이라는 사실을 아는가?**

"이로써 우리도 듣던 날부터 너희를 위하여 기도하기를 그치지 아니하고 구하노니 너희로 하여금 모든 신령한 지혜와 총명에 하나님의 뜻을 아는 것으로 채우게 하시고"(골 1:9).

✳✳
10~11절 구속사의 비밀(1)

10절 하늘에 있는 것이나 땅에 있는 것이 다 그리스도 안에서 통일 되게 하려 하심이라

* 통일되게 하려 하심이라: (헬)아나케팔라이오마이 – 여러 가지 것들을 한 가지 통일 한 목적을 향해 모으다

바울은 때가 찬 경륜 속에서 예수 그리스도의 구속 사역을 통해 구속의 은혜를 베푸신 첫 번째 목적에 대하여 말씀한다. 그것은 모든 피조 세계를 예수 그리스도의 십자가 아래서 하나로 모아, 먼저는 하나님과 바른 관계를 맺게 하기 위함이다. 그 다음으로 인간과 인간, 인간과 만물이 서로의 다양성을 인정하며 사랑으로 조화롭게 살게 하기 위함이다.

묵상

예수님이 오시기 전까지 인간은 아담의 불순종으로 인하여 뿔뿔이 흩어져, 민족우월주의에 빠져서 서로를 배척하며 살았다. 특히 구원의 빛을 세상에 전파하라고 선택받은 유대인들도 선민의식에 빠져 이방인들을 개처럼 여기는 죄를 범하였다. 그래서 하나님께서는 때가 차매, 창세 전부터 계획하신 경륜을 따라 예수님을 세상에 보내셔서 십자가를 지게 하셨다. 그리고 십자가의 도에 순종하는 이방인과 유대인 사이를 가로막고 있던 담을 허물어 버리셨다.

"그는 우리의 화평이신지라 둘로 하나를 만드사 원수 된 것 곧 중간에 막힌 담을 자기 육체로 허시고"(엡 2:14).

그리고 이 땅에 교회를 세우셔서 모든 피조물이 성령님 안에서 '하나'

되게 하셨다.

"평안의 매는 줄로 성령이 하나 되게 하신 것을 힘써 지키라"(엡 4:3). 세상은 빈부귀천, 지역, 정치적 진영 논리 등으로 편을 가르며 살아가지만, 거룩한 성도들의 모임인 교회는 예수님의 구속 사역의 첫 번째 목적인 '하나 됨'을 지켜야 한다. 교회는 예수님의 십자가 생명의 원리로 헬라인이나 유대인, 할례자나 무할례자, 남자나 여자, 종이나 자유인 등 어떠한 차별도 용납하지 않는 공동체를 만들어 '그리스도의 인격 신앙'을 세상에 보여주어야 한다.

하나님의 구원 경영의 목표는 '예수님 안에서 만물의 통일'이다. 하나님께서는 예수 그리스도 십자가로 거룩한 처소인 하늘로부터 죄와 타락과 더러움과 괴로움과 고통과 죽음으로 가득한 땅을 통일시켜 화목하게 하기를 원하셨다. 이 일을 위해 예수님이 오셨고, 이 땅에 교회를 세우셨다.

그러므로 구원받은 성도는 교회의 비밀이 '함께'라는 사실을 깨닫고 어떠한 경우에서든, 즉 정치, 경제, 문화, 인종, 사상, 학벌, 빈부 등으로 하나님의 형상대로 지음을 받은 사람들을 차별해서는 안 된다.

📖 나는 어떠한 이유 때문에 누군가를 차별하는 삶을 살고 있지 않는가?

"모든 것이 하나님께로서 났으며 그가 그리스도로 말미암아 우리를 자기와 화목하게 하시고 또 우리에게 화목하게 하는 직분을 주셨으니 곧 하나님께서 그리스도 안에 계시사 세상을 자기와 화목하게 하시며 그들의 죄를 그들에게 돌리지 아니하시고 화목하게 하는 말씀을 우리에게 부탁하셨느니라"(고후 5:18~19).

11절 모든 일을 그의 뜻의 결정대로 일하시는 이의 계획을 따라 우리가 예정을 입어 그 안에서 기업이 되었으니 바울은 11~12절에서 구속사의 두 번째 비밀, 즉 성도가 누릴 기업에 대하여 말씀한다.

모든 일을 그의 뜻의 결정대로 일하시는 이의 계획을 따라

* 뜻: (헬)프로데시스 – 목적, 의도
* 일하시는: (헬)에네르게오 – 힘써 일하다, 일하여 성취하다

바울은, 하나님께서 복음이신 예수 그리스도를 통하여 밝히신 구속사의 두 번째 비밀은 만세 전부터 예정하신 성도의 구원을 위해 당신의 목적과 계획대로 모든 일을 힘써 이루신 것이라고 말씀한다.

우리가 예정을 입어 그 안에서 기업이 되었으니

* 우리가…기업이 되었으니: (헬)클레로오 – 제비를 뽑아 정하다, 선택하다

바울은 하나님께서 목적과 계획에 따라 '우리' 즉 '그리스도를 소망하는 유대인'들을 예정 가운데 먼저 선택하여 하나님의 기업이 되게 하셨다고 말씀한다. 그러므로 모든 성도는 하나님의 계획을 따라 자신의 의지와 상관없이 하나님의 예정 가운데 제비 뽑혀 하나님께서 받으실 기업, 즉 미리 결정된 자가 되었다고 말씀한다.

묵상

하나님이 먼저 유대인을 부르셔서 당신의 백성으로 세우신 것은 세상에 구원의 빛을 전하게 하시기 위함이다. 그러나 유대인들은 구원을 전하는 사명을 저버리고 선민이라는 특권만 내세우다가 잠시 하나님으로부터 방치의 형벌을 받았다.

구원받은 성도는 다른 사람들보다 먼저 나를 불러서 복음을 알고 믿게 하신 하나님의 목적과 계획을 분명히 알아야 한다. 만약 우리가 죄 없으신 예수님의 말씀 안에서 살고자 발버둥 치지 아니하고, 맘몬이즘

과 세속적인 번영신학에 빠져 복음의 전달자로서의 사명을 감당하지 않는다면, 이스라엘 백성들이 받았던 '방치의 형벌'을 받게 될 것이다. 그러므로 성도는 구속사의 비밀을 바로 알고 복음으로 살고자 발버둥 치는 삶이 가장 복된 삶이요 영적인 삶이라는 사실을 믿고, 하늘의 복과 땅의 복이 충만한 인생을 살아야 한다.

📖 **나는 예수님의 말씀으로 훈련받으며 '십자가의 전달자'의 사명을 잘 감당하고 있는가?**

"하나님이 원 가지들도 아끼지 아니하셨은즉 너도 아끼지 아니하시리라 그러므로 하나님의 인자하심과 준엄하심을 보라 넘어지는 자들에게는 준엄하심이 있으니 너희가 만일 하나님의 인자하심에 머물러 있으면 그 인자가 너희에게 있으리라 그렇지 않으면 너도 찍히는 바 되리라"(롬 11:21~22).

**
12절 구속사의 비밀(2)

12절 이는 우리가 그리스도 안에서 전부터 바라던 그의 영광의 찬송이 되게 하려 하심이라

바울은 11절에 이어 본절에서 구속사의 두 번째 비밀에 대하여 말씀한다.

'우리'란, 하나님이 약속하신 메시아로 오신 예수 그리스도를 인정한 유대인들을 가리킨다. 이방인 그리스도인들이 믿기 이전에 하나님께서 예수님을 주와 그리스도로 모신 유대인 성도들, 즉 열두 사도

와 바울과 예루살렘 교회의 성도들을 먼저 택하신 목적은 바로 예수 그리스도의 영광의 찬송이 되게 하려는 것이라고 말씀한다.

정리해 보면, 유대인 성도들을 먼저 예정하고 선택하여 하나님의 찬송이 되게 하시고 계속해서 이방인 그리스도인들과 교회를 이루어 교회를 통해 인류를 구원하시려는 계획이 구속사의 두 번째 비밀이다.

묵상

구원받은 성도를 향한 궁극적인 하나님의 계획과 목적은 하나님을 찬양하는 것이다.

찬양이란 무엇인가? 기본적인 단어인 히브리어 '할랄'을 통하여 살펴보면 '자랑하다', '칭찬하다', '높이다'라는 의미를 가지고 있다. 즉 하나님을 찬양한다는 것은 인간이 하나님의 이름과 성품과 우리 가운데서 행하신 일들을 자랑하고 높이고 칭찬하는 것이다.

그러므로 예수 그리스도를 믿어 구원받은 성도는 삶의 첫 번째 목적이, 창조로부터 지금까지 인간을 보호하시고 지키시고 인도하신 하나님을 찬양하는 삶이라는 사실을 깨달아야 한다.

📖 나는 구원받은 성도로서 삶의 자리에서 하나님의 자랑이 되는 삶을 살고 있는가?

"이 백성은 내가 나를 위하여 지었나니 나를 찬송하게 하려 함이니라"
(사 43:21).

※※
13~14절 성령 하나님의 인 치심과 보증

13절 그 안에서 너희도 진리의 말씀 곧 너희의 구원의 복음을 듣고 그 안에서 또한 믿어 약속의 성령으로 인 치심을 받았으니

바울은 13~14절에서 성령님의 인 치심은 구원받은 자녀의 증거라고 말씀한다.

'인 치심'이란, 국가 문서의 진정성과 권위를 증명하는 왕의 도장을 찍는 것을 의미한다. 그러면 성도는 언제 성령님의 구원의 증표인 인 치심을 받을 수 있는가? 바로 그리스도 안에서 유대인 성도나 이방인 성도 모두가 진리의 말씀, 즉 구원의 복음을 듣고, 들은 언약의 말씀을 믿을 때이다. 그때부터 성령님이 내주하셔서 예수님의 말씀을 존중하고, 말씀대로 살도록 도와주신다. 그러므로 성령님의 인 치심의 기반은 은혜로 오신 예수님을 믿는 믿음과 진리의 말씀이다.

"그가 또한 우리에게 인치시고 보증으로 우리 마음에 성령을 주셨느니라"(고후 1:22).

묵상

복음은 듣고 알고 깨달아서 믿어지는 것이 아니다. 세상 사람들도 성경에 대하여 좋은 말씀이라고 알고 깨닫기도 한다. 하지만 복음이 마음에 와닿지 않는다. 왜 그런가? 믿음은 들음에서 난다고 했는데 말이다. 그러나 복음을 계속 듣다 보면 어느 날 복음이 뼈에 사무치도록 느껴지고 자신이 죄인임을 고백하며 사람들 앞에서 창피한 줄도 모르고 눈물 콧물을 다 쏟는 경험을 하게 된다. 그리고 예수님 안에서만 살겠노라고 결단하게 된다.

그 차이가 무엇인가? 바로 성령님이 임하실 때 복음이 믿어지고 고백되기 때문이다. 성령님이 마음속에 임하셔서 가르치고 알게 하며 깨닫게 하심으로 우리는 비로소 복음을 온 인격으로 고백하게 된다.

나는 말씀과 기도로 성령 충만해져 가고 있는가?

"그러므로 내가 너희에게 알리노니 하나님의 영으로 말하는 자는 누구든지 예수를 저주할 자라 하지 아니하고 또 성령으로 아니하고는 누구든지 예수를 주시라 할 수 없느니라"(고후 12:3).

14절 이는 우리 기업의 보증이 되사 그 얻으신 것을 속량하시고 그의 영광을 찬송하게 하려 하심이라

바울은 성령님의 인 치심의 가장 크고 중요한 목적은 성도의 구원을 보증하시기 위함이라고 말씀한다.

이는 우리 기업의 보증이 되사

* 기업: (헬)클레로노미야 – 상속, 유산, 재산
* 보증: (헬)아르라본 – 보증금, 저당물, 담보

'보증'이란 고대 페니키아와 그리스 등에서 널리 사용되던 상업 용어이다. 물건을 사는 사람이 물건 값의 완납을 확증하는 표시로 맡겨 놓는 물건을 가리킨다. 성부 하나님께서 우리를 구원하시기로 작정하셨고, 성자 예수님께서 우리의 구속 사역을 성취하셨으며, 성령님께서 우리의 구원의 완성을 보장하셨다는 말씀이다.

그러므로 구원받은 성도가 예수님의 십자가와 부활과 승천을 통하여 주신 하나님 나라의 상속권의 보증이 되시는 이, 즉 성령님을 떠나지 않는 한 그분이 보증이 되심으로 구원은 영원히 보장된다는

말씀이다.

그 얻으신 것을 속량하시고 그의 영광을 찬송하게 하려 하심이라
성령님께서는 '얻으신 것', 즉 예수 그리스도를 주와 구원자로 영접한 그리스도인들을 죄와 사망으로부터 해방하시고, 주님이 재림하시는 날까지 완전하게 구원의 보증이 되셔서 영원한 해방과 완전한 자유를 누리게 하실 것이다.

그러므로 성도는 현재의 고난이 아무리 힘들어도 장차 받을 영광의 자리까지 인도하시고 보호하시고 도우시는 성령님 안에서 하나님을 찬양해야 한다.

묵상

오늘도 많은 성도들이 성령님의 '인 치심'을, 능력을 받고 방언을 하고 각종 은사를 경험하는 것으로 생각한다. 성경은 이러한 성령님의 역사들로 가득 차 있는 것이 사실이다. 그래서 많은 성도들이 이러한 이유로 성령 충만을 구한다.

그러나 이러한 현상들은 성령님이 역사하실 때 일어나는 부차적인 사건들이라는 사실을 알아야 한다. 성령님의 주된 사역은 하나님의 예정과 예수님의 십자가의 구속 사역을 믿음으로 구원받은 성도들이 하늘의 기업을 받을 수 있도록 '구원의 보증'이 되시는 것이다.

그러므로 구원받은 성도는 성령님이 이 땅에서부터 썩지 않고 더럽지 않고 쇠하지 않는 기업, 즉 예수님의 십자가를 믿음으로 상속받은 하나님 나라를 누리며 행복하게 살도록 도우시는 분이라는 사실을 깨달아야 한다.

그러면 우리는 어떻게 구원의 보증이 되시는 성령님의 도우심을 받을 수 있는가? 바로 말씀과 기도를 통해서이다. 성숙한 성도는 하나님의 말씀을 읽고 듣고 공부하고 묵상하는 삶을 통해 성령님의 도우심을 받을 수 있으며, 또한 기도의 삶으로 성령님과 교통하며 성령 충만을 누릴 수 있다.

📖 나는 구원의 보증이 되시는 성령님과 동행하는 삶을 살고 있는가?

"우리를 너희와 함께 그리스도 안에서 굳건하게 하시고 우리에게 기름을 부으신 이는 하나님이시니 그가 또한 우리에게 인치시고 보증으로 우리 마음에 성령을 주셨느니라"(고후 1:21~22).

✲✲

15~23절 에베소 교회를 위해 기도하는 이유

15절 이로 말미암아 주 예수 안에서 너희 믿음과 모든 성도를 향한 사랑을 나도 듣고

바울은 15~16절에서 이방인 성도들로 구성되었으나 믿음과 사랑으로 세워져 가고 있는 에베소 교회를 위해 감사 기도를 드린다.

이로 말미암아
본절은 3~14절에서 말씀하신 하나님의 예정으로, 예수 그리스도 안에서 구속함을 받고 성령님이 인 치신 것을 의미한다.

주 예수 안에서 너희 믿음과 모든 성도를 향한 사랑을 나도 듣고
바울은 삼위 하나님의 구속 안에서 에베소 교인들이 교회 공동체의 일원으로서 하나님을 향한 믿음과 서로를 향한 사랑을 가지게 되

었다는 소식을 들었다고 말씀한다.

교회의 기초, 신앙의 기초는 성부 하나님의 예정과 선택, 성자 예수님의 구속과 은혜, 성령님의 인 치심과 보증을 믿는 것이다. 이 믿음으로 이웃 사랑의 정신이 만물에게까지 흘러가는 것이 구원받은 성도의 증표이다.

묵상

신앙과 교회 생활의 기초인 믿음과 사랑은 언제나 한 쌍으로 존재한다. 언약의 말씀을 믿고 존중하고 그렇게 살기 위해 발버둥 치는 성도에게서 드러나는 특징이 바로 사랑이다. 그래서 사랑을 기독교의 최고의 정신이라고 말한다.

반대로 하나님을 사랑한다고 하면서 이웃과 세상을 생명의 원리, 즉 돕고 세우고 살리는 삶을 살지 않는다면 믿음을 다시 점검해 보아야 한다. 삼위 하나님의 인격, 즉 은혜와 사랑과 교통으로 성숙한 성도는 하나님을 사랑하고 이웃과 세상을 자신의 몸처럼 사랑하는 자세를 갖게 된다.

📖 나는 믿음의 삶과 사랑의 삶을 어떻게 살고 있는가?

"너희가 서로 사랑하면 이로써 모든 사람이 너희가 내 제자인 줄 알리라"(요 13:35).

16절 내가 기도할 때에 기억하며 너희로 말미암아 감사하기를 그치지 아니하고

바울은 감옥에서도 에베소 성도들에 대한 사랑과 관심 속에서 감사의 말과 기도를 쉬지 않는다고 말씀한다.

내가 기도할 때에

바리새파 출신이었던 바울은 유대인들처럼 하루에 세 번, 즉 저녁 해질 무렵, 아침과 점심 시간에 드렸던 기도의 습관을 가지고 있었다. 바울은 그리스도인이 된 후로도 유대인의 기도 전통대로 쉬지 않고 기도했다.

기억하며 너희로 말미암아 감사하기를 그치지 아니하고

바울은 기도할 때마다 에베소 성도들의 이름을 불러가며 그들이 믿음과 사랑으로 자라고 있음에 감사하며 기도하기를 쉬지 않았다고 말씀한다.

묵상

오늘날 교회 안에 여러 가지 문제가 있지만, 그중에서도 남에 대한 말의 문제는 대단히 심각하다.

"남의 말 하기를 좋아하는 자의 말은 별식과 같아서 뱃속 깊은 데로 내려가느니라"(잠 18:8).

잘하면 잘해서, 못하면 못한다고 뒤에서 비난하고 험담한다. 더 큰 문제는 말을 옮기는 것이다. 다른 사람에 대하여 말을 안 하고 살 수는 없지만, 시기와 질투를 선의로 가장하여 전달하는 부정적인 말들이 교회를 어지럽히고 관계를 깨는 무서운 독초라는 사실을 알아야 한다. 그러므로 성숙한 성도는 다른 사람의 말, 특히 옮기는 말에 대한 분별력을 가져야 한다. 그리고 성도의 언어는 긍정의 언어, 즉 돕고 세우고 살리는 말을 사용해야 한다.

기도는 나의 문제만을 고백하는 시간이 아니라, 다른 사람에 대해 말하기 가장 좋은 시간이다. 남의 말을 사람들에게 전하기보다 중보하며 하나님께 말씀드리라. 공의로우신 하나님께서 판단하실 것이다.

📖 **나는 사랑의 말, 감사의 말을 하며 사는가?**

"욕을 당하시되 맞대어 욕하지 아니하시고 고난을 당하시되 위협하지 아니하시고 오직 공의로 심판하시는 이에게 부탁하시며"(벧전 2:23).

**
17절 첫 번째 간구 - 하나님 알기를

17절 우리 주 예수 그리스도의 하나님, 영광의 아버지께서 지혜와 계시의 영을 너희에게 주사 하나님을 알게 하시고

바울은 17~19절에서, 에베소 교회 성도들이 예수 그리스도를 통한 하나님의 구속의 섭리에 대하여 영적 지각을 가지기를 바라는 중보기도에 대하여 말씀한다.

먼저 바울은 본절에서 성도들에게 지혜와 계시의 정신을 주시기를 위해 기도한다.

우리 주 예수 그리스도의 하나님, 영광의 아버지께서 지혜와 계시의 영을 너희에게 주사

바울은 예수님을 통해 계시하시고 구속 사역을 통해 우리의 하나님이 되시며 영광이 되신 아버지께, 에베소 성도를 위하여 첫 번째 중보기도를 드린다.

첫째는 에베소 성도들이 하나님의 구원의 경륜을 이해하고 믿음 생활에 필요한 지혜와 계시를 받기를 위해 기도하고, 성령님을 통해 하나님의 말씀을 부어주시기를 위해 기도한다.

하나님을 알게 하시고

* 알게: (헬)에피그노시스 – 정밀하고 정확한 지식

둘째는 에베소 성도들이 하나님의 뜻을 알 뿐만 아니라 행하는 데까지 나아가기를 위해 기도한다. 왜냐하면 하나님에 대한 정확한 지식 없이는 하나님의 뜻에 순종할 수도 없고 영광을 돌리는 삶을 살 수 없기 때문이다.

"또 새 영을 너희 속에 두고 새 마음을 너희에게 주되 너희 육신에서 굳은 마음을 제거하고 부드러운 마음을 줄 것이며 또 내 영을 너희 속에 두어 너희로 내 율례를 행하게 하리니 너희가 내 규례를 지켜 행할지라"(겔 36:26~27).

묵상

기독교는 들음의 종교다. 왜냐하면 믿음은 죄 없으신 예수님의 말씀을 들음에서 생겨나기 때문이다.

"그러므로 믿음은 들음에서 나며 들음은 그리스도의 말씀으로 말미암았느니라"(롬 10:17).

그래서 신앙생활을 건강하게 하려면 설교나 성경공부 시간에 잘 들어야 한다. 하나님의 말씀을 잘 듣고 정밀하고 정확하게 깨달아서 그렇게 살기 위해 발버둥 칠 때만 바른 신앙생활이 가능하다. 그러므로 성도는 하나님의 말씀을 분별하기 위해 지혜의 영이신 성령님의 도우심을 구해야 한다.

오늘날 한국 교회 안에 거짓 교훈이 하나님의 말씀을 가장하여 깊숙이 침투해 있다. 21세기 영지주의와 유대주의인 맘몬이즘과 세속적인 번영주의가 성도들의 귀를 간지럽히며 기복 신앙으로 인도하고 있다. 그러므로 성령님의 도우심을 구하며 하나님의 말씀을 들으라. 그리고 깨달은 말씀을 가지고 하나님과 사람 앞에서 그렇게 살기 위해 발버둥

치는 신앙생활을 하라.

📖 **나는 말씀을 귀로 듣기만 하는가? 들은 말씀대로 살려고 발버둥 치는가?**

"내가 주께 대하여 귀로 듣기만 하였사오나 이제는 눈으로 주를 뵈옵나이다"(욥 42:5).

※※

18절 두 번째 간구 – 통찰력 갖기를

18절 너희 마음의 눈을 밝히사 그의 부르심의 소망이 무엇이며 성도 안에서 그 기업의 영광의 풍성함이 무엇이며

바울은 17절에서 에베소 성도들에게 지혜와 계시의 정신을 주시기를 기도하고 18절에서 드리는 두 번째 기도에 대하여 말씀한다.

너희 마음의 눈을 밝히사

* 마음의 눈 – 영적 통찰력

바울은 성도들의 '마음의 눈' 즉 '영적인 통찰력'을 밝히사 진리를 계속해서 알게 해 주시기를 위해 기도한다. 왜냐하면 하나님께서 이방인들을 성도로 부르셔서 유대인 그리스도인들과 하나 되어 성령님 안에서 주신 영적 통찰력으로 하나님의 영광과 찬송이 되게 하셨기 때문이다.

그의 부르심의 소망이 무엇이며

바울은 먼저 마음의 눈이 밝아진 에베소 성도들이 이방인을 믿음의 공동체인 교회로 부르신 '구원의 소망'이 무엇인지 알게 되기를 위해 기도한다. '구원의 소망'이란, 성부 하나님의 예정과 선택, 성자 예수님의 은혜와 구속 그리고 성령 하나님의 인 치심과 보증을 통하여 주신 무엇과도 비교할 수 없는 완전한 구원에 대한 소망이다. "생각하건대 현재의 고난은 장차 우리에게 나타날 영광과 비교할 수 없도다"(롬 8:18).

성도 안에서 그 기업의 영광의 풍성함이 무엇이며

마음의 눈이 밝아진 에베소 성도들이 깨닫기 원하는 두 번째는 무엇인가? 바울은 예수 그리스도 안에서 받을 기업의 영광의 풍성함, 즉 성도들이 마지막 날에 받게 될 놀라운 구원의 복이 얼마나 대단한 것인지 알기를 위해 기도한다.

"썩지 않고 더럽지 않고 쇠하지 아니하는 유업을 잇게 하시나니 곧 너희를 위하여 하늘에 간직하신 것이라"(벧전 1:4).

하나님의 부르심이 그리스도인의 시작이라면, 하나님의 기업은 마지막 날에 받게 될 하나님의 복이요 선물이요 소망이다. 그러므로 성도는 부조리가 가득한 세상 속에서도 영적인 눈을 떠서 그리스도이신 예수님 안에서 가진 구원의 영광과 장차 누릴 하늘의 복이 얼마나 풍성한 것인지 깨닫고 감사와 찬송의 삶을 살기 위해 기도해야 한다.

묵상

구원받은 성도들이 가장 먼저 기도해야 할 제목은 영적인 통찰력을 열어 달라는 것이어야 한다. 현재 구원받은 성도로서 또한 장차 주님 품 안에서 누리게 될 성도로서 하늘의 복을 바르게 알지 못하면 세속적인 복, 즉 맘몬이즘과 세속적인 번영신학에 빠져 살 수밖에 없다. 그리하여 끝내는 구원의 영광을 잃어버릴 가능성이 높다.

예수님께서도 율법에는 능통하면서도 영적 통찰력이 없어 메시아로 오신 예수님을 알아보지 못한 유대인들을 '영적 맹인'이라고 책망하셨다. "바리새인 중에 예수와 함께 있던 자들이 이 말씀을 듣고 이르되 우리도 맹인인가 예수께서 이르시되 너희가 맹인이 되었더라면 죄가 없으려니와 본다고 하니 너희 죄가 그대로 있느니라"(요 9:40~41).

그러므로 구원받은 성도는 영적인 눈을 떠서 부르심의 소망과 장차 하나님 나라에서 받을 영광의 풍성함을 알아야 한다. 더 나아가 이 땅에서부터 말씀과 예배와 기도로 더 풍성한 삶을 누리기 위해 발버둥쳐야 한다.

📖 **나는 예수님 안에서 부르심의 소망과 영광의 풍성함을 위해 기도하는가?**

"우리로 하여금 빛 가운데서 성도의 기업의 부분을 얻기에 합당하게 하신 아버지께 감사하게 하시기를 원하노라"(골 1:12).

**

19~23절 세 번째 간구 - 능력에 대한 신앙 고백

19절 그의 힘의 위력으로 역사하심을 따라 믿는 우리에게 베푸신 능력의 지극히 크심이 어떠한 것을 너희로 알게 하시기를 구하노라

바울은 19~23절에서 에베소 교회를 위해 드리는 세 번째 중보기도에 대하여 말씀한다.

그의 힘의 위력으로 역사하심을 따라 믿는 우리에게 베푸신 능력의 지극히 크심이

본절에서 바울이 에베소 성도들을 위해 드리는 기도는 하나님께서 성도에게 베푸시는 능력의 크심에 대한 것이다.

인간을 향한 가장 위대한 하나님의 사랑의 표현이 예수님의 십자가 대속이라면, 하나님이 베푸신 가장 큰 능력은 예수님의 부활이다. 그러므로 마음의 눈이 밝아진 성도를 향하신 '능력의 지극히 크심'이란, 십자가에서 죽으시고 부활하여 승천하신 그리스도를 믿는 성도가 마지막 날 예수 그리스도 안에서 부활한다는 사실을 알게 되는 것을 의미한다.

어떠한 것을 너희로 알게 하시기를 구하노라

* 알게: (헬)오이다 – 봄으로 인식하다

그래서 바울은 에베소 성도들이 이 사실을 믿되, 이론적인 지식으로가 아니라 말씀대로 살기 위해 발버둥 치는 삶의 자리에서 얻어지는 경험적인 지식으로 알고 믿기를 위해 기도한다.

묵상

바른 믿음이란 무엇인가?

출애굽한 이스라엘 백성 중 모세와 함께 '여호와의 군대'로 부르심을 받은 용사들 가운데 여호수아와 갈렙만 가나안에 입성했다. 나머지 603,548명은 광야에서 모두 엎드려져 죽었다. 왜냐하면 가나안을 정탐한 후 이스라엘 백성들은 하나님의 말씀보다 가나안 거민과 성의 장대함에 놀라 그 땅을 악평하는 열 명의 정탐꾼의 말, 즉 "그 땅에 살고 있던 네피림 후손과 아낙 자손, 그리고 아말렉, 헷, 여부스, 아모리, 가나안 자손들을 우리들의 수준으로는 도저히 이길 수 없다"라는 보고를

듣고 신뢰했기 때문이다. 그래서 백성들은 하나님과 모세를 원망하고 좌절했기에 가나안 땅에 한 발자국도 들어갈 수 없었다.

그러나 하나님의 말씀을 신뢰했던 여호수아와 갈렙은 저들의 요새화된 성과 군사력을 보았지만, 이렇게 고백한다.

"여호와께서 우리를 기뻐하시면 우리를 그 땅으로 인도하여 들이시고 그 땅을 우리에게 주시리라 이는 과연 젖과 꿀이 흐르는 땅이니라"(민 14:8) 여호수아와 갈렙은 출애굽하게 하신 분도 하나님이시고, 가나안에 입성하게 하실 분도 하나님이시라는 사실을 믿었기에 가나안의 장대한 거민들과 견고한 성 따위는 전혀 문제가 되지 않았다.

그러므로 바른 믿음은 우리가 매일 삶 속에서 하나님의 말씀과 삶의 문제와 어려운 상황 중 무엇을 선택하는가에 달려 있다. 쉽지는 않지만 예수 그리스도를 믿어 구원받은 성도는 삶의 자리에서 상황과 환경만 바라보지 말고, 상황과 문제보다 더 크신 하나님의 말씀과 능력을 믿는 믿음을 가져야 한다. 그리고 종국에는 부활의 몸으로 영원한 하나님 나라가 보장되어 있음을 믿고 이 땅의 것 때문에 일희일비(一喜一悲)하지 않는 신앙의 자세를 가져야 한다.

📖 **나는 하나님의 능력과 환경과 상황 중 무엇을 바라보고 사는가?**

"너희 안에서 착한 일을 시작하신 이가 그리스도 예수의 날까지 이루실 줄을 우리는 확신하노라"(빌 1:6).

20절 그의 능력이 그리스도 안에서 역사하사 죽은 자들 가운데서 다시 살리시고 하늘에서 자기의 오른편에 앉히사

바울은 20~23절에서 예수님의 부활의 능력의 탁월성에 대하여 말씀한다.

그의 능력이 그리스도 안에서 역사하사

* 역사하사: (헬)에네르게오 – 효과적으로 작용하다

'그의 능력'이란, 예수님을 죽음에서 부활하고 승천하게 하셔서 교회의 머리가 되게 하신 하나님의 능력을 의미한다. 즉 그 하나님의 능력이 그리스도 안에서 효과적으로 작용했다는 의미이다.

죽은 자들 가운데서 다시 살리시고 하늘에서 자기의 오른편에 앉히사

바울은 하나님의 능력이 부활하신 그리스도를 하나님의 오른편에 앉히셨다고 말씀한다. 오른편이란, 하나님의 상속권을 의미한다.

묵상

어느 날 야고보와 요한은 자신들을 주님의 우편과 좌편에 앉게 해 달라고 구했다. 그때 예수님께서는 그들에게 고난의 잔과 세례를 말씀하시며, 주님이 걸어가신 고난의 길을 따라 세상 것에 오염되거나 변질되지 않고 충성스럽게 살아가는 성도들이 우편에 앉게 될 것이라고 말씀하셨다.

그러므로 예수님을 따라 복음을 위해 세례 정신, 즉 육성의 길을 버리고 말씀의 길을 따르기 위해 발버둥 치는 성도만이 예수님의 우편에 앉는 영광을 누리게 될 것임을 기억하라.

📖 나는 하나님 나라의 상속권을 잃지 않기 위해 어떤 믿음의 길을 걷고 있는가?

"그때에 임금이 그 오른편에 있는 자들에게 이르시되 내 아버지께 복 받을 자들이여 나아와 창세로부터 너희를 위하여 예비된 나라를 상속받으라 내가 주릴 때에 너희가 먹을 것을 주었고 목마를 때에 마시게 하였고 나그네 되었을 때에 영접하였고"(마 25:34~35).

21절 모든 통치와 권세와 능력과 주권과 이 세상뿐 아니라 오는 세상에 일컫는 모든 이름 위에 뛰어나게 하시고

모든 통치와 권세와 능력과 주권과

* 통치: (헬)아르케 – 시작, 권력
* 권세: (헬)엑수시아 – 권위
* 능력: (헬)뒤나미스 – 권세
* 주권: (헬)퀴리오테스 – 통치권, 지배권

하나님의 능력으로 부활하신 예수 그리스도는 천사나 사탄들, 즉 하늘의 모든 영적 존재보다 첫 자리에 계시고, 권위와 권세와 통치권으로 세상을 다스리시는 분이다.

이 세상뿐 아니라 오는 세상에 일컫는 모든 이름 위에 뛰어나게 하시고

* 세상: (헬)아이오니 – 세대, 시대(공간적 의미보다는 시간적 의미 강조)

'이 세상'은 예수님이 재림하시기 전 세대이며, '오는 세상'은 재림 이후의 세상을 말씀한다. 부활하신 예수님은 재림 후에 세상을 직접 심판하실 것이지만, 지금도 세상의 왕과 교회의 머리로서 통치하고 계신다.

묵상

우리는 예수님을 '은혜의 주'로는 기억하면서도 '심판의 주'라는 사실을 간과할 때가 얼마나 많은가? 예수님은 은혜로 인간 가운데 오셨지만, 모든 인생은 마지막 날에 예수님을 심판의 주로 뵙게 될 것이다. 우리는 지금 이 세상에 사는 동안은 주님의 은혜 가운데 살아가지만, 생명이 끝나는 날에 심판의 주님 앞에 서야 함을 기억해야 한다.

그러므로 성도로서 탐욕과 방종, 거짓과 기만의 삶을 버리고 마음을

정결하게 하며 정직과 사랑으로 주어진 생을 후회 없이 살아야 한다.

📖 나는 심판의 주님 앞에 설 준비를 어떻게 하며 사는가?
"너희가 어떠한 사람이 되어야 마땅하냐 거룩한 행실과 경건함으로"
(벧후 3:11).

22절 또 만물을 그의 발 아래에 복종하게 하시고 그를 만물 위에 교회의 머리로 삼으셨느니라

바울은 모든 만물이 예수 그리스도의 발 아래 복종함에 대하여 말씀한다.

또 만물을 그의 발 아래에 복종하게 하시고
'만물' 곧 하늘과 땅의 모든 피조물이 예수님의 주권에 자발적으로 복종하게 하게 된다는 말씀이다.
"하늘에 있는 자들과 땅에 있는 자들과 땅 아래에 있는 자들로 모든 무릎을 예수의 이름에 꿇게 하시고"(빌 2:10).

그를 만물 위에 교회의 머리로 삼으셨느니라
바울은 예수님을 만물 위에 교회의 머리로 삼아서 만물과 교회가 인격적으로 예수님의 사랑과 보살핌과 인도를 받게 하셨다고 말씀한다. 예수님께서 교회의 머리라는 말씀은 예수님 외에는 교회의 권세자가 없다는 말씀이다.
그러므로 교회는 오직 예수님의 말씀에만 순종해야 한다. 교회 안에서 예수님 외에 자신을 높이려고 하는 자는 적그리스도요 멸망의 아들이다.

"누가 어떻게 하여도 너희가 미혹되지 말라 먼저 배교하는 일이 있고 저 불법의 사람 곧 멸망의 아들이 나타나기 전에는 그날이 이르지 아니하리니"(살후 2:3).

묵상

예수님은 하나님이 인간에게 계시해 주신 최고의 능력이자 사랑이다. 그러므로 성도가 예수님 외에 다른 은혜, 다른 사랑, 다른 능력을 구하는 것은 하나님의 아픔이다. 또한 교회의 머리이신 예수님을 섬기는 성도는 예수님과 세상의 중간에 있음을 기억해야 한다. 믿음의 사람들이 가정에서 아내와 남편으로서, 세상에서 국민으로서 자기의 위치에 바로 서지 않으면 여러 가지 사회적인 문제가 일어난다.

특히 교회가 예수님을 머리로 모시고 세상에서 자기의 역할을 하지 못할 때 국가는 혼란해질 수밖에 없다. 오늘날 대한민국의 혼란은 교회가 교회 되지 못함 때문이요, 목회자와 성도들이 생명 나무와 생명 강물의 원리로 생명의 부양자로서 살지 못하고 선악과의 원리로 판단하고 정죄하는 자리에 있기 때문이다.

이제 교회가 정신을 차리고 본질, 즉 말씀과 예배와 기도에 충실하며 본연의 자리로 돌아가서 국가와 국민을 품고 화목하게 하는 데 앞장서야 한다. 그것이 예수님을 머리로 모시고 살아가는 교회의 본분이다.

📖 **나는 생명의 관점으로 세상을 보는가, 아니면 세속의 관점 즉 진영 논리로 보는가?**

"하나님의 사랑이 우리에게 이렇게 나타난 바 되었으니 하나님이 자기의 독생자를 세상에 보내심은 그로 말미암아 우리를 살리려 하심이라"(요일 4:9).

23절 교회는 그의 몸이니 만물 안에서 만물을 충만하게 하시는 이의 충만함이니라

바울은 교회의 정체성과 교회의 머리이신 그리스도의 탁월성에 대하여 말씀하며 교회를 크게 두 가지로 정의한다.

교회는 그의 몸이니
첫째, 교회는 그리스도의 몸이다.
그리스도께서 교회의 머리시니 교회가 그리스도의 몸인 것은 당연하다. 몸이 머리에 붙어 있어야 하듯이 교회 역시 당연히 그리스도께 붙어 있어야 한다. 그렇지 않으면 교회는 생명력을 잃고 어떠한 성령의 열매도 맺지 못한다.
"나는 포도나무요 너희는 가지라 그가 내 안에, 내가 그 안에 거하면 사람이 열매를 많이 맺나니 나를 떠나서는 너희가 아무것도 할 수 없음이라"(요 15:5).

만물 안에서 만물을 충만하게 하시는 이의 충만함이니라
둘째, 교회는 만물을 충만하게 하시는 분, 즉 예수님의 충만이다.
'만물을 충만하게 하신다'라는 말씀은 예수님이 만물을 완성하셨다는 말씀으로, 만물이 부족함이 없도록 완전하게 하시는 분이라는 의미이다. 예수님께서 당신의 몸인 교회를 능력과 영광과 임재로 통치하시며 돌보아 부족함이 없도록 하신다.
그러므로 성도의 인생과 교회는 오직 예수님의 이야기로만 충만해져야 한다. 예수님이 계시지 않는 교회는 낡은 부대와 낡은 옷, 즉 신선함도 없고 신축성도 없어 새 포도주와 새로운 천을 감당하지 못하여 버림받아야 하는 불완전 존재가 될 수밖에 없다.

묵상

교회 안에는 많은 헌신자들이 있고 은사자들도 있다. 그런데 예수님의 충만, 즉 예수님의 사상, 능력, 겸손, 자비, 생명, 희생, 봉사, 거룩, 성결로 무장된 그리스도의 인격이 없음은 하나님의 아픔이다. 온통 자신과 자신의 문제를 위해 살아갈 뿐, 예수님의 몸인 교회와 예수님만을 위해 살고자 발버둥 치는 성도를 찾아보기가 힘들다.

예수님께서는 교회를 세상의 중심으로 세워 예수님의 충만을 흘려보내기를 원하신다. 그러므로 교회는 어떤 경우에도 예수님의 충만을 상실하면 안 된다. 교회가 예수님의 충만을 상실하는 순간, 열매 없는 무화과나무처럼 뿌리까지 말라 불쏘시개로 전락할 수밖에 없음을 기억해야 한다.

📖 **나는 예수님의 몸인 교회를 위해 어떤 삶을 사는가?**

"포도원지기에게 이르되 내가 삼 년을 와서 이 무화과나무에서 열매를 구하되 얻지 못하니 찍어버리라 어찌 땅만 버리게 하겠느냐"(눅 13:7).

에베소서 2장

✻✻
1~3절 허물과 죄로부터 구원하심

1절 그는 허물과 죄로 죽었던 너희를 살리셨도다

✻ 허물: (헬)파랍토마 – 떨어짐, 과실, 범죄(표준에서 벗어난 상태)

✻ 죄: (헬)하마르티아 – 과녁에서 빗나가다(하나님의 기준에서 어긋나는 행위)

바울은 1~3절에서 구원받아 영원한 삶을 소유하기 이전에 허물과 죄로 죽었던 성도들의 상태에 대하여 말씀한다.

'허물과 죄로 죽었다'는 의미는 무엇인가?

'허물'은 구원과 관련된 죄로 하나님과 인간 사이에서 일어나는 관계적인 측면의 죄로 본질적으로 관계에서의 이탈을 의미한다. '죄'는 허물과 다른 죄가 아니라 한 번 더 강조하는 것으로 보아야 한다. 즉 허물로 죽은 상태에 계속 빠져 있음을 의미한다.

하나님을 떠난 인간이 겉으로는 살아서 움직이는 것처럼 보이지만, 생명이신 하나님으로부터 단절된 인간은 죽은 시체처럼 영적으로 하나님의 말씀에 반응하지 않는다. 이 죽음은 미래적인 것이 아니라 현재적이고 실제적인 것이다.

이처럼 예수님을 영접하기 전 이방인인 우리의 상태는 영적으로 죽어 있었다. 그런 우리를 성부의 선택과 예정, 성자의 은혜와 구속, 성령의 인 치심과 보증하심으로 구원하여 살리셨다.

묵상

아무리 교회에 오래 다니고 직분을 받고 봉사를 많이 한다 해도, 생명의 주인이신 하나님 안에서 말씀과 예배와 기도로 살지 않으면 살았으나 죽은 '불신앙'인과 같은 상태에 놓여 있음을 알아야 한다. '불신앙'이란, 교회를 다니지 않는 사람만 일컫는 말이 아니라, 풍성한 하나님의 은혜와 사랑을 받고도 깨닫지 못하고 감사하지 못하는 자까지 포함된 말이다.

그러므로 구원받은 성도는 날마다 성부 하나님의 사랑과 성자 예수님의 은혜와 성령 하나님의 교통, 즉 삼위 하나님의 인격을 닮아 가기 위해 발버둥 치는 삶의 자리가 있어야 한다.

오늘 나에게 임한 하나님의 사랑의 크기와 넓이와 높이와 깊이를 깨닫고 평생에 감사와 찬양을 드리며, 생(生)의 명(命), 즉 하나님의 나라와 구속사를 위해 교회를 세우고 이웃을 돕고 세우고 살리라는 사명을 깨닫고 살아가기를 주님께서 원하신다.

📖 나는 '죄'와 '허물'로 죽었던 나를 살리신 주님의 십자가의 은혜에 대한 감격을 잊지 않고 사는가?

"사데 교회의 사자에게 편지하라 하나님의 일곱 영과 일곱 별을 가지신 이가 이르시되 내가 네 행위를 아노니 네가 살았다 하는 이름은 가졌으나 죽은 자로다"(계 3:1).

2절 그때에 너희는 그 가운데서 행하여 이 세상 풍조를 따르고 공

중의 권세 잡은 자를 따랐으니 곧 지금 불순종의 아들들 가운데서 역사하는 영이라

바울은 그리스도를 믿기 전 성도들의 상태에 대하여 말씀한다.

그때에 너희는 그 가운데서 행하여 이 세상 풍조를 따르고
* 풍조: (헬)아이온 – 시대, 세상의 길

'그때에' 즉 구원받기 전에, 우리는 '세상 풍조를 따르는' 타락한 존재였다. 하나님과 단절된 상태로 하나님이 기뻐하지 않는 거짓, 음행, 우상숭배, 분쟁, 이단 등 하나님 나라와 반대되는 세상의 가치와 기준을 따라 판단하고 정죄하는 삶을 살았다.

"육체의 일은 분명하니 곧 음행과 더러운 것과 호색과 우상숭배와 주술과 원수 맺는 것과 분쟁과 시기와 분냄과 당 짓는 것과 분열함과 이단과 투기와 술 취함과 방탕함과 또 그와 같은 것들이라 전에 너희에게 경계한 것같이 경계하노니 이런 일을 하는 자들은 하나님의 나라를 유업으로 받지 못할 것이요"(갈 5:19~21).

공중의 권세 잡은 자를 따랐으니 곧 지금 불순종의 아들들 가운데서 역사하는 영이라

바울은 우리가 하나님을 대적하다가 하나님이 계시는 삼천 층에서 쫓겨나 일천 층과 이천 층에서 권세를 행사하며 사람들을 미혹하던 '공중에 권세 잡은 자' 즉 사탄에게 속아 따라 살며 하나님과 단절된 상태로 살았다고 말씀한다.

"만일 우리의 복음이 가리었으면 망하는 자들에게 가리어진 것이라 그중에 이 세상의 신이 믿지 아니하는 자들의 마음을 혼미하게 하여 그리스도의 영광의 복음의 광채가 비치지 못하게 함이니 그리

스도는 하나님의 형상이니라"(고후 4:3~4).

사탄은 오늘도 불순종의 아들들, 즉 하나님의 말씀을 따라 살지 않는 고집 세고 완고한 자들 가운데서 강력한 영향력을 가지고 있다.

묵상

세상이란, 기본적으로 하나님을 떠난 모든 것을 가리키며, 하나님을 떠난 세상은 사탄의 영향력 아래 있다. 그러므로 구원받은 성도는 세상의 사회, 문화, 정치, 경제 등을 바라볼 때 그것이 하나님의 생명의 원리로 가고 있는지를 볼 수 있는 눈이 있어야 한다.

사탄의 영향력 아래 있는 것들은 언제 보아도 보암직도 하고 먹음직도 하고 지혜롭게 할 만큼 탐스러워 보인다. 사탄은 오늘도 하와처럼 말씀을 희미하게 알고 살아가는 성도들이 눈치를 채지 못하도록 거짓복음을 슬그머니 그 마음과 교회에 뿌려 놓고 있음을 알아야 한다.

그러므로 성도는 물질문명이 발전해 갈수록 더욱 영적인 분별의 은사를 구해야 한다. 사탄은 세상이 발전해 갈수록 다양성이라는 이름으로 참과 거짓을 뒤섞어 분별하기 어렵게 만들고 있다. 그러므로 성도는 오직 말씀과 기도로만 세상을 분별할 수 있음을 알아야 한다.

📖 **나는 세상의 풍조를 따르지 않기 위해 영적인 기준이 분명한가?**

"이 세상이나 세상에 있는 것들을 사랑하지 말라 누구든지 세상을 사랑하면 아버지의 사랑이 그 안에 있지 아니하니 이는 세상에 있는 모든 것이 육신의 정욕과 안목의 정욕과 이생의 자랑이니 다 아버지께로부터 온 것이 아니요 세상으로부터 온 것이라"(요일 2:15~16).

3절 전에는 우리도 다 그 가운데서 우리 육체의 욕심을 따라 지내며 육체와 마음의 원하는 것을 하여 다른 이들과 같이 본질상 진노의 자

녀이었더니

바울은 예수님이 오시기 전까지 유대인이나 이방인 모두가 본질상 진노의 자녀였다고 말씀한다.

전에는 우리도 다 그 가운데서 우리 육체의 욕심을 따라 지내며 육체와 마음의 원하는 것을 하여

* 욕심: (헬)에피뒤미아 - 탐욕, 욕망, 갈망, 육욕
* 원하는 것: (헬)델레마 - 뜻, 결심, 경향, 의지, 의도

예수님을 통하여 구원받기 전, 인간은 모두 사탄의 영향력 아래에서 타락한 본성의 탐욕과 욕망에 머물러 살았다. 그래서 인간은 마음의 원하는 것, 즉 타락한 본성에 이끌려 하나님의 뜻과 상관없이 살았다. 왜냐하면 하나님의 말씀이 없는 자는 결코 하나님께 순종할 수 없기 때문이다.

"육신의 생각은 하나님과 원수가 되나니 이는 하나님의 법에 굴복하지 아니할 뿐 아니라 할 수도 없음이라"(롬 8:7).

다른 이들과 같이 본질상 진노의 자녀이었더니

성도들이 지금은 예수님을 믿어 구원받은 자녀가 되었다. 하지만 이전에는, 태어나면서부터 독을 가진 뱀의 새끼처럼 아담의 죄로 인하여 죄를 가지고 태어나 하나님의 진노 아래 놓여 있는 존재였다.

묵상

인간은 예수님을 만나기 전에는 완전히 타락한 존재였다. 이 말은 우리는 예수님의 십자가 구원이 아니고서는 이 땅에서부터 영원까지 어떠한 소망도 없는, 본질상 지옥 백성이었다는 말이다.

예수님의 말씀을 따르지 않는 사람들은 설령 교회를 다닌다 할지라도 믿지 않는 사람들과 같이 육신의 욕망을 따라 살게 된다. 이러한 사람들은 자신의 감정에 이끌려 살면서 그리스도의 몸인 교회와 하나님의 이름을 사악하게 이용하며 거짓과 기만으로 살아간다.

그러므로 성도는 본래 진노의 자식이었음을 기억하고, 은혜로 찾아오신 예수님 안에서 부르심에 합당한 감사와 영광을 하나님께 돌리는 살기 위해 발버둥 쳐야 한다.

📓 나는 예수님을 믿기 전에는 하나님의 진노 아래 있던 존재였음을 기억하며 은혜로 주신 십자가의 사랑에 감사하며 살고 있는가?

"내가 죄악 중에서 출생하였음이여 어머니가 죄 중에서 나를 잉태하였나이다"(시 51:5).

**

4~7절 그리스도와 함께 살리심

4절 긍휼이 풍성하신 하나님이 우리를 사랑하신 그 큰 사랑을 인하여

바울은 1~3절에서 구원받기 전 인간의 상태를 말씀하고, 이제 4~7절에서 그리스도와 함께 살리신 하나님의 은혜에 대하여 말씀한다. 먼저 본절에서 인간을 구원하신 두 가지 이유를 말씀한다.

긍휼이 풍성하신 하나님이

* 긍휼: (헬)엘레오스, (히)라훔, (영)mercy – 동정, 구제 행위

첫째는 하나님의 풍성한 긍휼이다.

'긍휼'이란, 갓 태어난 아기를 바라보는 어머니의 마음을 의미한다. 히브리어 '헤세드'가 헤아릴 수 없는 크고 넓은 하나님의 사랑이라면, '라훔'은 헤아릴 수 없이 깊고 풍성한 사랑을 의미한다.

우리를 사랑하신 그 큰 사랑을 인하여
* 사랑하신: (헬)아가파오 - 관대한 관심을 느끼다

둘째는 우리를 사랑하시는 하나님의 크신 사랑이다.

하나님께서 예수님을 보내기까지 인간을 사랑하신 이유는, 인간을 향한 무한한 관심과 언약에 대한 신실하심 때문이다. 하나님께서는 죄로 인하여 진노 가운데 놓인 인간이지만 끝까지 사랑하시고, 언제라도 회개하고 돌아오면 구원의 은총을 내리시겠다고 언약하셨다.

묵상

예나 지금이나 유대인들은 할례와 율법 준수로 구원을 받는다고 믿고 있다. 심지어 일부 성도들조차도 행위 구원을 강조하기도 한다. 하지만 구원은 긍휼과 사랑, 즉 깊고 풍성한 하나님의 은혜의 선물이다. 그 은혜가 완성된 곳이 바로 십자가이다.

그러므로 누구든지 죄에서 돌아서서, 아이가 엄마와 아빠를 신뢰하듯이 예수 그리스도의 언약의 말씀을 믿고, 그 말씀을 존중하며 그 말씀 안에서 살기 위해 발버둥 치면 구원의 은혜를 누리게 된다. 그러므로 구원은 인간의 공로가 아니라 하나님의 깊고 무한하신 긍휼과 사랑 가운데서만 가능하다는 사실을 알아야 한다.

📖 **나는 깊고 넓은 하나님의 긍휼과 사랑에 감사하는 삶을 사는가?**

"사랑은 여기 있으니 우리가 하나님을 사랑한 것이 아니요 하나님이 우리를 사랑하사 우리 죄를 속하기 위하여 화목 제물로 그 아들을 보내셨음이라"(요일 4:10).

5절 허물로 죽은 우리를 그리스도와 함께 살리셨고(너희는 은혜로 구원을 받은 것이라)
6절 또 함께 일으키사 그리스도 예수 안에서 함께 하늘에 앉히시니

바울은 인간이 유대인들처럼 할례를 받고 613가지 율법을 지키며 산다고 할지라도 여전히 허물과 죄로 인하여 영적으로 죽은 존재라고 말씀한다. 그러므로 인간은 오직 예수님의 십자가와 부활과 승천의 은혜로만 살 수 있다고 말씀한다.

허물로 죽은 우리를…(너희는 은혜로 구원을 받은 것이라)
바울은 1~3절에서 말씀한 대로 구원받기 전 인간은 허물과 죄로 죽은 상태였으나 하나님께서 예수 그리스도를 통하여 은혜로 인간을 구원해 주셨다고 말씀한다. 그런데 이 은혜는 인간의 상태와 조건에 따라 주어지는 것이 아니라, 인간에 대한 하나님의 기본적인 마음이다.

그러므로 성도는 구원의 은혜가 자신의 마음이나 행위 때문이 아니라는 사실을 분명히 알아야 한다. 성도가 칭의의 단계에서 성화의 단계로, 성화의 단계에서 영화의 단계로 올라갈 수 있는 것은, 오직 그리스도이신 예수님의 '십자가'와 '부활'과 '승천'의 은혜를 믿음으로 받아들일 때만 가능하다.

"그러나 내가 나 된 것은 하나님의 은혜로 된 것이니 내게 주신 그의 은혜가 헛되지 아니하여 내가 모든 사도보다 더 많이 수고하였으나 내가 한 것이 아니요 오직 나와 함께하신 하나님의 은혜로

라"(고전 15:10).

함께 살리셨고(십자가)

예수님이 십자가에서 죄인 된 우리를 위해 죽어 주심으로 우리의 죄와 심판의 문제가 해결되었다.

"우리를 거스르고 불리하게 하는 법조문으로 쓴 증서를 지우시고 제하여 버리사 십자가에 못 박으시고 통치자들과 권세들을 무력화하여 드러내어 구경거리로 삼으시고 십자가로 그들을 이기셨느니라"(골 2:14~15).

또 함께 일으키사(부활)

또한 예수님이 죽음에서 부활하심으로 우리가 거듭난 자, 즉 법적으로 새롭고 의로운 존재가 되었다.

"우리 주 예수 그리스도의 아버지 하나님을 찬송하리로다 그의 많으신 긍휼대로 예수 그리스도를 죽은 자 가운데서 부활하게 하심으로 말미암아 우리를 거듭나게 하사 산 소망이 있게 하시며"(벧전 1:3).

함께 하늘에 앉히시니(승천)

예수님의 승천을 통하여 믿는 우리가 영광스러운 하나님 나라의 존귀한 백성이 되었다.

"오직 우리가 천사들보다 잠시 동안 못하게 하심을 입은 자 곧 죽음의 고난 받으심으로 말미암아 영광과 존귀로 관을 쓰신 예수를 보니 이를 행하심은 하나님의 은혜로 말미암아 모든 사람을 위하여 죽음을 맛보려 하심이라 그러므로 만물이 그를 위하고 또한 그로 말미암은 이가 많은 아들들을 이끌어 영광에 들어가게 하시는 일에 그들의 구원의 창시자를 고난을 통하여 온전하게 하심이 합당하도다"(히 2:9~10).

> **묵상**
>
> 우리가 구원받았다는 사실은 무슨 말로도 표현할 수 없는 중대한 일이지만, 우리가 예수님의 십자가와 부활과 승천을 통해 예수님과 '함께 죽고, 함께 살고, 함께 하늘로 올린 바 되었다'는 사실은 우리에게 더 큰 은혜를 의미한다. 왜냐하면 하나님께서는 우리를 단순히 죄에서 건져 자유롭고 넓은 구원의 삶을 주신 것뿐만 아니라, 우리를 당신의 양자로 삼으셔서 독생자 아들 예수님과 함께 하나님 나라의 상속자가 되게 하셨기 때문이다.
>
> 그러므로 우리의 몸은 비록 이 땅의 국민으로 살고 있지만, 동시에 하나님의 자녀와 하나님 나라의 시민임을 기억하며 높은 자존감을 가지고 살아야 한다.

📖 **나는 하나님 나라의 자녀로서 자존감을 누리며 정직한 삶을 사는가?**

"그러므로 이제부터 너희는 외인도 아니요 나그네도 아니요 오직 성도들과 동일한 시민이요 하나님의 권속이라"(엡 2:19).

7절 이는 그리스도 예수 안에서 우리에게 자비하심으로써 그 은혜의 지극히 풍성함을 오는 여러 세대에 나타내려 하심이라

* 나타내려: (헬)엔데익뉘미 – (법률 용어) 공포하다

바울은 본절에서 4~6절을 통하여 말씀하신 예수님을 통한 구속 사역의 목적에 대해 말씀한다. 하나님께서 예수님의 십자가와 부활과 승천을 통하여 우리를 구원하신 목적은, 그 엄청나고 풍성한 은혜를 여러 세대에 공포하려 하심이라고 말씀한다.

'여러 세대'란, 바울의 시대뿐만 아니라 예수님의 초림을 기점으로 오고 가는 모든 세대를 의미한다.

그렇다면 예수님의 십자가와 부활과 승천의 은혜로 그리스도인으로 새롭게 재창조된 성도들의 모임인 교회는 어떠해야 하는가?

첫째는 날마다 마음을 새롭게 함으로 변화를 받아 하나님의 선하시고 기뻐하시고 온전하신 뜻을 바르게 분별해야 한다.

둘째는 진리의 말씀에서 돌아서 사탄이 던져 준 악과 독을 가지고 사악함으로 살아가는 모든 세대에게 복음을 전해야 한다. 즉 예수님의 십자가를 통한 하나님의 사랑을 온몸으로 보여주어 교회를 통하여 저들이 하나님께로 돌아오도록 도와야 한다. 이것이 예수님의 십자가로 이 땅에 교회를 세우신 하나님의 뜻이다.

묵상

우리는 구원을 생각할 때에 개인의 구원을 먼저 생각한다. 그러나 하나님의 부르심은 개인에게만 있지 않다. 하나님께서는 아브라함을 불러서 이스라엘을 준비하셨고, 예수님의 열두 제자를 불러서 온 인류를 구원하시기 원하셨다. 그러므로 예수 그리스도를 믿고 구원받아 교회로 모인 성도는 개인의 구원을 넘어 가정과 이웃과 세상에 그리스도의 인격을 통한 삶의 영향력을 흘려보내 세상을 구원하는 일에 힘써야 한다.

구원받은 성도는 매일의 삶 속에서 죄 없으신 예수님의 말씀을 통해 받은 은혜를 흘려보내고, 하나님을 예배하며 그 품속에서 누렸던 사랑을 흘려보내야 한다. 그리고 기도를 통해 성령님과 교통하듯이 이웃과 소통하는 삶을 살아야 한다. 이러한 삶을 인격신앙이라 한다.

그러나 그리스도의 인격으로 산다는 것이 결코 쉽지 않다. 매일의 삶 속에서 마음을 관리하고 말씀과 예배와 기도로 자신의 내면을 채워야 가능한 일이다. 인격신앙으로 산다는 것이 고단하고 힘겹더라도 예수님을 믿음으로 구원받은 자로서의 책임감을 가지고 날마다 훈련하는 삶을 살아야 한다. 그리하여 구원의 영광을 만물에게까지 흘려보내는 사명을 잘 감당하여 하나님을 기쁘시게 해야 한다.

📖 나는 그리스도의 인격신앙으로 살기 위해 무엇을 훈련하고 있는가? 인격신앙으로 살기 위해 발버둥 치는 삶을 살고 있는가?

"그러나 너희는 택하신 족속이요 왕 같은 제사장들이요 거룩한 나라요 그의 소유가 된 백성이니 이는 너희를 어두운 데서 불러 내어 그의 기이한 빛에 들어가게 하신 이의 아름다운 덕을 선포하게 하려 하심이라"(벧전 2:9).

**

8~9절 은혜로 얻은 구원

8절 너희는 그 은혜에 의하여 믿음으로 말미암아 구원을 받았으니 이것은 너희에게서 난 것이 아니요 하나님의 선물이라

바울은 8~10절에서 성도의 구원은 하나님의 무조건적인 은혜라고 말씀하면서, 본절에서 구원받은 성도가 누리는 구원의 두 가지 특징을 말씀한다.

너희는 그 은혜에 의하여

첫째는 '은혜를 인하여' 구원받았다. '은혜'는 현재 그리스도 안에서 역사하고, 또한 오는 세대들에서 나타나게 될 은혜인데 이 '구원의

'은혜'의 주체는 하나님이시다.

믿음으로 말미암아 구원을 받았으니
둘째는 '믿음으로 말미암아' 구원을 받았다. '믿음'이란 예수님의 진리의 말씀을 믿고 확신하며 존중하는 것이다. 그리고 그렇게 살기 위해 발버둥 치는 것이다. 그러므로 '믿음'은 예수님을 통해 이루신 하나님의 '구원'을 받아들이는 '그릇'이다.

이것은 너희에게서 난 것이 아니요 하나님의 선물이라
'은혜와 믿음으로 받은 구원'은, 공기와 물, 부모에게서 물려받은 생명이 무상으로 주어졌듯이, 대가조차 지불할 수 없는 우리에게 무상으로 주신 하나님의 선물이다.

묵상

좋은 선물이란, 주는 이도 좋고 받는 이도 좋고 그 가치가 오래가는 것이다. 하나님이 우리에게 무상으로 주신 구원의 선물은 세상의 선물과는 달리, 받을 때 좋을 뿐 아니라 세상 어디서도 구할 수 없고, 만날 수도 없는 최고로 귀하고 값진 가치를 지닌 것이다.
그러므로 성도는 인간의 몸을 입고 이 땅에 내려오셔서 십자가에서 고난당하신 예수님을 믿을 때만 받을 수 있는 구원을 놓치지 않기 위해, 더욱더 예수님의 말씀으로 삶의 기준으로 삼고 믿음의 길을 걸어가야 한다.

📖 **나는 구원자이신 예수님의 말씀을 삶의 기준으로 믿고 사는가? 아니면 내가 좋아하는 사람과 맘몬이 기준인가?**

"베드로가 이르되 네가 하나님의 선물을 돈 주고 살 줄로 생각하였으니 네 은과 네가 함께 망할지어다"(행 8:20).

9절 행위에서 난 것이 아니니 이는 누구든지 자랑하지 못하게 함이라

바울은 인간의 구원이 하나님의 단독 사역임을 말씀한다.

행위에서 난 것이 아니니

바울은 인간을 구원하신 하나님의 은혜, 즉 구원의 준비, 시작, 과정, 완성에 이르기까지, 인간 편에서는 아무것도 수고한 것이 없다고 다시 한번 말씀한다. 구원은, 아무리 인간이 선한 행위로 완벽하게 산다 할지라도 어떠한 영향도 미칠 수 없는 영역이다.

"사람이 의롭게 되는 것은 율법의 행위로 말미암음이 아니요 오직 예수 그리스도를 믿음으로 말미암는 줄 알므로 우리도 그리스도 예수를 믿나니 이는 우리가 율법의 행위로써가 아니고 그리스도를 믿음으로써 의롭다 함을 얻으려 함이라 율법의 행위로써는 의롭다 함을 얻을 육체가 없느니라"(갈 2:16).

이는 누구든지 자랑하지 못하게 함이라

그러므로 인간은 자신의 행위가 구원에 아무런 영향을 미치지 못함을 깨닫고, 오직 구원을 선물로 주신 하나님을 찬양하고 그분의 말씀대로 살아 가기 위해 발버둥 치는 삶을 살아야 한다.

"우리가 다 하나님의 아들을 믿는 것과 아는 일에 하나가 되어 온전한 사람을 이루어 그리스도의 장성한 분량이 충만한 데까지 이르리니"(엡 4:13).

묵상

'종교다원주의'는 구원을 얻는 길이 예수님께만 있는 것이 아니라고 말한다. 다른 종교에도 진리가 있어서 모든 종교는 결국 하나님으로 통하므로 다른 종교를 믿어도 구원받을 수 있다는 '소위 가치 중립'을 주장하는 신학이다.

생명의 종교인 기독교는 세상에서 평화를 보여주고 만들어 가야 한다. 하지만 여타 종교에도 구원이 있을 것이라고 생각하는 것은 예수님의 십자가 구원 사역을 약화시키고 선교 사역을 약화시키는 무서운 죄이다. 만약 다른 종교에도 구원의 길이 있었다면, 왜 예수님께서 인간의 몸을 입고 이 땅에 오셔야만 했는가? 구원은 인간의 행위 즉 세상의 어떤 종교나 사상도 아무런 영향을 미칠 수 없는 하나님의 영역이다. 그러므로 은혜로 오신 예수 그리스도를 믿어 구원받은 성도는, 하나님의 은혜로 구원을 받았으니 이제 구원 이후의 삶에는 인간의 몫이 있다는 사실을 알아야 한다. 즉 예수님을 닮아 가기 위해 선한 삶의 열매를 맺어, 믿음의 진실함과 성숙함을 세상에 보여주는 삶의 자리로 성장해 가야 할 책임과 의무가 있다. 이것이 구원을 완성해 가는 성도의 삶의 자세이다.

📖 나는 구원의 은혜를 받은 자로서 장성한 분량으로 성장해 가고 있는가?

"우리를 구원하시되 우리가 행한 바 의로운 행위로 말미암지 아니하고 오직 그의 긍휼하심을 따라 중생의 씻음과 성령의 새롭게 하심으로 하셨나니"(딛 3:5).

**

10절 구원의 목적

10절 우리는 그가 만드신 바라 그리스도 예수 안에서 선한 일을 위하여 지으심을 받은 자니 이 일은 하나님이 전에 예비하사 우리로 그 가운데서 행하게 하려 하심이니라

바울은 9절에 이어서 인간이 구원을 자랑할 수 없는 또 다른 이유는 하나님의 작품이기 때문이라고 말씀한다.

우리는 그가 만드신 바라

* 만드신 바: (헬)포이에마 – 작품, 창작품

하나님이 인간에게 구원을 주신 또 다른 이유는, 인간은 하나님이 절대 포기할 수 없는 하나님의 작품이기 때문이다.

그리스도 예수 안에서 선한 일을 위하여 지으심을 받은 자니

하나님께서 인간을 예수 그리스도의 십자가의 사랑 안에서 작품으로 재창조하셨다. 인간을 구원하신 목적은 선한 일을 행하기 하기 위함이다.

이 일은 하나님이 전에 예비하사 우리로 그 가운데서 행하게 하려 하심이니라

그러면 하나님이 인간을 재창조하여 이루기 원하시는 선한 일이란 무엇인가?

첫째는 하나님께 영광을 돌리는 삶을 사는 것이다. 인간이 하나님을 영화롭게 하는 길은, 삼위 하나님의 인격을 닮아 거짓과 기만과

위선과 가식적인 삶을 버리고, 진실함과 정직함으로 하나님을 찬양하는 삶을 사는 것이다.

둘째는 하나님의 계획 안에서 행하는 삶이다. 하나님이 예비하신 계획 즉 언약의 말씀 안에서 행하기 위해서는 육신의 충동과 감정을 좇지 않고 오직 성령님을 좇아 살아야 한다.

"육신을 따르는 자는 육신의 일을, 영을 따르는 자는 영의 일을 생각하나니"(롬 8:5).

그러므로 구원받은 성도에게 '행함이 있는 믿음'이란, 인간을 십자가로 재창조하신 하나님의 형상을 닮아 가기 위해 말씀과 기도 안에서 그렇게 살기 위해 발버둥 치는 삶이다.

묵상

하나님은 우리를 구원하셔서 세상에 흔한 공산품이 아닌, 세상에 둘도 없는 '작품'으로 재창조하셨다. 작품의 가치는 땅에 묻혀 있든 박물관에 전시되어 있든 언제나 동일하다. 그러므로 예수님을 믿어 구원받고 세례를 통하여 예수님과 연합되어 하나님의 걸작품으로 재창조된 성도는, 어느 곳, 어떤 상황 가운데서도 자신의 가치를 잊지 말아야 한다. 그리고 하나님의 걸작품다운 마음과 생각과 언어와 행동과 인격으로 살아야 한다.

오늘날 교회를 바라보시는 하나님의 아픔은, 성도들이 평상시에는 작품처럼 살다가도 누군가 감정을 건드리면 감정을 주체하지 못하여 함부로 말하고 행동하며 망가진 인격으로 살아가는 모습이다. 이제 주님께서는 우리가 예수님의 십자가 공로로 구원받은 선한 작품이 되었으니, 하나님의 영광을 위해 그리스도의 인격을 닮아 가며 품격 있는 인생을 살기를 원하신다.

📖 나는 삶의 자리에서 하나님의 작품다운 인격으로 살고 있는가?

"그런즉 너희가 먹든지 마시든지 무엇을 하든지 다 하나님의 영광을 위하여 하라"(고전 10:31).

✳✳

11~12절 구원 이전의 상태

11절 그러므로 생각하라 너희는 그때에 육체로는 이방인이요 손으로 육체에 행한 할례를 받은 무리라 칭하는 자들로부터 할례를 받지 않은 무리라 칭함을 받는 자들이라

바울은 1~10절을 통하여 하나님께서 소망 없던 유대인과 이방인에게 값없이 구원을 선물해 주셨다고 말씀했다. 그리고 이제 11~12절에서 전날의 이방인이었던 그리스도인의 신분에 대하여 말씀한다.

그러므로 생각하라

✳ 생각하라: (헬)므네모뉴오 - 다시 모으다, 기억하다

바울은 허물과 죄로 죽었던 우리에게 하나님이 은혜로 주신 구원의 선물을 받은 성도로서 두 가지를 기억하라고 말씀한다.

너희는 그때에 육체로는 이방인이요

첫째는 '육체로 이방인이었음'을 기억하라.

'이방인'이란, 도시에 사는 헬라인들이 도시 밖에 살던 사람들을 멸시하며 불렀던 칭호다. 유대인들이 이 칭호를 가져다가 선민이라는 우월의식으로 다른 민족들을 멸시할 때 사용했다. 그러므로 육체로

는 이방인이었다는 말씀은, 유대인이 구원의 징표로 생각하는 할례를 받지 않는 무할례자, 즉 외적으로 구원의 징표를 갖지 못한 자였음을 의미한다.

손으로 육체에 행한 할례를 받은 무리라 칭하는 자들로부터 할례를 받지 않은 무리라 칭함을 받는 자들이라

둘째는 '손으로 육체에 행한 할례당이라 칭하는 자들에게 무할례당이라 칭함을 받는 자들'이었음을 기억하라.

'무할례당'은 이스라엘이 하나님과 특별한 언약 관계에 있음을 나타내는 외적 표시인 할례를 받지 못한 자를 의미한다. 예나 지금이나 유대인들은 무할례를 부끄러운 것이요 경멸의 대상으로 여긴다. 심지어는 남자 유대인들은 여성으로 태어나지 않음을 감사하게 여길 정도로 할례에 대한 대단한 자부심을 가지고 있다.

묵상

하나님께서 유대인을 선민으로 부르신 이유는, 유대인을 통하여 하나님의 구원의 빛을 세상에 전하기 위함이다. 그런데 유대인들은 하나님의 뜻을 오해하여 자신들만이 하나님의 선택을 받았다는 교만에 빠져 이방인들을 무시하는 죄를 저질렀다.

오늘날 교회 안에도 자신만이 특별한 은사와 사명을 받았다고 오해하며 다른 성도들의 다름을 인정하지 않고 무시하려는 제2의 유대인들을 종종 본다. 하나님께서 본절에서 유대인의 시각으로 이방인들의 지난날의 신분에 대하여 말씀하신 이유는, 이러한 유대인적인 시각으로 신앙생활을 하지 말라는 의미이다.

주님께서는 예수님의 십자가로 구원받은 성도가 높은 자존감을 가지되, 서로의 다름과 존귀함을 인정하고 교회의 비밀인 '함께' 마음을 모아 하나님께 영광을 돌리고 찬양하는 삶을 살기를 원하신다.

📖 나는 서로의 은사가 다름을 인정하고 겸손히 섬기며 배우려는 자세가 있는가?

"우리에게 주신 은혜대로 받은 은사가 각각 다르니 혹 예언이면 믿음의 분수대로"(롬 12:6).

12절 그때에 너희는 그리스도 밖에 있었고 이스라엘 나라 밖의 사람이라 약속의 언약들에 대하여는 외인이요 세상에서 소망이 없고 하나님도 없는 자이더니

바울은 11절에 이어서 '그때에', 즉 예수 그리스도를 믿음으로 구원의 영광을 누리기 전 이방인들의 상태에 대하여 다섯 가지를 말씀한다.

그때에 너희는 그리스도 밖에 있었고

* 밖에: (헬)코리스 – 떠나서, 관계없이

첫째는 그리스도 밖에 있었다.

'밖에 있었다'는 말씀은 이방인들이 하나님의 관심 밖에 있었다는 것이 아니라, 구원의 약속과 소망의 근원이신 예수님을 알지 못함으로 그리스도 밖에서 어둠과 절망 속에서 구원의 행복을 모르고 살았다는 의미이다.

이스라엘 나라 밖의 사람이라

둘째는 이스라엘 나라 밖의 사람이었다.

'이스라엘'이란, 하나님을 모시는 신정국가를 의미한다. 즉 이방인

들은 하나님의 선민들에게 주시는 율법을 비롯한 모든 약속에서 배제된 상태에 있었다는 의미이다.

약속의 언약들에 대하여는 외인이요

＊ 외인: (헬)크세노스 - 낯선 사람, 외국의

셋째는 약속의 언약들에 대하여 외인이었다.

'약속의 언약'이란, '유언적 약속', '옛 언약의 기록들'이라는 의미로, 모든 언약의 기초이신 예수, 즉 메시아에 대한 약속과는 상관이 없는 존재라는 말이다. 다시 말해서 구원에 대한 아무런 소망도 없는 존재였음을 의미한다.

"이 약속들은 아브라함과 그 자손에게 말씀하신 것인데 여럿을 가리켜 그 자손들이라 하지 아니하시고 오직 한 사람을 가리켜 네 자손이라 하셨으니 곧 그리스도라"(갈 3:16).

세상에서 소망이 없고

＊ 소망: (헬)엘피스 - 희망의 대상, 바라는 것

넷째는 세상에서 소망이 없었다.

'소망이 없었다'는 말씀은 인간에게 참된 소망은 예수 그리스도를 통한 구원뿐이라는 의미이다. 그런데 인간들은 참된 구원의 소망도 없이 세상 것들로 소망을 삼고 허망한 인생을 살고 있었다.

"내가 해 아래에서 행하는 모든 일을 보았노라 보라 모두 다 헛되어 바람을 잡으려는 것이로다"(전 1:14).

하나님도 없는 자이더니

다섯째는 세상에서 하나님도 없는 자였다.

'하나님도 없는 자'라는 말씀은 하나님에 대한 참된 지식이 없으므로 세상의 기준과 가치와 원칙과 사상과 철학을 따라 살면서, 마치 폭풍우 몰아치는 망망대해에서 키도 없이 표류하는 배와 같은 신세였다는 의미이다.

"그러나 너희가 그때에는 하나님을 알지 못하여 본질상 하나님이 아닌 자들에게 종 노릇 하였더니"(갈 4:8).

묵상

사람들은 그가 어디 출신인지, 어떤 학벌을 가졌는지, 어떤 명예를 가졌는지 등에 관심이 많다. 하지만 하나님은 사람의 스펙에는 관심이 없으시다. 하나님의 관심은 '지금 여기'(here & now)이다. 또한 하나님은 사람의 겉모습, 즉 부와 명예와 권세 등에 관심이 없으시다. 하나님은 인간의 마음을 중요하게 생각하신다.

그러므로 우리가 과거에 어떤 모습으로 살았느냐는 중요하지 않다. 지금, 여기에서 어떤 마음과 자세로 사느냐가 중요하다. 예수 그리스도 안에서 지금 여기, 즉 삶의 자리에서 예수님의 언약의 말씀을 믿고, 하늘에 소망을 두며, 생명의 원리로 돕고 세우고 살리는 삶을 사는 성도에게 하늘의 복과 땅의 복을 주신다.

나는 믿음과 소망과 사랑의 생명의 원리로 오늘을 살아가고 있는가?

"영접하는 자 곧 그 이름을 믿는 자들에게는 하나님의 자녀가 되는 권세를 주셨으니 이는 혈통으로나 육정으로나 사람의 뜻으로 나지 아니하고 오직 하나님께로부터 난 자들이니라"(요 1:12~13).

※※
13절 그리스도인의 본질적 이중성

13절 이제는 전에 멀리 있던 너희가 그리스도 예수 안에서 그리스도의 피로 가까워졌느니라

바울은 이방인 그리스도인들이 현재 누리고 있는 신분 즉 특권과 변화에 대하여 말씀한다.

이제는 전에 멀리 있던 너희가
11, 12절 말씀과 같이 이방인 그리스도인들은 과거 곧 예수님을 영접하기 전까지 하나님도 없고, 소망도 없고, 구원의 언약과 상관없는 비극적인 상태에 있었다.

너희가 그리스도 예수 안에서 그리스도의 피로 가까워졌느니라
그러나 이제 예수님이 십자가에서 보혈을 흘려 구원의 은혜를 주심으로, 믿는 모든 자들이 그리스도의 은혜 안에서 '하나님의 자녀'라는 신분으로 격상되어 하나님 나라의 상속자가 되었다.
"염소와 송아지의 피로 하지 아니하고 오직 자기의 피로 영원한 속죄를 이루사 단번에 성소에 들어가셨느니라"(히 9:12).

적용
미래를 주제로 한 영화들을 보면 공간과 공간의 물리적인 거리를 순간적으로 이동하는 장면이 나오는데 이것을 '텔레포트'라고 한다. 현실적으로는 불가능하지만, 이 원리가 그리스도 안에서는 가능하다.
성막의 지성소에는 어느 누구도 함부로 들어갈 수 없었다. 그런데 예

수님께서 십자가에서 인류의 모든 죄를 짊어지고 죽어 주심으로 성소와 지성소를 막고 있던 휘장이 위에서 아래로 갈라져 버렸다. 이 사건을 통하여, 예수님을 믿는 성도는 대제사장이 1년에 단 한 번 들어갈 수 있었던 지성소 즉 '하나님의 임재' 가운데 수시로 들어갈 수 있게 되었다. 그래서 성도는 언제, 어디서라도 찬양과 예배와 기도로 하나님의 임재를 누릴 수 있다.

이 복은 인간이 하나님 앞에서 누릴 수 있는 최고의 복이라는 사실을 깨달아야 한다.

📖 나는 찬양과 예배와 기도로 하나님의 임재를 누리며 사는가?

"그러므로 형제들아 우리가 예수의 피를 힘입어 성소에 들어갈 담력을 얻었나니 그 길은 우리를 위하여 휘장 가운데로 열어 놓으신 새로운 살 길이요 휘장은 곧 그의 육체니라"(히 10:19~20).

**
14~16절 화해와 새로운 창조

14절 그는 우리의 화평이신지라 둘로 하나를 만드사 원수 된 것 곧 중간에 막힌 담을 자기 육체로 허시고

바울은 14~15절에서 화해와 새로운 창조에 대해서 말씀하면서, 먼저 본절에서 하나님의 언약에서 멀리 있었던 이방인들을 위해 예수님이 십자가에서 무엇을 하셨는지 분명하게 말씀한다.

그는 우리의 화평이신지라

예수님께서는, 십자가로 그리스도 밖에 있었고 약속의 언약과 상관도 없고 소망도 없던 이방인들을 위하여, 십자가에서 보혈을 흘리사 화목 제물이 되어 하나님의 지성소로 나아가 하나님과 화평의 길을 열어주셨다.

둘로 하나를 만드사 원수 된 것 곧 중간에 막힌 담을 자기 육체로 허시고

* 만드사: (헬)포이에오 – 창조하다, 만들다

그리고 더 나아가 유대인과 이방인 사이를 가로막고 있던 혈통적, 민족적, 문화적, 종교적인 장애물들을 십자가로 허물고 한 몸을 이루게 하셨다.

이스라엘의 역사가 요세프스의 기록에 의하면, 예루살렘 성전에는 1.5m의 높이로 된 담이 있어서 이방인들은 절대 그 안에 들어올 수 없었으며 이방인의 뜰에서 성전 안으로 들어오는 입구에 다음과 같은 경고문이 있었다고 한다.

"어떤 이방인도 이 담 안으로 들어오는 것을 금한다. 어기는 자는 사형에 처한다."

"이는 그들이 전에 에베소 사람 드로비모가 바울과 함께 시내에 있음을 보고 바울이 그를 성전에 데리고 들어간 줄로 생각함이러라 온 성이 소동하여 백성이 달려와 모여 바울을 잡아 성전 밖으로 끌고 나가니 문들이 곧 닫히더라"(행 21:29~30).

이처럼 예수님께서는 과거로부터 유대인과 이방인을 구별하던 담을 십자가로 허물어 주심으로 서로 우월하다고 주장하며 멀리 있던 유대인과 이방인을 한 새 사람으로 만드사, 예수님을 머리로 모시는 교회 안에서 가까워졌을 뿐 아니라 한 몸을 이루게 하셨다.

묵상

예수님께서 십자가 달려 죽으신 이유는 크게 두 가지다.

첫 번째, 에덴동산의 선악과 사건으로 인하여 하나님의 형상과 하나님의 대행자로서의 특권을 잃어버리고 마귀를 좇아 살아가던 인간의 죄의 문제를 해결해 주셔서, 하나님과 화목을 이루게 하려 함이셨다.

두 번째, 율법을 따르는 유대인과 언약 밖에 있던 이방인을 새로운 인류, 즉 '그리스도인'으로 새롭게 창조하여 하나님의 자녀와 하나님의 대행자로서의 특권을 가지고 삼위 하나님의 인격으로 세상을 돕고 세우고 살리게 하려 함이셨다.

그러므로 교회는 하나님과 화목을 이루고 그리스도의 인격으로 세상과 화목을 이루며 살고자 발버둥 치는 성도들로 넘쳐나야 한다.

📓 나는 그리스도인의 사명인 '화목의 직분'을 감당하며 살아가고 있는가?

"모든 것이 하나님께로서 났으며 그가 그리스도로 말미암아 우리를 자기와 화목하게 하시고 또 우리에게 화목하게 하는 직분을 주셨으니" (고후 5:18).

15절 법조문으로 된 계명의 율법을 폐하셨으니 이는 이 둘로 자기 안에서 한 새 사람을 지어 화평하게 하시고

바울은 그리스도께서 자신의 육체를 희생하여 유대인과 이방인을 가로막고 있던 담을 허물었다고 말씀한다.

법조문으로 된 계명의 율법을 폐하셨으니

'법조문'이란, 유대인들이 율법의 '도덕적'이고 '영적'인 면은 무시한

채, 오직 '형식적'이고 '의식적'인 면만 강조한 것, 즉 금식, 음식, 제사, 할례 등에 관한 세세한 규례들을 말씀한다. 이러한 계명의 율법이 원수 된 것, 즉 막힌 담이 된 것에 대하여 예수님께서는 유대인들을 강하게 책망하시고, 십자가에서 이 모든 '계명의 율법'을 폐하여 버리셨다.

이는 이 둘로 자기 안에서 한 새 사람을 지어 화평하게 하시고

* 지어: (헬)크티세 – 창조하다

예수님께서는 육체를 입고 이 땅에 오셔서 십자가에서 하나님이 인간에게 진정으로 원하시는 것이 무엇인지 가르쳐 주셨다. 그것은 법조문과 같은 형식이 아닌, 공의, 인자, 사랑 그리고 겸손으로 살아가는 것이다.

"사람아 주께서 선한 것이 무엇임을 네게 보이셨나니 여호와께서 네게 구하시는 것은 오직 정의를 행하며 인자를 사랑하며 겸손하게 네 하나님과 함께 행하는 것이 아니냐"(미 6:8).

또한 예수님께서는 선한 율법을 받았음에도 하나님을 잘못 믿고 함부로 이방인들을 판단하고 정죄하는 유대인들과, 그런 유대인들을 비방하며 서로 원수로 지내던 이방인들을, 십자가의 구속으로 '한 새 사람', 즉 새로운 인류인 '그리스도인'으로 재창조하셔서 동일한 믿음을 소유한 구속 공동체로 세우셨다. 그것이 바로 '교회'다.

묵상

인간의 죄에는 막강한 능력이 있다. 죄는 하나님의 은혜마저도 효력을 약화시킨다.

하나님께서 '양심의 법'으로 살지 못하는 인간을 위해 '거룩한 율법'을 주셔서 하나님의 백성으로 살 수 있는 길을 열어 주셨다. 그러나 죄로 오염된 인간은 하나님의 '선한 율법'마저도 자신들 멋대로 해석하여

613가지로 만들어 유대인과 이방인을 갈라놓고 원수로 살게 하는 담으로 활용하고 말았다.

그러므로 구원받은 성도는 어찌하든지 죄가 마음과 생각과 언어와 행동과 인격 속에 자리 잡지 못하게 해야 한다. 죄가 우리의 삶에 자리 잡지 못하게 하는 비결은, 날마다 예수님의 말씀을 믿고 존중하며 돕고 세우고 살리는 생명의 원리로 살기 위해 발버둥 치는 것이다. 그리고 기도로 '슈브' 즉 날마다 십자가 아래로 돌아가 내 안에 가득한 악과 독을 '회개하는 신앙'의 길을 걸어야 한다.

하나님의 교회, 하나님의 사람들은 세상 속에서 화목과 평화를 만들어야 한다. 자신들의 신념과 불편함 때문에 하나님의 영광을 가리고 국가와 이웃의 생명을 돌아보지 않는 삶을 살아서는 안 된다.

📖 **나는 새 인류 그리스도인으로서 생명의 원칙으로 살고 있는가?**

"악인은 그의 길을, 불의한 자는 그의 생각을 버리고 여호와께로 돌아오라 그리하면 그가 긍휼히 여기시리라 우리 하나님께로 돌아오라 그가 너그럽게 용서하시리라"(사 55:7).

16절 또 십자가로 이 둘을 한 몸으로 하나님과 화목하게 하려 하심이라 원수 된 것을 십자가로 소멸하시고

바울은 14~15절에서 유대인과 이방인의 '수평적인 화목'을 말씀하고, 이제 16~18절에서 구원받은 모든 성도와 하나님과의 '수직적인 화목'에 대하여 말씀한다.

또 십자가로 이 둘을 한 몸으로 하나님과 화목하게 하려 하심이라

✶ 화목하게: (헬)아포카탈랏소 – 완전히 화해하다

에베소서 2장 83

예수님께서 십자가로 '이 둘', 즉 이방인과 유대인을 한 새 사람으로 만들어 화목하게 하셨다는 말씀은, 새로운 화목이 아니라 아담과 하와의 선악과 범죄 이전의 상태로 되돌리는 '완전한 화목'을 의미한다.

원수 된 것을 십자가로 소멸하시고
예수님께서는 하나님과 인간, 이방인과 유대인이 원수 된 것, 즉 두 차원의 세계를 화목하게 하려고 십자가에서 죽으심으로 교회를 세우셨다.
하나님과의 언약을 깬 인간은 불의한 죄인이 되어 서로를 원망하며 원수처럼 살면서 영원한 형벌을 받을 수밖에 없었다. 하지만 예수님께서 십자가에서 죽어 주심으로 하나님의 의가 되어, 믿는 자는 심판을 받지 않을 뿐만 아니라 도리어 예수님과 함께 하나님 나라의 상속자가 되는 영광의 길을 열어 주셨다.

묵상
해 아래 사는 동안 인간이 만나는 인생의 문제 중에서 그 어떤 것도 스스로 해결할 수 없다. 아담과 하와는 스스로 하나님처럼 되려고 하다가 에덴동산에서 추방되는 비참한 결말을 맞이했다.
그러므로 인간이 에덴동산 시절로 돌아가 하나님과 관계를 회복할 수 있는 길, 인간관계를 회복하며 행복하게 살 수 있는 길은 오직 예수님의 십자가 사랑뿐이다.
하나님의 나라에 들어가는 것은 세속적인 혈통이나 돈, 명예, 권세, 혹은 신앙적인 혈통이나 교회의 직분, 봉사, 헌신과는 상관이 없다. 심지어 어린 시절부터 단 한 번도 교회를 떠난 적이 없다 할지라도 예수 그리스도를 마음과 삶의 중심에 모시고 예수님처럼 살고자 발버둥 치는 신앙이 없이는 단 한 발자국도 들어갈 수가 없다.

"나더러 주여 주여 하는 자마다 다 천국에 들어갈 것이 아니요 다만 하늘에 계신 내 아버지의 뜻대로 행하는 자라야 들어가리라"(마 7:21). 그러나 죄인, 즉 살인 강도, 창기, 세리와 같은 자라 할지라도 예수 그리스도의 말씀을 믿고 회개하고 그 말씀대로 살고자 발버둥 치는 자는 하나님의 자녀로 인정받아 예수님과 함께 하나님 나라를 상속받을 받을 것이다.

📖 **나는 하나님과 이웃과의 화목을 어떻게 이루며 살아가고 있는가?**

"그의 십자가의 피로 화평을 이루사 만물 곧 땅에 있는 것들이나 하늘에 있는 것들이 그로 말미암아 자기와 화목하게 되기를 기뻐하심이라"(골 1:20).

※※
17~18절 평화와 화해

17절 또 오셔서 먼 데 있는 너희에게 평안을 전하시고 가까운 데 있는 자들에게 평안을 전하셨으니

바울은 성령님이 오셔서 우리 가운데 평안을 전하셨다고 말씀한다.

또 오셔서
직역하면, '그가 오신 후에'이다. 즉 예수님께서 제자들에게 복음을 주시고 승천하신 후에 성령님이 오셨다. 그러자 제자들이 성령님의 능력을 힘입어 이방인과 유대인에게 복음을 전하여 새 인류 즉

'그리스도인'이 세워져 교회가 탄생했다. 그러므로 여기서 오신 분은 '성령님'이시다.

먼 데 있는 너희에게 평안을 전하시고 가까운 데 있는 자들에게 평안을 전하셨으니

'먼 데 있는 자'들은 이방인을, '가까이 있는 자'들은 유대인을 가리킨다. 성령님께서 오신 후에 제자들을 통하여 구원에서 멀리 있던 이방인과 가까이 있었던 유대인에게 '평안의 복음'을 전파하셨다. 그러므로 구원받은 성도가 하늘의 평안을 누리는 일은 오직 성령님 안에서만 가능하다.

적용

우리는 자주 "평안하십니까?", "평안을 전합니다"라는 인사를 나눈다. 평안이란, 사전적으로는 '평평할 平(평), 편안할 安(안)'으로 걱정이나 탈이 없음을 의미한다. 그런데 세상 어디에 걱정도 탈도 없는 곳이 있겠는가?

예수님께서 성령님을 통하여 우리에게 주신 평안은 세상이 줄 수 없고 알 수도 없는 '십자가의 복음의 평안'이다. 이 평안은 누구도 차별하지 않는 평안이요, 근심과 걱정까지도 포용하는 평안이다.

모든 인간은 이 땅에서 살아가는 동안 '생로병사 희노애락' 속에서 살아간다. 무슨 말인가? 세상에서 걱정도 탈도 없는 삶은 없다는 말이다. 그러므로 복음이신 예수 그리스도를 믿는 성도는 사는 동안 수시로 오고 가는 걱정과 탈이 없기를 위해 기도하지 말라. 도리어 예수님의 말씀 안에서 모든 걱정과 탈을 뛰어넘어 살도록 도와주시는 성령님을 의지하고 살라.

📖 나는 어떤 평안을 구하고 전하며 사는가?

"육신의 생각은 사망이요 영의 생각은 생명과 평안이니라"(롬 8:6).

18절 이는 그로 말미암아 우리 둘이 한 성령 안에서 아버지께 나아감을 얻게 하려 하심이라

바울은 예수 그리스도로 말미암아 유대인이나 이방인이 한 성령님 안에서 하나님 앞에 나갈 수 있게 되었다고 말씀한다.

이는 그로 말미암아
본절은 유대인과 이방인이 화목할 수 있도록 길을 열어 주신 예수 그리스도의 '십자가의 구속'을 의미한다.

우리 둘이 한 성령 안에서 아버지께 나아감을 얻게 하려 하심이라
예수님이 오실 때까지 유대인들은 제한적으로만 지성소로 나갈 수 있었다. 그러나 예수님의 십자가의 은혜와 구속으로 유대인 그리스도인과 이방인 그리스도인 곧 모든 성도가 '보혜사' 성령님 안에서 구약의 복잡한 절차 없이 언제든지 지성소로 나아가 하나님을 뵐 수 있는 특권을 누리게 되었다.

묵상

하나님의 사랑과 인간의 죄의 크기는 늘 비례한다. 인간의 죄가 '양심의 율법'으로도 '기록된 율법'으로도 감당할 수 없을 만큼 커지자, 하나님께서는 독생자 아들 예수님을 이 땅에 보내셔서 십자가로 '은혜의 법'을 세우셨다. 그리고 그 십자가의 구속의 은혜를 믿는 모든 성도에게 어떠한 조건이나 자격도 요구하지 않으시고 구원의 길을 열어 주셨다.

그러므로 성도는 성부 하나님의 예정과 선택, 예수님의 은혜와 구속, 성령님의 인 치심과 보증하심으로만 구원받을 수 있음을 믿어야 한다. 그리고 우리가 이 땅에서부터 누릴 '구원의 길'은 인간의 지혜와 능력이 조금도 더해질 수 없는 길이요, 오직 십자가의 은혜로만 걸어갈 수 있는 길이요, 어렵고 무거운 길이 아니요, 성령님 안에서 쉽고 가벼운 길임을 깨달아야 한다.

📖 나는 예수님이 십자가로 열어 주신 은혜의 길을 어떻게 걸어가고 있는가?

"우리가 아직 죄인 되었을 때에 그리스도께서 우리를 위하여 죽으심으로 하나님께서 우리에 대한 자기의 사랑을 확증하셨느니라"(롬 5:8).

**

19~22절 그리스도 안에서 지어져 가는 교회

19절 그러므로 이제부터 너희는 외인도 아니요 나그네도 아니요 오직 성도들과 동일한 시민이요 하나님의 권속이라

바울은 19~22절에서 교회는 '함께'의 비밀 속에서 하나님의 거하실 처소로 지어져 가야 한다고 말씀한다. 이제 본절에서 그리스도의 몸인 교회는 유대인과 이방인이 '함께' 어우러진 유일한 '구속 공동체'라고 말씀한다.

그러므로 이제부터
바울은 11~18절을 통하여 교회의 머리는 그리스도시요 그리스도

의 구속 사역에는 어떠한 차별도 없음에 대하여 말씀했다. 더 나아가 그리스도 안에서 어떻게 이방인들이 구원 공동체의 일원이 되었는지 말씀했다. 그리고 본절에서 '자, 그러면'이라고 말씀한다.

너희는 외인도 아니요 나그네도 아니요 오직 성도들과 동일한 시민이요 하나님의 권속이라

바울은 우리가 예수님을 믿기 전에는 이방인이요, 약속의 언약들에 대하여 외인이요, 천국에 소망도 없던 자들이었는데 이제 예수님을 믿음으로 하나님의 자녀가 되었다고 말씀한다. 그러므로 '이제부터' 즉 예수 그리스도를 믿는 순간부터 우리는 출신과 상관없이, 첫째는 앞서 믿은 성도들과 동일한 천국의 시민이요, 둘째는 하나님을 가장으로 모신 가족이 되었다.

묵상

세상은 사람들을 대할 때 자동적으로 외모와 스펙을 먼저 본다. 그리고 어느 정도 예우할 것인지를 결정한다. 그런데 하나님께서는 우리가 예수 그리스도를 믿는다는 단 한 가지 이유 때문에 우리를 하나님 나라의 시민이요, 하나님의 나라의 가족, 즉 아브라함과 모세와 엘리야와 같이 예우하신다고 말씀하신다. 우리가 명품 옷을 입었든 누더기를 걸쳤든, 학위를 가졌든 못 가졌든 상관없이 우리를 동일하게 예우하신다. 그러므로 교회와 성도는 어떠한 경우에도 사람을 차별하는 삶을 살아서는 안 된다. 왜냐하면 이는 하나님의 뜻과 배치되는 사탄의 방식이기 때문이다.

📖 나는 이 은혜 앞에서 얼마나 감격하고 감사하는가? 이 큰 은혜와 예우를 받은 성도로서 다른 사람들을 어떻게 예우하며 사는가?

"내 형제들아 영광의 주 곧 우리 주 예수 그리스도에 대한 믿음을 너희가 가졌으니 사람을 차별하여 대하지 말라"(약 2:1).

20절 너희는 사도들과 선지자들의 터 위에 세우심을 입은 자라 그리스도 예수께서 친히 모퉁잇돌이 되셨느니라

바울은 20~22절에서 교회를 건물에 비유한다. 교회는 단순한 건물이 아니라 예수님이 당신의 육체로 허무신 예루살렘 성전을 대신하여 새롭게 세우신 '성전'이라고 말씀한다.

너희는 사도들과 선지자들의 터 위에 세우심을 입은 자라
'사도와 선지자'란, 초대교회 시대에 있었던 직분으로 하나님께서 그리스도 안에서 행하신 복음의 역사에 대한 최초의 선포자로서 임명받은 일꾼들이었다.
먼저 교회가 사도들과 선지자들의 터 위에 세움을 받았다는 말씀은, 교회의 터는 예수 그리스도시며, 교회는 사도들과 선지자들의 복음 전파로 세워지고 확장되었다는 의미이다.
"이 닦아 둔 것 외에 능히 다른 터를 닦아 둘 자가 없으니 이 터는 곧 예수 그리스도라"(고전 3:11).
그러므로 이 땅에 교회가 세워진 것은 사도나 선지자들을 비롯한 인간적인 인격이나 공로나 수고로 세워진 것이 아니다. 인간은 하나님의 구속사의 증인이요 대사로서 그리스도에 대한 복음과 성경 말씀을 가르치고 증거할 뿐, 교회를 교회 되게 하시고 세우시는 분은 하나님이시다.

그리스도 예수께서 친히 모퉁잇돌이 되셨느니라

또한 그리스도께서 친히 교회의 모퉁잇돌이 되셨다고 말씀한다. '모퉁잇돌'은 건물의 벽과 벽이 만나는 지점에 세우는 건물의 기초석을 말한다. 고대 근동 지역에서는 건물을 세우는 자가 자신의 이름을 모퉁잇돌에 새겨 자신이 소유자임을 알리기도 했다. 예수님이 교회의 모퉁잇돌이 되셨다는 말씀은 교회가 누구의 소유인지를 말씀하는 것이다. 예수님께서 다른 사람을 시키지 않으시고 친히 십자가로 교회의 모퉁잇돌이 되셔서 교회를 당신의 소유로 삼으셨다.

그러므로 교회는 존재, 모습, 능력 그리고 성장하는 것까지 예수님께 전적으로 의존해야만 한다. 목사를 비롯한 성도는 단지 교회를 섬기는 청지기에 불과하다는 사실을 기억해야 한다.

묵상

전하는 사람이 없는데 어찌 듣는 사람이 있겠는가? 베푸는 사람이 없는데 어찌 배부른 사람이 있겠는가? 준비해 주는 사람이 없는데 어찌 누리는 사람이 있겠는가? 부모의 희생과 헌신이 없이 어찌 건강한 가정이 있겠으며, 목회자와 성도의 희생과 섬김과 드림이 없이 어찌 교회가 세워져갈 수 있겠는가?

모두가 누리기만 원할 뿐 희생과 섬김의 삶을 살지 않는다면 공동체와 사회와 국가는 존속하지 못할 것이다. 가정도 영광스러운 교회도 우리 사회와 국가도 마법으로 존재하는 것이 아니라, 누군가의 섬김과 헌신과 드림과 나눔이 있기에 존재함을 기억하고, 각자의 역할을 성실하게 수행해야 한다.

📖 나는 그리스도의 몸을 세우고 복음의 확장을 위해 무엇을 드리며 헌신과 섬김의 삶을 사는가?

"만일 너희 믿음의 제물과 섬김 위에 내가 나를 전제로 드릴지라도 나는 기뻐하고 너희 무리와 함께 기뻐하리니"(빌 2:17).

21절 그의 안에서 건물마다 서로 연결하여 주 안에서 성전이 되어 가고

* 가고: (헬)아욱사노 – 자라나게 하다

바울은 예수님을 건물의 '모퉁잇돌'로, 성도들을 '건축 자재'로 비유하며, 교회는 예수님을 중심으로 성도들이 서로 연결되어 거룩한 성전으로 튼튼히 세워져 가야 한다고 말씀한다.

교회는 예수 그리스도를 모퉁잇돌 즉 근본으로 모시고 계속해서 자라가야 한다. 그러기 위해서는 어떻게 해야 하는가?

첫째는 모퉁잇돌을 중심으로 건축 자재들이 서로 잘 연결되어 건물이 튼튼하게 완공되어 가듯이, 교회는 십자가의 은혜로 거룩한 성전으로 부르심을 받은 성도들이 예수님의 은혜와 진리 안에서 서로 잘 연합되고 연결되는 '함께'의 비밀을 이루어가야 한다. 만약 건축 자재들의 혼합 비율이 안 맞은 상태로 건물이 세워지듯이 성도들이 불화하여 '함께'의 비밀을 이루지 못한다면, 지난날 삼풍백화점이 무너졌듯이 교회도 모래성처럼 무너져 사탄의 놀이터로 전락하고 말 것이다.

둘째는 시간이 지나면서 건물이 완공되어 가듯이 교회도 계속해서 자라 가야 한다. 교회는 주님이 마지막 날에 심판주로 오시는 날까지 장성한 분량이 충만하도록 계속해서 자라 가야 한다. 교회가 성장해야 한다는 말은, 단순한 양적 성장만이 아니라 질적인 성장에 더 큰 관심을 가져야 한다는 의미이다. 즉 성도들은 교회 안에서 하나님을 아는 지식과 믿음과 연합과 순결한 삶의 성장을 이루어야 한다. 성장하는 그리스도인의 삶에서 나타나는 특징은 그리스도의 생명과 지혜와 거룩과 의로움과 능력과 사랑과 영광이다.

그러므로 교회는 하나님께서 각자에게 주신 성령님의 은사들을 가지고 '함께' 돕고 세우며 살리는 공동체로 자라 가야 한다.

묵상

교회의 성장을 이야기할 때면 우리는 주로 양적인 성장을 말한다. 그래서 종종 이런 질문을 던져 본다. '우리 교회 안에는 예수님을 닮아 그분의 말씀으로 살기 위해 발버둥 치는 성도가 얼마나 되는가?' 오늘날 한국교회가 양적 성장을 통해 건물과 교인들은 제법 많아졌는데, 삶의 자리에서 예수님처럼 살기 위해 발버둥 치는 성도는 얼마나 많은지 질문해 보아야 한다.

그러므로 교회는 먼저 '성숙한 성도' 즉 예수님의 말씀을 믿고, 그 말씀을 존중하고, 그 말씀대로 살기 위해 발버둥 치는 '인격신앙'을 갖춘 성도들이 많아지는 부흥을 꿈꾸어야 한다. 그렇게 된다면 세상 속에서 삶에 지치고 외로운 현대인과 가나안(안 나가) 교인들이 그리스도의 진리가 살아 숨 쉬는 성도들의 '인격신앙'에 매료되어 초대교회와 같이 교회로 몰려들 것이다.

인격신앙이란, 성부의 은혜(말씀)와 성자의 사랑(예배)과 성령의 교통(기도)으로 마음이 채워져 삶의 자리에서 은혜와 사랑과 소통을 흘려보내며 사는 삶을 의미한다.

나는 그리스도의 인격신앙으로 성장해 가고 있는가?

"오직 우리 주 곧 구주 예수 그리스도의 은혜와 그를 아는 지식에서 자라가라 영광이 이제와 영원한 날까지 그에게 있을지어다"(벧후 3:18).

22절 너희도 성령 안에서 하나님이 거하실 처소가 되기 위하여 그리스도 예수 안에서 함께 지어져 가느니라 바울은 이방인인 에베소 성도들과 오늘날의 우리가 어떻게 새로운 성전으로 지어져 가야 하는지 말씀한다. 왜 그리스도의 몸인 교회가 모퉁잇돌이신 예수님의 진리의 말씀 안에서 하나님의 새로운 성전으로서 지어져 가야 하는가?

첫째는 이방인 그리스도인들이 성전이 된 것은 믿음으로 예수님을 영접하였기 때문이다. 그러므로 은혜로 오신 예수 그리스도를 믿어 구원받은 성도는 그날부터 성령님 안에서 계속적으로 자라가야 한다.

둘째는 성도가 단 한순간이라도 성령님을 의지하지 않고 진리의 말씀을 가까이하지 않으면 성장을 멈추기 때문이다.

그러므로 교회는 살아 계신 하나님을 섬기는 공동체로서 거룩한 생명을 유지하기 위해서 언제나 주인이 되시는 예수님의 말씀과 동행하시는 성령님을 의지하고 말씀과 예배와 기도로 자라 가야 한다.

묵상

우리는 종종 성도가 많고 건물이 크고 아름다운 교회가 좋은 교회일 것이라고 말한다. 그럴 수 있다. 그러나 부부, 부모 자식, 형제자매 간에 강한 결속력을 가진 가정이 건강한 가정이듯이, 목회자와 성도가 목자와 양의 관계로, 성도와 성도가 형제애로 똘똘 뭉쳐 서로를 생명의 원리로 돕고 세우며 살리고자 애쓰는 교회가 건강하고 좋은 교회라는 사실을 알아야 한다.

이런 결속력을 가진 건강한 교회를 세우는 길은 오직 말씀과 예배와 기도뿐이다. 교회의 결속력은 숫자와 건물의 크기와 제도로 만들어지지 않고, 오직 본질에 충실할 때만 이룰 수 있다. 그러므로 그리스도의 몸인 교회는 끊임없이 그분의 말씀으로만 자라 가야 한다.

섬김을 받는 수준에서 섬기는 수준으로, 지원을 받는 수준에서 돕고 세우고 살리는 수준으로, 은혜의 단계에서 진리의 단계로, 뜰의 수준에서 성소와 지성소의 수준으로, 초대교회 성도들과 같이 그리스도의 몸인 교회를 몸과 마음과 물질로 섬기는 수준으로 성장해야 한다.

📖 나는 교회 안에서 거룩한 성전으로 성장해 가고 있는가?

"너희 몸은 너희가 하나님께로부터 받은 바 너희 가운데 계신 성령의 전인 줄을 알지 못하느냐 너희는 너희 자신의 것이 아니라"(고전 6:19).

에베소서 3장

**
1절 복음 때문에 갇힌 바울

1절 이러므로 그리스도 예수의 일로 너희 이방인을 위하여 갇힌 자 된 나 바울이 말하거니와

바울은 현재 복음 때문에 감옥에 갇혀 에베소서를 기록하고 있다고 말씀한다.

이러므로
바울은 구원의 소망도 없이 허망한 것을 좇아 살던 이방인을 위한 사도로 부르심을 받고, 이방인들에게 그리스도 안에서 유대인과 하나님과 화평을 이루는 복음을 전하는 사명을 감당하다가 감옥에 갇혔다.

그리스도 예수의 일로 너희 이방인을 위하여 갇힌 자 된 나 바울이 말하거니와
바울을 감옥에 가둔 자는 로마의 황제였지만, 바울은 '예수의 일' 즉 '예수를 위하여' 갇혔다고 고백한다. 그러므로 자신을 가둔 자는

세상의 위정자가 아니요, 세상 만물과 인생의 주관자이신 예수님의 권세 안에서 갇혔다고 말씀한다.

묵상

바울이 전했던 복음은 당시 유대인들에게는 도전이었고 충격 그 자체였다. 왜냐하면 이방인들이 율법이나 할례를 받지 않아도 구원을 받는다는 복음은 도저히 용납될 수 없었기 때문이다. 그래서 바울은 반대자들에 의해 체포되어 감옥에 갇힌 것이다.

그러나 바울은 자신이 반대자들에 의해 갇힌 것으로 해석하지 않고 예수님의 권세 안에서 갇혔다고 고백한다. 복음 안에서 살아가는 성도들은 자신이 살아가는 동안 당하는 고난이 모두 하나님의 경륜 속에 있음을 믿어야 한다. 왜냐하면 하나님은 당신의 사람들을 온전히 인도하시고 보호하시기 때문이다.

그러므로 인생의 고난을 만났을 때, 나를 요셉처럼 총리로 세우시려는 하나님의 분명한 뜻이 있음을 믿고, 고난의 현장을 감사함으로 견디고 이겨 내는 신앙인이 되라.

📖 **나는 눈앞에 있는 고난 속에서 어떤 하나님의 뜻을 발견하고 있는가?**

"고난 당하기 전에는 내가 그릇 행하였더니 이제는 주의 말씀을 지키나이다"(시 119:67).

✱✱
2절 성부 하나님의 경륜

2절 너희를 위하여 내게 주신 하나님의 그 은혜의 경륜을 너희가 들었을 터이라

바울은 성부 하나님의 은혜의 경륜을 따라 자신이 이방인의 사도가 된 과정을 에베소 교인들이 이미 들었다고 말씀한다.

너희를 위하여 내게 주신 하나님의 그 은혜의 경륜을
바울은 자신이 이방인의 사도가 된 것은 하나님의 '은혜의 경륜'으로 인한 것임을 확신했다.
'경륜'이란, 헬라어로 '오이코노미아'로 문자적으로는 '집안 관리'를 뜻하며, 바울의 사도직 자체를 의미한다. 즉 에베소 교회의 성도들이 하나님께서 바울을 예수님의 십자가 은혜를 전하게 하기 위하여 세우신 사도로 알고 있었다.

너희가 들었을 터이라
바울은 3차 전도 여행 때 에베소의 두란노 서원에서 2년간 복음을 전하였다. 하지만 이 편지를 받는 성도들 중에는 바울을 잘 모르고 소문으로만 들은 자들도 있었다.

묵상
어떻게 바울은 감옥에 갇혀서도 담담할 수 있었을까?
바울은 하나님의 구원의 비밀을 알았기 때문이다. 예수 그리스도를 통한 구원의 비밀을 몰랐을 때는 복음의 훼방자요, 핍박자요, 폭행자였던

유대교도였던 사울이, 복음의 비밀을 깨닫고 나서는 이방인을 위한 사도 바울로 변화되었다. 더 나아가 감옥에 갇힌 영어의 몸이 되었으면서도 조금의 흐트러짐도 없이 담담하게 에베소서를 써 내려가고 있다. 복음의 비밀을 아는 것과 모르는 것의 엄청난 차이를 보여준다.

하나님의 말씀에 확신이 있었던 요셉은 고난 중에서도 원망, 불평, 비난하지 않고 도리어 감사함으로 감옥에서도 살아갈 수 있었다. 그러므로 우리도 하나님의 은혜의 경륜을 따라 살아가는 구원받은 성도임을 알고 말씀에 굳게 서서 요셉과 바울과 같은 위대한 그리스도인이 되자.

📖 **나는 인생의 고난 속에서도 흔들리지 않을 신앙을 가지고 있는가?**
"일어나 너의 발로 서라 내가 네게 나타난 것은 곧 네가 나를 본 일과 장차 내가 네게 나타날 일에 너로 종과 증인을 삼으려 함이니"(행 26:16).

**
3~4절 계시로 알게 된 예수님의 비밀

3절 곧 계시로 내게 비밀을 알게 하신 것은 내가 먼저 간단히 기록함과 같으니

바울은 3~4절에서 이방인의 사도로서 깨달은 구원의 비밀에 대하여 말씀한다.

곧 계시로 내게 비밀을 알게 하신 것은
　* 비밀: (헬)뮈스테리온 – 남에게 공개하지 않고 숨기는 일이나 내용
'계시의 비밀'이란, 창세 전부터 예정하셨으나 예수님이 이 땅에 오

시기까지 숨겨 왔던 '예수 그리스도를 통한 구원에 관한 복음'을 의미한다. 즉 예수님의 십자가를 통해 유대인과 이방인을 하나 되게 하여 교회를 이루게 하신 것이다.

내가 먼저 간단히 기록함과 같으니
바울은 2장 11~22절에서 언약의 외인이었던 이방인들을 예수님께서 십자가의 구속을 통하여 복음 안으로 불러들인 것을 먼저 간단히 기록하여 전했다고 말씀한다.

묵상

바울이 언제 복음의 비밀을 깨달았다고 고백하는가? 많은 학문과 기도를 통해서가 아니라 '계시'로 복음의 비밀을 알았을 때라고 말씀한다. '계시'란 무엇인가? 하나님께서 가려져 있던 베일을 들추어 명백하게 드러내 보여주시는 것을 의미한다. 바울은 다메섹 도상에서 예수님을 만나 복음의 비밀을 깨달았고 이방인의 사도로 부르심을 받았다.
그러므로 구원받은 성도가 '지혜와 계시' 즉 예수 그리스도를 통하여 주신 말씀과 말씀의 정신을 바로 깨달을 때만 마음의 눈이 열려 복음의 비밀을 알 수 있게 된다는 사실을 알아야 한다. 성도는 진리의 말씀을 통해 복음을 알게 된 것이 은혜 중에 가장 큰 은혜임을 고백하고 찬양해야 한다.

나는 진리의 말씀으로 알게 된 구원의 은혜를 찬양하는 삶을 사는가?
"하나님이 우리를 구원하사 거룩하신 소명으로 부르심은 우리의 행위대로 하심이 아니요 오직 자기의 뜻과 영원 전부터 그리스도 예수 안에서 우리에게 주신 은혜대로 하심이라"(딤후 1:9).

4절 그것을 읽으면 내가 그리스도의 비밀을 깨달은 것을 너희가 알 수 있으리라

바울은 앞서 간단하게 기록한 2장 11~22절 즉 십자가로 하나님과 인간을 화목하게 하신 말씀을 읽으면, 예수님을 믿지 않는 일반 사람들에게는 감추어져 있던 하나님의 계획을 깨달을 수 있다고 말씀한다.

그것을 읽으면…너희가 알 수 있으리라
* 읽으면: (헬)아나기노스코 – 확실하게 알다

성경을 읽는다는 것은, 단순히 읽는 것과 복음을 전하기 위해 이해하는 수준이 아니라, 마음으로 완전하게 수용하는 것까지를 말씀한다.

내가 그리스도의 비밀을 깨달은 것을
* 깨달은 것: (헬)쉬네시스 – 전체의 의미와 뜻을 정확하게 포착함

'그리스도의 비밀'이란, 예수 그리스도의 십자가의 은혜로 유대인과 이방인이 동등하게 하나님의 상속자가 되었다는 의미이다. 바울은 그리스도의 비밀을 계시의 말씀으로 정확하게 깨달았다고 말씀한다.

묵상

교회를 오래 다니고도 복음을 깨닫지 못한 교인들을 종종 본다. 복음은 세상의 지성이나 종교적인 열심으로 깨달을 수 없다. 오직 죄 없으신 '예수 그리스도의 말씀'과 '성령님의 도우심'으로만 깨달을 수 있다. 그러므로 성도는 말씀을 읽고 듣고 공부하며 묵상하는 일과 기도에 열심을 내야 한다. 신앙생활 가운데서 바울이 일평생 전하기 원했던 복

음을 받고 깨닫는 은혜가 최고의 은혜임을 기억해야 한다. 그리고 복음을 깨달은 성도는 그 은혜에 감사하며 겸손한 인생을 통해 하나님을 찬양하고 복음을 전하는 삶을 살아야 한다.

📖 나는 깨달은 복음의 진리를 가지고 겸손한 삶을 사는가?

"형제들아 내가 너희에게 알게 하노니 내가 전한 복음은 사람의 뜻을 따라 된 것이 아니니라 이는 내가 사람에게서 받은 것도 아니요 배운 것도 아니요 오직 예수 그리스도의 계시로 말미암은 것이라"(갈 1:11~12).

※※
5~6절 그리스도의 비밀의 실체와 목적

5절 이제 그의 거룩한 사도들과 선지자들에게 성령으로 나타내신 것 같이 다른 세대에서는 사람의 아들들에게 알리지 아니하셨으니

바울은 5~6절에서 그리스도의 비밀의 실체와 목적에 대하여 말씀한다.

이제 그의 거룩한 사도들과 선지자들에게 성령으로 나타내신 것같이
'그리스도의 비밀'이 무엇인가? 예수님의 십자가로 유대인들과 이방인들을 하나 되게 하셔서 교회를 세우시고 그 교회를 통해 하나님 나라를 완성시키려는 하나님의 계획이다. 이 비밀을 바울의 시대에 와서 성령님을 통해 사도들과 선지자들에게 계시하셨다.
그러므로 하나님의 비밀은 그리스도시요, 그리스도의 비밀은 교회요, 구속사의 비밀은 성령님이시다.

다른 세대에서는 사람의 아들들에게 알리지 아니하셨으니

하나님께서는 그리스도께서 오시기 이전인 구약 시대에 살았던 불순종의 아들들, 즉 공중 권세 잡은 사단의 자녀들과 율법에 묶여 종노릇 하던 사람의 아들들에게는 복음의 비밀을 알리지 않으셨다.

묵상

구약의 선지자들이 복음의 비밀을 알 수 없었던 것은, 그들에게는 부분적이고 암시적이고 상징적인 것 즉 그림자와 같은 계시만 보여주셨기 때문이다.

그러나 신약 시대의 사도와 선지자에게 보여주신 계시는 복음의 비밀이신 예수 그리스도 안에서 분명하고 명확한 실체이다. 하나님께서 사도와 선지자를 통해 증거하게 하신 복음이신 예수 그리스도는 하나님의 계시의 최고 절정이요, 완성이다.

사탄은 오늘도 분명하고 명확한 최고의 복음을 희미한 그림자로 변질시키려고 성도들 가운데 온갖 거짓되고 허탄한 맘몬이즘과 세속적인 번영신학의 씨앗을 뿌리고 있다. 그러므로 구원받은 성도는 하나님께서 예수 그리스도의 십자가 안에서 사도와 선지자들을 통해 전해 주신 복음 안에서 날마다 굳게 세워져 가야 한다.

나는 복음의 비밀이신 그리스도를 전하는 삶을 사는가?

"만일 너희가 믿음에 거하고 터 위에 굳게 서서 너희 들은 바 복음의 소망에서 흔들리지 아니하면 그리하리라 이 복음은 천하 만민에게 전파된 바요 나 바울은 이 복음의 일꾼이 되었노라"(골 1:23).

6절 이는 이방인들이 복음으로 말미암아 그리스도 예수 안에서 함께 상속자가 되고 함께 지체가 되고 함께 약속에 참여하는 자가 됨이라

바울은 본절에서 지금까지 말씀해 온 '그리스도의 비밀'에 대하여 구체적으로 말씀한다.

이는 이방인들이 복음으로 말미암아 그리스도 예수 안에서…됨이라
바울은 사도들과 선지자들을 통하여 계시하신 그리스도의 비밀의 목적, 곧 이방인들이 복음이신 예수 그리스도를 믿어 그 안에서 누리게 될 복음의 비밀 세 가지를 말씀한다.

함께 상속자가 되고
첫째는 이방인들이 먼저 예수 그리스도를 믿은 유대인과 함께 하나님 나라의 공동 상속자가 되었다고 말씀한다.
"자녀이면 또한 상속자 곧 하나님의 상속자요 그리스도와 함께 한 상속자니 우리가 그와 함께 영광을 받기 위하여 고난도 함께 받아야 할 것이니라"(롬 8:17).

함께 지체가 되고
둘째는 그리스도 안에서 유대인 그리스도인이든 이방인 그리스도인이든 관계없이 모두가 동등한 교회 공동체의 같은 몸에 속한 자가 되었다고 말씀한다.
"그는 몸인 교회의 머리시라 그가 근본이시요 죽은 자들 가운데서 먼저 나신 이시니 이는 친히 만물의 으뜸이 되려 하심이요"(골 1:18).

함께 약속에 참여하는 자가

셋째는 '약속에 참여하는 자', 즉 하나님께서 아브라함과 그의 자손들에게 약속하신 모든 복에 동참하는 자격을 얻은 자가 되었다고 말씀한다.

"너희가 그리스도의 것이면 곧 아브라함의 자손이요 약속대로 유업을 이을 자니라"(갈 3:29).

바울을 비롯한 사도들과 선지자들을 통해 전파된 복음의 비밀은, 예수 그리스도 안에 있는 복음을 통하여 이방인들과 유대인들이 동등한 위치가 되었다는 사실이다.

묵상

구원받은 성도는 신앙과 교회의 비밀을 바르게 알아야 한다. 신앙과 교회의 비밀은 '함께'이다.

첫째는 세례를 통하여 예수님과 동일시되어 예수님과 함께 하나님 나라의 상속자가 되었다. 둘째는 예수님과 동일시되어 예수 그리스도의 몸인 교회의 공동체가 되었다. 셋째는 예수님과 동일시되어 하나님께서 아브라함으로부터 반복하여 주신 언약의 약속에 대하여 유대인들과 동등하게 참여할 자가 되었다.

이 '함께'의 비밀을 깨닫고 그 은혜가 얼마나 큰지 간증하는 삶을 살라.

나는 교회의 비밀인 '함께'를 이루며 사는가?

"몸은 하나인데 많은 지체가 있고 몸의 지체가 많으나 한 몸임과 같이 그리스도도 그러하니라 우리가 유대인이나 헬라인이나 종이나 자유인이나 다 한 성령으로 세례를 받아 한 몸이 되었고 또 다 한 성령을 마시게 하셨느니라"(고전 12:12~13).

7~9절 복음의 유통을 위해 일꾼 된 바울

7절 이 복음을 위하여 그의 능력이 역사하시는 대로 내게 주신 하나님의 은혜의 선물을 따라 내가 일꾼이 되었노라

바울은 3~6절에서 이방인에 관한 '구원의 비밀'을 말씀하고, 이제 7~9절에서 자신이 이방인들에게 복음의 비밀을 유통하는 '일꾼'이 되었다고 말씀한다.

이 복음을 위하여 그의 능력이 역사하시는 대로 내게 주신 하나님의 은혜의 선물을 따라

바울은 자신이 사명으로 받은 사도의 직분을 선물이라고 말씀한다. 바울이 누구인가? 이스라엘 족속이요, 베냐민 지파요, 히브리인 중에 히브리인이요, 율법으로는 바리새인이요, 로마의 시민권을 가진 사람이었다. 그런데 그는 이 모든 신분과 위치보다 복음의 비밀을 전하는 사도의 직분을 가장 귀한 것으로 여겼다.

"그러나 우리의 시민권은 하늘에 있는지라 거기로부터 구원하는 자 곧 주 예수 그리스도를 기다리노니"(빌 3:20).

또한 바울은 자신의 직분 즉 복음의 일꾼이 된 것은, 자신의 힘과 능력이 아니라 오직 하나님의 강력한 힘으로부터 흘러나오는 은혜의 선물을 따른 것이라고 말씀한다.

"이를 위하여 나도 내 속에서 능력으로 역사하시는 이의 역사를 따라 힘을 다하여 수고하노라"(골 1:29).

내가 일꾼이 되었노라

* 일꾼: (헬)디아코노스 – 하인, 사역자, 집사(자원하는)

'일꾼'이란 헬라어로 '디아코노스'인데, '하인, 집사' 등으로 번역된다. '디아코노스'가 자원함으로 섬기는 일꾼이라면 '둘로스'는 강제로 섬기는 종을 의미한다. 바울은 자신이 복음을 위한 사도가 된 것은 '둘로스'가 아니라, '디아코노스'로서의 종이 된 것이라고 말씀한다. 왜냐하면 예수님이 마태복음 20장 26절에서 크고자 하는 자는 '섬기는 자' 즉 '디아코노스'가 되어야 한다고 말씀하셨기 때문이다.

그러므로 교회에서 목사와 장로 등 모든 직분자와 구원받은 성도는 그리스도의 몸인 교회 안에서 직분을 통해 높임과 섬김을 받으려 해서는 안 된다. 오히려 성도는 자원함으로 섬기는 종의 자세로 살면서 직분을 감당해야 한다. 왜냐하면 예수님도 평생을 하나님과 사람들을 섬기는 종으로 사셨고 이를 위해 당신의 생명까지도 내어 주셨기 때문이다(막 10:43~45).

적용

구원받은 성도로서 어떤 정체성을 가지고 사느냐가 매우 중요하다. 헤아릴 수 없는 구원의 은혜를 받았으면서도 하나님의 나라와 교회를 위해 섬기는 삶을 뒤로하고, 드리는 시간과 물질을 계산하고 아까워하는 '둘로스'와 같은 종은 결코 하나님을 기쁘시게 할 수 없다.

예수님의 구속의 은혜를 값없이 받은 성도라면, 모든 일에 '디아코노스'와 같이 자원함과 감사함으로 하나님의 나라와 교회와 이웃을 종의 자세로 섬기는 정체성을 가져야 한다. 왜냐하면 우리를 이 땅에 보내시고 구원하여서 하나님 나라와 교회를 위한 일꾼으로 부르시고 광야를 통해 훈련시키셔서 여기까지 살게 하신 분이 하나님이시기 때문이다. 특별히 교회에서 직분을 갖고 있거나 사회에서 지도자 위치에 있는 사람이라면 더더욱 '디아코노스'로서의 종의 자세를 가지고 살아갈 때 하늘의 복과 땅의 복을 받을 수 있다.

📖 나는 하나님 앞에서 자원함과 감사함으로 섬기며 살아가고 있는가?

"너희 중에는 그렇지 않을지니 너희 중에 누구든지 크고자 하는 자는 너희를 섬기는 자가 되고 너희 중에 누구든지 으뜸이 되고자 하는 자는 모든 사람의 종이 되어야 하리라 인자가 온 것은 섬김을 받으려 함이 아니라 도리어 섬기려 하고 자기 목숨을 많은 사람의 대속물로 주려 함이니라"(막 10:43~45).

8절 모든 성도 중에 지극히 작은 자보다 더 작은 나에게 이 은혜를 주신 것은 측량할 수 없는 그리스도의 풍성함을 이방인에게 전하게 하시고

바울은 복음의 일꾼 된 자로서 첫 번째 책임에 대하여 말씀한다.

모든 성도 중에 지극히 작은 자보다 더 작은 나에게

* 지극히 작은 자보다 더 작은 나에게: (헬)엘라키스토테로
  - 가장 작은 자보다 더 작은, 가장 보잘것없는 사람

바울은 가장 보잘것없는 자신을 하나님의 비밀인 그리스도를 이방인들에게 전할 수 있는 일꾼으로 세우신 하나님의 은혜가 얼마나 과분하고 큰지를 말씀한다.

주석가 폴케스(Foulkes)는 본절을 "바울이 자신을 위와 같이 묘사한 것은, 그리스도 안에 있는 하나님의 큰 복과 그 은사의 무한한 은혜를 생각하면 할수록 자기 자신 속에는 그러한 긍휼을 입을 만한 자격이 없다는 사실을 더욱 깊이 깨달았기 때문일 것이다"라고 해석했다.

이 은혜를 주신 것은 측량할 수 없는 그리스도의 풍성함을 이방인에게
전하게 하시고

바울은 하나님께서 자신에게 사도의 직분이라는 은혜를 주신 목적은, 인간으로서는 헤아릴 수도 없고 끝을 알 수 없는 복음의 풍성함을 이방인에게 전하기 위함이라고 말씀한다.

묵상

우리가 전해야 할 복음의 핵심은 '예수 그리스도 안에서 측량할 수 없는 풍성함'이다. 오늘날 교회는 전체적으로 볼 때 예전보다 풍성한 시대를 살아가며 물질의 선행으로 세상을 섬기고 있다. 그러나 교회가 물질과 함께 진짜 전해야 할 그리스도의 복음은 모든 사람을 구원하시는 '측량할 수 없는 그리스도의 풍성함'이다.

성전 미문에서 구걸하는 앉은뱅이가 재정적인 도움을 기대했을 때 베드로와 요한은 "내게 있는 것으로 네게 주노니 나사렛 예수 그리스도의 이름으로 일어나 걸으라"라고 선포하며 예수님의 이름을 전하였다. 이것이 교회가 세상에 주어야 할 진정한 풍성함이다.

그러므로 조금 가난하고 건강이 약하고 세상적으로 부족함이 있다 해도 복음의 풍성함을 당당함으로 세상에 전할 수 있는 '인격신앙'을 갖춘 성도가 되어야 한다.

나는 인격신앙으로 복음의 풍성함을 전하는 삶을 사는가?

"나의 하나님이 그리스도 예수 안에서 영광 가운데 그 풍성한 대로 너희 모든 쓸 것을 채우시리라"(빌 4:19).

9절 영원부터 만물을 창조하신 하나님 속에 감추어졌던 비밀의 경륜이 어떠한 것을 드러내게 하려 하심이라

바울은 복음의 일꾼 된 자로서의 두 번째 책임에 대하여 말씀한다.

영원부터 만물을 창조하신 하나님 속에 감추어졌던
이 말씀은 하나님께서 창조 때로부터 다른 세대에는 알리지 않으신 복음이 이제 이방인들에게까지 전해질 것이라는 하나님의 구원 계획을 의미한다.

비밀의 경륜이 어떠한 것을 드러내게 하려 하심이라
　＊ 드러내게 하려 하심이라: (헬)포티조 – 어두운 곳을 밝게 하다
비밀의 경륜이란, 그리스도로 말미암아 이방인과 유대인이 하나가 된다는 구원 경영에 관한 복음이다. 이 복음을 어두움에 있던 모든 사람들이 영적으로 깨달을 수 있도록 밝히 선포하게 하려고 바울을 복음의 일꾼으로 부르셨다.

묵상

하나님께서 감추어져 있던 '비밀의 경륜'을 드러내신 것은, 간직하기 위함이 아니요 전하기 위함이다. 그러므로 예수님의 십자가를 통하여 온 인류가 구원받기 원하시는 하나님 아버지께서는 오늘도 바울과 같은 마음을 품고 복음으로 살기 위해 발버둥 치는 성도들을 찾으시고 세우기를 원하신다.
교회가 이 세상 속에 존재하는 이유는 오직 '복음'을 위해서이다. 그러므로 구원받은 성도는 교회의 존재 이유를 분명히 알고 복음을 전하는 삶을 통해 가정과 이웃과 교회를 섬기고 세상을 풍요롭게 해야 한다.

📖 나는 복음을 전하는 삶을 통해 세상에 그리스도의 풍성함을 전하는가?

"너는 말씀을 전파하라 때를 얻든지 못 얻든지 항상 힘쓰라 범사에 오래 참음과 가르침으로 경책하며 경계하며 권하라"(딤후 4:2).

※※
10~11절 교회를 통해 드러난 하나님의 지혜

10절 이는 이제 교회로 말미암아 하늘에 있는 통치자들과 권세들에게 하나님의 각종 지혜를 알게 하려 하심이니

바울은 10~11절에서 '구원의 비밀의 경륜'이 이제 교회를 통해 드러났다고 말씀한다.

이는 이제 교회로 말미암아…알게 하려 하심이니
바울은 그리스도의 몸인 교회를 통하여 구속사의 지혜를 온 우주와 천사들에게 드러냈다고 말씀한다. 그러므로 교회는 하나님의 구속사를 맡은 영광스러운 공동체임을 기억해야 한다.

하늘에 있는 통치자들과 권세들에게 하나님의 각종 지혜를
  * 각종: (헬)폴뤼포이킬로스 - 다채로운, 다양한, 많은 빛깔의 꽃

하늘의 통치자들과 권세자들에 대하여 '선한 천사'라는 견해도 있고 '악한 천사'라는 견해도 있다. 그러나 중요한 것은 어떤 천사냐가 아니라, 구원의 역사 즉 하나님께서 예수 그리스도의 십자가로 유대인 그리스도인과 이방인 그리스도인을 하나 되게 하셔서 교회를 세우셨다는 사실이다. 이 사실은 인간뿐 아니라 천사도 인정하게 될 '하나님의 풍성하고 다채로운 지혜'라고 말씀한다.

묵상

교회사를 보면 교회론이 무너지는 시대에는 어김없이 목회자들과 성도들이 타락했다. 교회는 하나님의 뜻과 지혜에 정통한 천사들조차도 하나님의 다양하고 풍성한 지혜를 배우는 곳이다. 그런데 교회가 타락하면 구원의 소망이 희미해져 맘몬이즘과 세속적인 번영신학과 기복주의가 득세하게 된다. 그래서 목회자들은 본질을 잃어버리고 세속적인 번영신학에 치중하고 성도들도 비진리에 빠져 맘몬이즘과 기복주의로 살아가게 된다.

그러므로 구원받은 성도는 그리스도의 몸인 교회의 거룩함과 존귀함을 깨닫고 사랑하며 사모해야 한다. 중세의 교부 오리겐은 "교회 없이는 아무도 구원받을 수 없다"라고 했다. 우리는 교회가 구속사의 하이라이트라는 사실을 깨닫고 예수 그리스도의 이야기로만 가득 채워나가야 한다.

📖 **나는 그리스도의 몸인 교회를 얼마나 사랑하고 귀히 여기며 섬기는가?**

"만일 내가 지체하면 너로 하여금 하나님의 집에서 어떻게 행하여야 할지를 알게 하려 함이니 이 집은 살아 계신 하나님의 교회요 진리의 기둥과 터니라"(딤전 3:15).

11절 곧 영원부터 우리 주 그리스도 예수 안에서 예정하신 뜻대로 하신 것이라

바울은 하나님의 계획이 창조와 타락과 구원 그리고 심판까지도 포함하는 것이라고 말씀한다.

곧 영원부터 우리 주 그리스도 예수 안에서

'예수 그리스도 안에서'라는 말씀은 성부 하나님께서 인간을 구원하려는 영원한 계획을 세우실 때, 성자 예수 그리스도 안에서 성취될 것임을 계획하셨다는 의미이다.

예정하신 뜻대로 하신 것이라

✱ 예정하신 뜻: (헬)프로데시스 – 미래에 대한 열정, 목적, 계획

'예정'이란 문자적으로는 미래에 대한 열정으로, 인간을 구원하시기 위한 하나님의 목적과 계획을 의미한다. 창세 전부터 계획된 그리스도를 통한 하나님의 구원 계획이 오랜 세월 동안 비밀로 유지되어 왔다는 말씀이다. 인간의 구원의 주권은 하나님께 있음을 분명히 밝히는 말씀이다.

묵상

복음이신 예수 그리스도를 믿는 성도는 예정론과 운명론을 구별할 줄 알아야 한다. '예정'이란 미래에 일어날 일 즉 인간을 구원하기 위한 하나님의 계획을 말씀한다.

어떤 사람들은 하나님의 예정론과 운명론을 구별하지 못하여, 인간은 완벽한 하나님의 시간표 속에서 살아간다고 주장한다. 즉 아침에 몇 숟가락으로 밥을 먹고, 화장실은 몇 번 가는가까지 정해 놓으셨다는 것이다. 이러한 견해는 하나님의 예정을 임의로 확대한 운명론이다. 태초로부터 인간을 구원하기로 예정하신 하나님께서는 인간에게 자유의지를 주셔서 복음 안에서 살 것인가, 거절할 것인가를 선택하게 하셨다. 그러므로 성도는 사람들이 예수님을 믿도록 복음을 전하는 사명을 감당해야 한다.

📜 **나는 복음 안에서 살고자 바른 선택을 하며 사는가?**

"또 주께서 너희를 위하여 예정하신 그리스도 곧 예수를 보내시리니"
(행 3:20).

※※
12~13절 믿음이 주는 담대함과 당당함

12절 우리가 그 안에서 그를 믿음으로 말미암아 담대함과 확신을 가지고 하나님께 나아감을 얻느니라

바울은 12~13절에서 영원 전부터 비밀로 내려오던 하나님의 구원 계획이 예수님을 통해서 분명하게 드러났다고 말씀한다. 본절에서는 예수님을 믿는 자에게 드러나는 담대함과 당당함에 대하여 말씀한다.

* 담대함: (헬)파르레시아 – 언어의 자유, 모든 것을 말할 수 있는 담대함

'믿음이 주는 담대함과 당당함'이란, 복음으로 오신 예수 그리스도를 믿어 구원받은 모든 성도는 하나님 앞에 나아가 모든 것을 말할 수 있는 담대함, 즉 기도할 수 있는 특권을 누리게 되었다는 말씀이다. 그러므로 기도는 성도의 특권이며 오직 예수 그리스도를 믿는 믿음으로만 가능하다.

묵상

한 나라의 민주화를 가늠하는 척도 중에 하나가 언론의 자유이듯이, 신앙의 성숙도를 가늠하는 척도 중에 하나가 바로 기도이다. '기도'란

하나님과의 대화를 말하는데, 하나님 앞에서 아무런 두려움이나 부끄러움이 없이 무엇이든지 아뢸 수 있는 것이다.

죄인인 우리가 거룩하신 하나님의 징계나 심판을 두려워하지 않고 담대하게 나아가 기도할 수 있는 근거가 무엇인가? 예수님을 의지하기에 가능하다. 예수님이 십자가에서 우리의 죄를 완전히 사해 주셨고, 성령님께서 오셔서 우리의 의를 보증해 주셨기 때문이다. 그러므로 예수님 안에서 담대함과 당당함의 자유를 누리는 성도만이 진정한 기도를 드릴 수 있다.

나는 담대하고 당당함으로 기도의 자리로 나아가는가?

"또한 그로 말미암아 우리가 믿음으로 서 있는 이 은혜에 들어감을 얻었으며 하나님의 영광을 바라고 즐거워하느니라"(롬 5:2).

13절 그러므로 너희에게 구하노니 너희를 위한 나의 여러 환난에 대하여 낙심하지 말라 이는 너희의 영광이니라

바울은 영원한 계획을 따라 복음이신 예수 그리스도를 믿고 구원받아 영원한 소망을 가진 성도에게, 이 땅에서 만나는 고난으로 인하여 절망할 필요가 없다고 말씀한다.

그러므로 너희에게 구하노니…낙심하지 말라

바울은 복음의 비밀인 유대인과 이방인이 그리스도 안에서 하나가 되는 사역을 위해 복음을 전하다가 감옥에 갇혀 있다. 하지만 바울은 에베소 교인들에게 자신이 당하는 여러 환난, 즉 4년째 감옥에 있는 것 때문에 낙심하지 말기를 부탁하고 있다.

너희에게 구하노니 너희를 위한 나의 여러 환난에 대하여…이는 너희의 영광이니라

* 여러 환난: (헬)들 시스 – 누름, 압력

바울은 자신이 당하는 현재의 고난이 포도즙을 짜기 위해 돌을 얹어 누르거나 사람이 직접 밟는 것처럼 크고 힘든 일이지만, 장차 하나님 앞에서 받을 영광과 비교할 수 없다고 말씀한다. 그리고 자신에게서 복음을 받은 에베소 성도들도 자신의 고난을 영광으로 받으라고 권면한다.

"너희 믿음의 확실함은 불로 연단하여도 없어질 금보다 더 귀하여 예수 그리스도께서 나타나실 때에 칭찬과 영광과 존귀를 얻게 할 것이니라"(벧전 1:7).

묵상

에베소 교인들은 복음을 위해 살다가 감옥에 투옥된 바울을 보고 매우 낙심했다. 마찬가지로 오늘날에도 하나님 나라와 교회를 위해 온 삶을 드려 헌신하던 목회자나 성도가 배신과 기만을 당하고 질병과 재정 등으로 어려운 일을 당하는 것을 보고 실망하여 하나님께 서운한 마음을 갖거나, 심지어는 교회를 떠나는 사람들을 종종 본다.

왜 사람들이 고난당하는 헌신자들을 보며 신앙에 회의를 품고 낙심하는가? 이유는 여러 가지가 있겠지만, 가장 큰 문제는 세상의 번영신학과 맘몬이즘에 물든 신앙관 때문일 것이라고 생각한다.

우리는 언젠가부터 '예수님을 믿으면 형통해야 한다'는 기복신앙을 가지고 있다. 그런데 기복신앙의 관점에서 보면, 예수님도 바울도 열두 제자들도 모두 실패한 인생들이다. 왜냐하면 이 땅에서 잘된 사람이 하나도 없기 때문이다.

하나님께서는 바울을 통해 인생의 참된 성공이 맘몬이즘과 세속적인

번영신학의 관점에 있는 것이 아니라고 말씀하신다. 그리고 구속사적인 관점에서 복음을 위해 최선의 삶을 살다가 당하는 고난이 복이요, 영광이라고 말씀하신다.

도리어 복음이 없는 형통은 저주가 될 확률이 높고, 복음 안에서 당하는 고난과 실패는 영광이 된다. 왜냐하면 세상의 돈과 명예와 권세는 겨우 100년 남짓뿐이지만, 복음 안에서의 인생은 이 땅에서뿐만 아니라 영원한 세계로 이어지기 때문이다. 그렇기에 바울은 복음을 위해 감옥뿐 아니라 생명을 건다 해도 조금도 아깝지 않다고 고백한다.

따라서 우리는 복음 안에서 당하는 성도의 고난은 패배가 아니라, 헤아릴 수 없는 하늘의 큰 영광이라는 사실을 믿어야 한다.

> 나는 복음 안에서 하늘의 영광을 사모하며 사는가?

"너희가 그리스도의 이름으로 치욕을 당하면 복 있는 자로다 영광의 영 곧 하나님의 영이 너희 위에 계심이라"(벧전 4:14).

**

14~19절 기도의 대상과 건강한 교회가 가져야 할 다섯 가지 요소

■ 14~15절 기도의 대상

14절 이러므로 내가 하늘과 땅에 있는 각 족속에게
15절 이름을 주신 아버지 앞에 무릎을 꿇고 비노니

바울은 14~15절에서 기도의 대상이신 '아버지'에 대하여 말씀한다.

이러므로

1~13절에서 하나님의 은혜로 이방인의 사도가 되어 구속사의 비밀을 전한 바울의 소명과 이방을 향한 복음의 능력이 얼마나 놀라운 것인지 말씀했다. 그리고 '이러므로'라는 접속사를 통하여 14~21절에서 복음이신 예수 그리스도 안에서 하나로 통일된 교회의 비밀에 대하여 말씀하면서, 건강한 교회가 되기 위해 다섯 가지를 간구하는 바울의 기도에 대하여 말씀하고 있다.

내가 하늘과 땅에 있는 각 족속에게 이름을 주신 아버지 앞에 무릎을 꿇고 비노니

* 족속: (헬)파트리아 – 한 조상으로부터 나온 가족이나 가문

구원받은 성도들의 기도의 대상이신 하나님은 지상에 있는 모든 민족과 국가에게 이름을 주신 분이다.

먼저 '족속'이라는 단어를 헬라어 '파트리아'로 쓴 것은, 지구상의 모든 민족은 한 아버지 안에서 한 가족이라는 사실을 강조하기 위함이다. 또한 '이름을 주셨다'라는 말씀은, 인간에 대한 절대 주권을 하나님이 가지고 계시며, 하나님만이 모든 피조물의 주인이시라는 의미이다.

그래서 바울은 모든 족속의 아버지 되시며, 만물의 주인이시며, 우주의 구원자가 되시는 하나님 아버지 앞에 나아가 간절한 마음으로 기도해야 한다고 말씀한다.

묵상

능력 있는 기도란 어떤 기도인가?

첫째는 기도의 대상이신 하나님 아버지를 정확하게 아는 것이고, 둘째는 기도의 대상이신 하나님의 말씀을 정확하게 아는 것이다.

어떤 사람들은 하나님을 우리에게 벌을 주시는 분, 땡깡을 부려야만 들어주시는 분, 무엇이든 잘해야만 응답해 주시는 분 등으로 오해한다. 그러나 하나님은 우리의 중심을 보시는 분이다. 우리가 연약해도 부족해도 절대 포기하지 않는 사랑의 하나님이시다. 바울처럼 옥중에 있을지라도, 아담과 하와처럼 범죄하였을지라도, 가인처럼 하나님을 떠날지라도 결코 포기하지 않으시는 분이다. 때로는 기다리심으로, 때로는 직면으로, 때로는 저주에 방치하심으로 다시 '슈브', 즉 회개하고 돌아오기를 원하시는 분이다. 그러므로 능력있는 기도란, 연약하고 부족해도 하나님께로 돌아가 하나님을 바로 알고 말씀에 굳게 서서 드리는 기도이다.

분명히 기억해야 할 것은, 하나님의 말씀의 기준이 아니라 세상의 지식과 기복 사상으로 드리는 기도는 하나님과 상관없는 공허한 메아리만 될 뿐이라는 사실이다. 능력의 기도만이 세상을 이기고 사탄을 물리치는 강력한 무기가 된다.

나는 온전한 신뢰함으로 하나님께 능력의 기도를 드리는가?

"그러면 어떻게 할까 내가 영으로 기도하고 또 마음으로 기도하며 내가 영으로 찬송하고 또 마음으로 찬송하리라"(고전 14:15).

■ **16절 첫 번째 – 성령님의 내면 치유**

16절 그의 영광의 풍성함을 따라 그의 성령으로 말미암아 너희 속사람을 능력으로 강건하게 하시오며

바울은 16~19절에서 건강한 교회와 성도가 되기 위한 다섯 가지 요소를 위해 기도하라고 말씀한다.

바울은 건강한 교회와 성도가 되기 위해 첫 번째, 성령님의 내적 치유를 통해 속사람이 사랑과 성령님의 충만으로 채워지기를 위해 기도한다.

그의 영광의 풍성함을 따라

'그의 영광'이란 성도들을 보호하시고 영적으로 강건하게 하시는 무한하고 완전한 하나님의 지혜와 능력과 은혜를 말씀한다. 그러므로 성도는 하나님의 영광의 풍성하심을 따라 기도해야 한다.

그의 성령으로 말미암아 너희 속사람을 능력으로 강건하게 하시오며

* 강건하게: (헬)크라타이오오 – 힘을 얻게 하다

하나님의 영광의 풍성함을 따라가는 성도만이 성령님의 도우심을 받아 속사람이 하나님의 능력으로 치유받게 되어 강건해진다. 왜냐하면 인간의 인격은 외적인 단련 즉 공부나 운동을 많이 한다고 해서 변화되지 않기 때문이다. 인간의 마음은 창조주 하나님의 사랑과 성령님의 충만으로 채워질 때만 변화를 이룰 수 있다.

그래서 예수 그리스도를 믿어 세례를 통하여 연합된 성도는 속사람이 성령님으로 충만하여 강건해지기를 위해 날마다 기도해야 한다.

묵상

인간 안에는 크게 '겉사람'과 '속사람'이 존재한다. '겉사람'은 아담의 혈통을 이어받은 타락하고 부패한 육신을 의미하고, '속사람'은 예수님의 말씀 안에서 영적인 일에 힘쓰며 살아가는 사람을 의미한다.

우리가 하나님 나라에 이를 때까지 건강한 신앙생활을 유지하기 위해서는 '겉사람' 보다 '속사람'이 강건해져야 한다. 하나님께서는 각종 성령님의 은사와 말씀과 기도라는 강력한 무기를 주시고, 속사람이 성령님으로 치유받아 강건하게 살라고 말씀하신다. 그러므로 속사람이 강한 성도가 되기 위해서는 말씀과 기도와 성령님의 은사로 먼저 자신의 내면을 강하게 해야 한다.

신앙의 연륜이 오래되고 성령님의 은사로 충만해 보이는 성도들이 영적으로 성숙하지 못하여 인격적으로 거친 모습을 자주 본다. 왜냐하면 그들은 먼저 말씀과 기도와 은사로 자신을 돌아보지 않고, 지난날의 내면의 상처를 그대로 가지고 사역하기 때문이다.

그러므로 성도는 균형 잡힌 신앙생활을 위해 먼저 속사람이 성령님 안에서 말씀과 기도로 치유되기를 위해 기도해야 한다.

나는 성령님 안에서 속사람이 치유되어 가는 삶을 살고 있는가?

"그러므로 우리가 낙심하지 아니하노니 우리의 겉사람은 낡아지나 우리의 속사람은 날로 새로워지도다"(고후 4:16).

■ 17상반절 두 번째 – 의지적 결단

17절 믿음으로 말미암아 그리스도께서 너희 마음에 계시게 하시옵고

* 계시게 하시옵고: (헬)카토이케오 – 정착하여 거주하다

바울은 건강한 교회와 성도가 되기 위해, 두 번째, 의지적 결단을 통해 믿음으로 예수님을 마음에 모시기를 위해 기도한다.

믿음이란 무엇인가?

첫째는 죄 없으신 예수 그리스도의 '언약의 말씀을 믿는 것'이다.

둘째는 죄 없으신 예수 그리스도의 '언약의 말씀을 존중하는 것'이다.

셋째는 죄 없으신 예수 그리스도의 '언약의 말씀대로 살기 위해 발버둥 치는 것'이다.

예수님께서는 인간의 마음에 거하신다고 말씀하신다. 그러므로 마음을 잘 관리하여 예수님을 마음의 왕좌에 모시고 동행할 때 평안한 삶을 살 수 있다.

"이것을 너희에게 이르는 것은 너희로 내 안에서 평안을 누리게 하려 함이라 세상에서는 너희가 환난을 당하나 담대하라 내가 세상을 이기었노라"(요 16:33).

바울은 은혜로 구원받은 성도는 더욱 믿음으로 살겠다고 의지적으로 결단하는 기도를 드려야 한다고 말씀한다.

묵상

현대 그리스도인들은 교회를 다니며 하나님을 믿는다고 고백하지만, 믿음의 진정한 의미를 알고 고백하는 것인지 점검해 보아야 한다. 하나님은 믿음의 대상이신 예수님을 너희의 마음에 모시라고 말씀하신다. 왜 하나님께서 믿음의 주요 온전하게 하시는 예수님을 너희 '마음'에 모시라고 말씀하시는가?

구약의 성도들은 '마음'을 하나님이 거하시는 좌소로 믿었다. 실제로 우리의 마음에서 생각이 나오고, 생각이 언어로, 언어가 행동으로, 행동이 인격이 된다.

그러므로 결국 마음 곧 중심에서 인격적으로 믿지 않는 믿음은 다시 생각해 봐야 한다. 마음 깊은 곳으로부터 고백되지 않는 믿음은 신앙이 아닌 종교 생활에 불과하다는 사실을 알아야 한다.

📖 나는 의지적인 결단을 통해 마음으로 예수님을 따라 살아가는가?

"마음의 즐거움은 얼굴을 빛나게 하여도 마음의 근심은 심령을 상하게 하느니라"(잠 15:13).

■ 17하반절 세 번째 – 정서적 상태

17b절 너희가 사랑 가운데서 뿌리가 박히고 터가 굳어져서

* 뿌리가 박히고: (헬)리조오 – 확고하게 하다
* 터가 굳어져: (헬)데멜리오오 – 기초를 놓다

바울은 이중적인 표현을 통해, 건강한 교회와 성도가 기도해야 할 세 번째는 정서적 상태가 예수님의 사랑 안에서 견고하고 흔들리지 않는 것이라고 말씀한다.

식물이 뿌리를 땅 속 깊이 내려야 튼튼하게 자라듯이, 건물이 든든한 기초 위에 튼튼하게 세워지듯이, 구원받은 성도의 정서적인 상태가 예수님의 사랑 안에 확고하게 내리기를 기도하라고 말씀한다. 왜냐하면 성도의 삶의 중심이 예수님 안에 있을 때만 참된 평안을 누릴 수 있기 때문이다.

묵상

옥토에서 풍성한 곡식이 자라고, 건물의 기초인 지반이 단단할 때 견고한 건물이 세워진다. 이처럼 가정에서도 부부가 행복할 때 자녀가 건강하게 자라고, 교회도 본질 즉 말씀과 예배와 기도에 충실할 때 세상을 이길 성도들이 세워진다. 한마디로 본질 즉 '기초 토양'이 중요하다는 말이다.

그러므로 건강한 성도와 교회는 오직 은혜의 말씀과 예배를 통한 사랑과 교통의 기도로만 가능하다. 그런데 성도들 중에는 말씀을 통한 은혜와 기도를 통한 교통은 잘하면서 예배를 통한 아버지 하나님의 사랑

은 누리지 못하는 이들이 있다. 예배는 우리 입장에서는 마음과 정성을 다해 드리는 시간이지만, 하나님 입장에서는 자녀들에게 풍성한 사랑을 베푸시는 시간이다.

그러므로 성도는 주일 예배를 중심으로 매일 예배하는 삶을 통해 풍성한 사랑을 공급받는 삶을 살아야 한다. 매순간 하나님을 높이고 자랑하는 찬양과 예배의 삶을 통해 풍성한 사랑을 공급받을 때, 광야 같은 세상에서도 흔들리지 않는 마음과 생각을 갖게 될 것이다.

📖 **나는 예수님의 사랑으로 채워진 마음으로 살아가고 있는가?**
"하나님이 우리를 사랑하시는 사랑을 우리가 알고 믿었노니 하나님은 사랑이시라 사랑 안에 거하는 자는 하나님 안에 거하고 하나님도 그의 안에 거하시느니라"(요일 4:16).

■ **18절 네 번째 – 지성적 접근**

18절 능히 모든 성도와 함께 지식에 넘치는 그리스도의 사랑을 알고
* 넘치는: (헬)휘페르발로 – 저편으로 던져 넘기다, 초월하다, 탁월하다

바울은 건강한 교회와 성도를 세우기 위한 네 번째 기도는 지성적 접근으로 성도들이 인간의 모든 지식을 초월한 그리스도의 사랑을 알게 되는 것이라고 말씀한다.

'지식에 넘치는 그리스도의 사랑'이란, 당시에 교회를 어지럽히는 영지주의와 같은 인간의 지식을 초월한 십자가의 사랑을 말씀한다. 하나님께서는 예수님의 십자가를 통하여 범죄한 인간에게 최고의 사랑을 보여주셨다.

"우리가 아직 죄인 되었을 때에 그리스도께서 우리를 위하여 죽

으심으로 하나님께서 우리에 대한 자기의 사랑을 확증하셨느니라"(롬 5:8).

그러므로 성도는 측량할 수 없이 높고 넓은 예수님의 사랑을 바로 알아야 한다. 은혜와 진리의 충만함으로 오신 예수님, 그리고 예수님을 보내신 하나님을 바로 알 때 영생의 복을 누릴 수 있다.

묵상

'아는 것이 힘이다'라는 말과 '모르는 것도 죄다'라는 말이 있다. 믿음의 길을 걸어가면서 세상의 모든 지식보다 탁월한 그리스도의 사랑을 바로 알고 산다는 것은, 세상의 지식이 주는 어떤 행복과도 비교할 수 없다.

세상의 모든 지식을 초월한 예수 그리스도의 사랑, 그 사랑을 아는 것이 최고의 지식이요 지혜이다. 이 위대한 사랑을 모르는 사람들은 결국 불행한 인생을 살고, 아는 성도는 환경과 상관없이 행복한 인생을 살게 된다.

📖 나는 십자가 사랑의 의미를 바로 알고 누리며 살고 있는가?

"유월절 전에 예수께서 자기가 세상을 떠나 아버지께로 돌아가실 때가 이른 줄 아시고 세상에 있는 자기 사람들을 사랑하시되 끝까지 사랑하시니라"(요 13:1)

■ 19절 다섯 번째 - 궁극적 목표

19절 그 너비와 길이와 높이와 깊이가 어떠함을 깨달아 하나님의 모든 충만하신 것으로 너희에게 충만하게 하시기를 구하노라 바울의 건강한 교회와 성도를 세우기 위한 다섯 번째, 기도는 16~18절에서 기도한 결과로 교회와 성도 안에서 하나님의 충만이 넘쳐나기를 위해 기도하라고 말씀한다.

그 너비와 길이와 높이와 깊이가

성도는 십자가를 통한 무한하신 하나님의 사랑을 이해해야 한다. 첫째로 모든 인류를 수용할 만큼 넉넉한 사랑의 너비와, 둘째로 세상과 시간을 넘어서 영원히 계속될 사랑의 길이와, 셋째로 그리스도를 하늘로 올릴 수 있을 만큼 지극히 높은 사랑의 높이와, 넷째로 타락한 인간을 구원할 만큼 충분한 사랑의 깊이를 이해하기 위해 기도해야 한다.

어떠함을 깨달아 하나님의 모든 충만하신 것으로 너희에게 충만하게 하시기를 구하노라

'충만'이란 무엇인가? 성도 각자가 장차 영화의 단계에서 누릴 충만 즉 주관적인 체험을 통해 이해한 하나님 안에서 누릴 충만이다. 바울은 성도가 이 충만함을 이 땅에서부터 누리기를 위해 기도한다.

바울은 교회와 성도가 측량할 수 없는 그리스도의 풍성함을 흘려보내는 수준까지 성장하기를 위해 기도해야 한다고 말씀한다. 왜냐하면 이런 모습이 교회의 참된 모습이며, 교회가 지속적으로 성장하지 않으면 언제라도 공중 권세를 잡은 사탄에게 넘어져 사탄의 노리개로 전락할 수 있기 때문이다.

> **묵상**
>
> 《31% 인간형》이라는 책에서 "모든 인간을 100%로 보았을 때 31%의 인간은 목표가 없는 삶을 살고, 나머지 69%는 목표는 있지만 목표 달

성의 성취감을 맛보지 못하고 사는 경우가 허다하다"고 한다. 왜냐하면 대부분 삶의 과정 중에서 치이고, 경쟁으로 상처받고, 부대끼면서 포기하고 불행해지기 때문이다.

그러므로 참된 행복이란 목표를 세우는 것도 중요하지만, 아무리 써도 고갈되지 않는 열정을 가지고 삶의 과정을 귀하게 여기며 경쟁심이 아닌 배려와 사랑으로 사는 태도를 갖는 것이 중요하다. 이것이 진정으로 행복한 인생을 사는 열쇠이다.

구원받은 성도의 궁극적인 목표는 그리스도의 사랑의 너비와 길이와 높이와 깊이를 알고 성부와 성자와 성령의 인격으로 충만하게 살아가는 것이어야 한다. 아무리 컨디션이 안 좋아도 자세가 흐트러지지 않는 프로 선수들처럼, 성숙한 성도는 삶의 자리에서 만나는 폭풍우 같은 고난의 시간에도 그리스도인으로서의 정직과 거룩의 자세를 잃지 않아야 한다.

나는 삶으로 하나님의 충만함을 흘려보내며 사는가?

"우리가 다 하나님의 아들을 믿는 것과 아는 일에 하나가 되어 온전한 사람을 이루어 그리스도의 장성한 분량이 충만한 데까지 이르리니"(엡 4:13).

✳✳

20~21절 하나님께 올려 드리는 영광의 찬송

20절 우리 가운데서 역사하시는 능력대로 우리가 구하거나 생각하는 모든 것에 더 넘치도록 능히 하실 이에게 바울은 성도가 드려야 할 다섯 가지 기도에 대하여 말씀하고, 이제 20~21절에서 풍성하게 역사하시는 하나님께 올려드릴 영광의 찬송에 대하여 말씀한다.

우리 가운데서 역사하시는 능력대로

'우리 가운데서 역사하시는 능력'은 창조의 능력이며, 예수님을 죽은 자 가운데서 살리셔서 하늘로 올리심으로 당신의 백성을 구원하신 능력이다.

우리가 구하거나 생각하는 모든 것에 더 넘치도록 능히 하실 이에게

바울은 하나님의 능력을 믿고 살아가는 성도의 기도나 심지어는 생각까지도 넘치도록, 즉 측량할 수 없을 만큼 더 많이, 상상한 그 이상으로 응답해 주신다고 말씀한다.

묵상

하나님이 기뻐하시는 기도와 생각은, 응답을 믿는 확신 있는 기도요 자신의 상상력의 한계를 뛰어넘는 생각이다.

많은 사람들이 열심있는 기도와 하나님에 대한 여러 생각을 가지고 나아간다. 하지만 확신 없는 기도(마가복음 9:22: "무엇을 하실 수 있거든 우리를 불쌍히 여기사 도와 주옵소서")와 자신의 한계를 넘지 못한 생각(누가복음 15:18~19: "…아버지 내가 하늘과 아버지께 죄를 지었사오니 지금부터는 아버지의 아들이라 일컬음을 감당하지 못하겠나이다 나를 품꾼의 하나로 보소서")으로 하나님을 실망시킨다.

하나님의 능력을 신뢰하지 못하는 확신 없는 기도와 무한하신 하나님의 사랑을 믿지 못하고 자신이 정한 한계에 갇혀 사는 신앙생활은 행복할 수 없다.

그러므로 하나님의 능력과 한없는 은혜와 사랑을 믿으라. 그리고 사람의 생각으로 드리는 기도를 멈추고 무한하신 하나님의 자비를 신뢰하고 담대히 아버지 품에 안기라.

나는 하나님을 얼마나 신뢰하며 기도하는가?

"이는 내 생각이 너희의 생각과 다르며 내 길은 너희의 길과 다름이니라 여호와의 말씀이니라 이는 하늘이 땅보다 높음 같이 내 길은 너희의 길보다 높으며 내 생각은 너희의 생각보다 높음이니라"(사 55:8~9).

21절 교회 안에서와 그리스도 예수 안에서 영광이 대대로 영원무궁하기를 원하노라 아멘

바울은 송영을 통해 기도의 핵심에 대하여 말씀한다.

교회 안에서와 그리스도 예수 안에서 영광이
기도의 핵심은, 창세 전부터 계획하여 예수 그리스도의 구속 사역을 통해 유대인과 이방인을 한 새 사람, 즉 교회를 이루어 성령님 안에서 하나님께 영광을 돌리는 것이다.

대대로 영원무궁하기를 원하노라 아멘
영원 전부터 시작된 하나님의 영광이, 바울의 시대뿐만 아니라 모든 세대 곧 하나님의 시간표 안에서 지속되어 영원까지 이르러야 한다고 말씀한다.

묵상

교회가 이 세상에 존재하는 가장 큰 목적은, 바로 하나님의 영광을 위

해서다. 교회는 하나님의 비밀인 예수님 안에서 오직 하나님의 영광만을 위해 존재해야 한다. 교회와 성도는 '죽어도 하나님을 위해, 살아도 하나님을 위해' 존재해야 한다. 하나님께 영광을 돌리지 못하는 교회와 성도는 교회로서의 기능을 상실한 교회요, 성도로서의 자격을 상실한 것이다.

📖 **나는 삶의 초점을 하나님의 영광에 맞추고 살고 있는가?**

"모든 입으로 예수 그리스도를 주라 시인하여 하나님 아버지께 영광을 돌리게 하셨느니라"(빌 2:11).

에베소서 4장

1절 부르심에 합당한 삶

1절 그러므로 주 안에서 갇힌 내가 너희를 권하노니 너희가 부르심을 받은 일에 합당하게 행하여

바울은 감옥에 갇힌 상황에서도 에베소에 있는 성도들에게 구원받은 성도에 걸맞은 삶을 살라고 말씀한다.

그러므로
  에베소서는 크게 1~3장 전반부와 4~6장 후반부로 나눌 수 있다. 전반부는 교회의 머리이신 예수님이 은혜로 찾아와서 이루어 주신 구속사에 관한 말씀이다. 즉 교회의 기원과 이방인들이 어떻게 구원받아 교회의 일원이 되었는지를 말씀한다.
  이제 바울은 '그러므로'라는 접속사를 통해 후반부의 말씀을 전한다. 그리스도의 몸인 교회로 부르심을 받은 성도들이 이루어 갈 구속사에 대한 말씀이다.

주 안에서 갇힌 내가 너희를 권하노니
* 권하노니: (헬)파라칼로 - 요청하다, 촉구하다

바울은 자신이 비록 복음으로 인하여 몸은 감옥에 갇혀 있지만, 복음에 대한 신실한 충성심을 가지고 에베소 교인들을 향하여 간절히 호소한다.

너희가 부르심을 받은 일에 합당하게 행하여

바울은 먼저 하나님께서 인간을 먼저 창조하셨고, 타락한 인간을 구속하기로 예정하고 선택하셨다고 말씀한다. 그러므로 예수 그리스도의 십자가의 은혜를 힘입어 그리스도의 몸인 교회의 일원으로 부르심을 받은 성도는, 부르신 목적과 기준에 적합한 삶의 방식으로 살아야 한다.

묵상

예수님을 믿는 성도가 세상 속에서 어떤 일을 결정할 때 우선적으로 고려하고 판단해야 할 '대원칙'이 있다. 그것은 '나를 부르신 분이 예수님'이라는 사실과 '나의 결정이 예수님의 말씀의 기준에 부합하느냐?'이다.

그런데 교인들이 평상시에는 인심을 쓰듯이 성경의 가르침을 따르는 듯하다가, 자신의 감정이 상하고 금전적인 손해가 오면 자신의 느낌과 생각을 따라 세속적인 방법으로 일을 처리하는 모습을 자주 본다. 구원받은 성도의 삶의 원칙은 첫 번째도 두 번째도 '말씀'이어야 한다. 왜냐하면 말씀의 원칙을 따르지 않는 신앙은 신앙이라 할 수 없기 때문이다.

📖 나는 감정과 생각을 따르지 않고 하나님의 말씀의 기준으로 사는가?

"이는 너희를 부르사 자기 나라와 영광에 이르게 하시는 하나님께 합당히 행하게 하려 함이라"(살전 2:12).

2~3절 부르심의 목적

2절 모든 겸손과 온유로 하고 오래 참음으로 사랑 가운데서 서로 용납하고

바울은 2~3절에서 부르심을 입은 성도가 합당하게 행해야 할 구체적인 성품에 대하여 말씀한다.

모든 겸손과

* 겸손: (헬)타페이노프로쉬네스 – 마음의 낮아짐

"오히려 자기를 비워 종의 형체를 가지사 사람들과 같이 되셨고 사람의 모양으로 나타나사 자기를 낮추시고 죽기까지 복종하셨으니 곧 십자가에 죽으심이라"(빌 2:7~8).

'참된 겸손'의 모델은 바로 예수님이시다. 예수님은 하나님과 동등하심에도 불구하고 자신을 낮추시어 죄인인 인간을 구원하기 위해 십자가에 못 박혀 죽으심으로 겸손의 극치를 보이셨다.

성도 역시 옛 본성과 자아를 부인하고 하나님 앞에서 자신을 낮추는 삶을 살아야 한다. 그리고 사람들 앞에서는 예수님과 같이 존귀함에도 낮아지는 삶을 살아야 한다.

온유로 하고

* 온유: (헬)프라우테토스 – 약함으로 인한 온순함이 아니라, 강함을 절제함으로 나타나는 부드러움

"너희가 무엇을 원하느냐 내가 매를 가지고 너희에게 나아가랴 사랑과 온유한 마음으로 나아가랴"(고전 4:21).

'온유'는 거대한 화물선이 부두에 정박하여 짐을 내릴 수 있도록 배의 측면과 부두의 선착면 사이에 끼워진 고무 타이어와 같다. 내면에는 강한 심장을 가지고 있고 외적으로도 강한 힘을 가지고 있지만, 그 힘을 조절하여 외적으로 따뜻하고 부드러운 말과 행동과 인격으로 이웃을 섬기는 것이다.

예수님은 전능하신 창조주이시지만 이 땅에 오셔서 인간을 구원하기 위해 빌라도에게 재판을 받고 십자가에서 죽으시며 온유함이 무엇인지 보여주셨다. 그리고 당신의 온유를 배우라고 말씀하신다.

"나는 마음이 온유하고 겸손하니 나의 멍에를 메고 내게 배우라 그리하면 너희 마음이 쉼을 얻으리니"(마 11:29).

오래 참음으로

* 오래 참음: (헬)마크로뒤미아 – 분노로부터 거리가 먼 감정, 분노를 자제할 수 있는 감정

"사랑은 오래 참고 사랑은 온유하며 시기하지 아니하며 사랑은 자랑하지 아니하며 교만하지 아니하며"(고전 13:4).

우리가 삶 속에서 수많은 죄를 지음에도 불구하고 구원에서 벗어나지 않는 것은 바로 하나님의 오래 참으심 때문이다. 그러므로 구원받은 성도는 오래 참으시는 하나님의 사랑 가운데로 날마다 '슈브', 회개하고 돌아가는 신앙을 가져야 한다. 또한 자신의 잘못과 실수에 대하여 용서를 구하는 이웃들에게 오래 참음으로 용납하는 삶을 살아야 한다.

사랑 가운데서 서로 용납하고

* 사랑: (헬)아가페 – 욕망적 사랑이 아니라, 타인의 유익을 이루는 이타적 사랑

* 용납하고: (헬)아네코마이 – 있는 그대로 받아들이고 이해하는 관대함

에베소 교회 안에는 이방인과 유대인들이 함께 있었다. 다른 인종

과 사상과 문화와 종교적인 배경을 가진 성도들이 그리스도 안에서 하나의 공동체를 이룬 것이다. 그래서 교회가 함께의 비밀을 간직하기 위해서는 서로를 하나님의 사랑으로 받아주는 관대함이 절대적으로 필요하다고 말씀하신다.

묵상

성도의 부르심에 합당한 삶의 네 가지 덕목은 '겸손'과 '온유'와 '오래 참음'과 '사랑' 안에서 용납하는 삶이다. 이 네 가지의 덕목과 용납의 삶이 없다면 교회와 성도의 본질을 처음부터 점검해야 한다. 왜냐하면 예수 그리스도의 복음이 있는 곳에서는 겸손과 온유와 오래 참음과 사랑과 용납이라는 삶의 덕목이 아름다운 무지개처럼 나타나기 때문이다. 성도는 이 네 가지 덕목과 용납으로 온전해져서 그리스도의 몸인 교회를 세우고, 세상 속에서도 돕고 세우며 살리는 삶을 살아야 한다.

📖 나는 겸손과 온유와 오래 참음과 사랑으로 용납의 삶을 사는가?

"사람아 주께서 선한 것이 무엇임을 네게 보이셨나니 여호와께서 네게 구하시는 것은 오직 정의를 행하며 인자를 사랑하며 겸손하게 네 하나님과 함께 행하는 것이 아니냐"(미 6:8).
"누가 누구에게 불만이 있거든 서로 용납하여 피차 용서하되 주께서 너희를 용서하신 것같이 너희도 그리하고"(골 3:13).

3절 평안의 매는 줄로 성령이 하나 되게 하신 것을 힘써 지키라

바울은 교회가 하나 될 수 있는 방법은 오직 성령님 안에서 평안의 줄로 매이는 것이라고 말씀한다.

평안의 매는 줄로

'평안의 매는 줄'이란, 개인뿐만 아니라 공동체를 하나의 몸과 운명으로 묶은 줄, 즉 죄수의 차꼬와 동아줄과 같은 줄을 의미한다. 평안의 줄만이 이질적인 사람들의 모임인 교회를 하나 되게 한다.

성령이 하나 되게 하신 것을 힘써 지키라

교회 안에서 이질적이고 다양한 성도들을 화평하게 하고 연합하게 하시는 분은 성령님이다. 교회는 저절로 하나 되는 공동체가 아니다. 서로가 성령님 안에서 같은 마음을 품고 같은 사랑을 가지고 뜻을 합하여 한마음을 품고자 결단하고 실천할 때 '함께'의 비밀을 지킬 수 있다.

묵상

진정한 교회, 진정한 그리스도인이란 무엇인가? 한 아버지를 모시고, 한 예수님의 말씀을 믿고, 한 성령님 안에서 세워진 공동체가 진정한 교회요 그리스도인이다.

소통을 위한 SNS가 고도로 발달한 오늘날이지만, 어떤 이들은 말할 곳이 없고 말을 들어줄 곳도 없다고 한다. 그래서 정신적으로 힘겨워하는 이들이 많다. 이러한 때에 성령님과 교통이 있는 교회는 사람들의 말에 귀를 기울여 주고, 성령님 안에서 다름을 용납하고, 평안의 복음으로 사람들 품는 곳이 되어야 한다.

📖 **나는 이웃에 말을 경청하며 소통하는 삶을 살고 있는가?**

"내가 유오디아를 권하고 순두게를 권하노니 주 안에서 같은 마음을 품으라"(빌 4:2).

※※
4~6절 성도의 연합에 대한 근거와 당위성

4절 몸이 하나요 성령도 한 분이시니 이와 같이 너희가 부르심의 한 소망 안에서 부르심을 받았느니라

바울은 1~3절에서 교회 공동체의 일치와 연합을 말씀하고, 4~6절에서 교회 공동체의 일치와 연합의 근거 및 당위성에 대하여 말씀한다. 본절은 구속사적으로 성령님과 연결된다.

몸이 하나요
* 몸: (헬)소마 – 생물체, 육체, 육신(죄성)

'몸이 하나'라는 말씀은, 인간의 육체가 여러 지체들로 긴밀하게 연결된 유기체이듯이, 그리스도를 머리와 몸으로 모신 교회도 지체인 성도들이 성령님 안에서 서로 긴밀하게 연결되어 어떤 경우에도 분리되어서는 안 된다는 말씀이다.
과거에는 성도들이 유대인과 이방인으로 나뉘어 살았지만, 이제는 예수 그리스도의 십자가 아래서 한 몸을 이루어 공동의 목표인 구속사를 위해 일치를 이루며 살아야 한다. 이것이 교회가 연합을 이루어야 할 첫 번째 근거이다.

성령도 한 분이시니
교회가 연합해야 할 두 번째 근거는 바로 성령님이시다. 교회가 그리스도 안에서 교회다워질 수 있는 비결도 바로 성령님이시다. '성령도 한 분'이라는 말씀은, 교회와 모든 성도들 안에는 똑같은 성령님이 거하신다는 의미이다.

성령님이 누구신가? 성령님은 살리시는 영이요, 화평의 영이요, 하나 되게 하시는 영이시다. 그러므로 교회는 성령님 안에서만 연합할 수 있고, 성령님의 부르심에 합당하게 일치를 이루며 구원의 역사를 펼쳐가야 한다.

이와 같이 너희가 부르심의 한 소망 안에서 부르심을 받았느니라
'이와 같이' 즉 한 몸, 한 성령님 안에서 부르심을 받은 성도들은, 교회 안에서 각자 생각과 자라 온 환경과 살아가는 모습이 다르지만, 한 소망 즉 '하나님의 소망' 안에서 마땅히 하나가 되어야 한다. 이것이 교회가 연합해야 할 세 번째 근거이다.

묵상

건강한 교회와 성도의 모습을 이야기할 때 우리는 모이기를 힘쓰며 예배와 봉사의 자리를 잘 지키는 교회의 모습을 먼저 생각한다. 모이기를 힘쓰는 교회가 건강한 교회일 가능성이 충분히 높다.

그러나 사도행전을 보면, 모이기를 힘썼던 120명의 성도에게 성령님이 임하셨을 때, 그들이 성령님 안에서 복음을 위해 살기 시작했음을 알 수 있다. 그러므로 진정한 교회와 성도는 단지 모여서 예배를 잘 드리고 봉사를 잘하는 차원을 넘어 '성령님이 말하게 하심을 따라' 말씀을 전하고, 성령님 안에서 신령과 진정으로 예배하며, 봉사의 삶을 살아야 한다. 구원받은 성도들이 모인 교회가 건강해지는 것은 오직 성령님으로 충만할 때만 가능하다는 사실을 깨달아야 한다.

📖 나는 성령님 안에서 예배와 기도와 봉사의 일을 감당하며 사는가?

"만일 너희 속에 하나님의 영이 거하시면 너희가 육신에 있지 아니하고 영에 있나니 누구든지 그리스도의 영이 없으면 그리스도의 사람이 아니라"(롬 8:9).

5절 주도 한 분이시요 믿음도 하나요 세례도 하나요

바울은 성령님 안에서 하나 된 성도들은 교회 안에서 한 주님의 주권 아래, 한 믿음 즉 주님이신 예수님의 말씀을 믿고 존중하고 행하기 위해 발버둥 치며, 동일한 고백으로 세례를 받고 자기를 부인하는 세례정신으로 살아야 한다고 말씀한다.
5절은 구속사적으로 성자 예수님과 연결된다.

주도 한 분이시요

첫째, '주도 한 분'이라는 말씀은, 예수님만이 구원받은 성도의 인생의 주인이시라는 의미이다. 그러므로 성도는 돈, 명예, 권력 등을 정직하게 주님 안에서 사용할 줄 알아야 한다.

믿음도 하나요

둘째, '믿음이 하나'라는 말씀은, 예수님을 그리스도 즉 구원자로 믿는 믿음을 의미한다. 그러므로 성도는 다른 것을 믿으면 배교자가 된다는 사실을 기억해야 한다.

세례도 하나요

셋째, '세례도 하나'라는 말씀은, 할례를 받은 유대인이나 할례를 받지 않은 이방인 모두가 자기를 부인하고 그리스도를 주님으로 신앙고백하여 동일한 세례를 받았다는 의미이다. 그러므로 세례받은 성도는 자기의 육성과 의지가 아니라 예수님의 말씀을 따라 살아야 한다. 이렇게 세례 받은 성도들은 예수 그리스도 안에서 연합을 이루며 살아야 한다.

"누구든지 그리스도와 합하기 위하여 세례를 받은 자는 그리스도로 옷 입었느니라 너희는 유대인이나 헬라인이나 종이나 자유인이나 남자나 여자나 다 그리스도 예수 안에서 하나이니라"(갈 3:27~28).

묵상

오늘날 교회의 분열을 보면, 교회의 주인이신 예수님을 따르기보다 고린도 교회의 교인들처럼 '하나님의 종'들을 추종하는 모습이 흔히 보인다. 구원받은 성도라면 마땅히 지금 가고 있는 방향과 자신의 말이 예수님의 말씀에 부합한가를 분별해야 하는데, 주님의 말씀보다 자기가 좋아하는 사람, 자기와 이해관계가 통하는 사람의 말을 더 신뢰하는 경우가 많다. 결국 그들은 교회의 주인이신 예수님의 말씀과 전혀 상관없는 멸망의 길에서 구원도 잃어버리는 비참한 삶을 산다.

그러므로 예수 그리스도를 믿어 구원받은 성도는 교회의 유일한 주인은 예수님 한 분밖에 없음을 믿고, 예수님 외에 다른 존재에게 주인의 자리를 내어 주어서는 안 된다.

📖 **나는 예수님 외에 다른 것들에게 삶의 주인의 자리를 내주고 있지는 않는가?**

"다른 이로써는 구원을 받을 수 없나니 천하 사람 중에 구원을 받을 만한 다른 이름을 우리에게 주신 일이 없음이라 하였더라"(행 4:12).

6절 하나님도 한 분이시니 곧 만유의 아버지시라 만유 위에 계시고 만유를 통일하시고 만유 가운데 계시도다

바울은 구원받은 성도가 그리스도의 몸인 교회 안에서 연합해야

할 근거와 당위성으로 4절에서 성령 하나님, 5절에서 성자 하나님, 그리고 본절에서 성부 하나님이라고 말씀한다.

하나님도 한 분이시니 곧 만유의 아버지시라

* 만유: (헬)판톤 – 모든 것

'하나님도 한 분'이라는 말씀은 기독교뿐 아니라 유대교의 가장 크고 중요한 특징이다.

"이스라엘아 들으라 우리 하나님 여호와는 오직 유일한 여호와이시니"(신 6:4).

이 말씀은 특별히 예수 그리스도를 통하여 구원받은 이방인 그리스도인들에게는 큰 은혜의 말씀이 된다. 왜냐하면 예수님을 믿음으로 양자가 되어 창조주 하나님을 아바 아버지라 부를 수 있는 영광을 누리게 되었기 때문이다.

또한 '만유의 아버지'시라는 말씀은 하나님께서 만유를 창조하셨고, 만물을 존재하게 하시는 분이라는 의미이다.

만유 위에 계시고(초월성)

하나님은 만물을 초월하여 계시는 분이시다.

만유를 통일하시고(편재성)

* 통일하시고: 디아 – ~를 통하여

하나님은 만물을 관통하여 계시는 분, 즉 만물을 꿰뚫어 보고 아시는 분이시다.

만유 가운데 계시도다(내재성)

하나님은 만물 안에 계신다.

묵상

왜 바울은 이토록 성자와 성부와 성령의 이름으로 교회가 하나라고 말씀하는가? 교회의 분열과 다툼과 반목 때문이다.

교회는 하나님의 구원의 역사를 이루기 위해 그리스도의 핏값으로 세워졌다. 그런데 사람들은 교회 안에 들어와 '인격신앙'으로 성장해 가지 못하고, 세상적인 출신, 성향, 지위, 사회적인 신분, 진영 논리 등으로 서로 갈등하고 분쟁하고 시기하고 질투하며 하나 되지 못하여 거룩을 상실한 채 살아가고 있다.

구원받은 성도는 한 하나님, 즉 창조주시요 우리 위에 계시는 초월자시요 우리의 속마음까지도 꿰뚫어 보시는 분이요 우리가 어디에 있든지 그곳에 계시는 하나님을 경외하는 삶을 살아야 한다. 부족하고 연약한 우리들을 택하여 성도로 삼으시고 교회로 모이게 하고 하나 되게 하심은 하나님의 사랑이요 관심이요 배려라는 사실을 깨달아야 한다. 그러므로 구원받은 성도는 우리를 통해 이루기를 원하시는 하나님의 소원 즉 구원의 역사를 이루어 감으로 하늘의 복과 땅의 복을 받아 누려야 한다.

📖 나는 하나님이 나를 비롯한 모든 사람들의 아버지이심을 믿는가?

"고관을 외모로 대하지 아니하시며 가난한 자들 앞에서 부자의 낯을 세워주지 아니하시나니 이는 그들이 다 그의 손으로 지으신 바가 됨이라"(욥 34:19).

7절 각 성도에게 주신 은혜

> **7절** 우리 각 사람에게 그리스도의 선물의 분량대로 은혜를 주셨나니

바울은 성도가 그리스도 안에서 받은 은혜의 다양성에 대하여 말씀한다.

우리 각 사람에게…은혜를 주셨나니

성도는 예수 그리스도를 믿는 순간 성령님 안에서 이미 각자에게 주신 은사를 분배받았다.

그리스도의 선물의 분량대로

* 분량대로: (헬)카타 토 메트론 - 알맞게 측정된 것에 따라서

예수님께서는 구원받아 그리스도의 몸인 교회의 구성원이 된 성도들 각자에게 가장 알맞은 은사가 무엇인지 정확하게 측정하여 적합한 봉사의 직분을 주셨다. 그러므로 성도는 자신의 은사를 자랑하거나 높여서는 안 되며, 다른 성도들의 은사를 부러워하거나 무시해서도 안 된다.

묵상

하나님의 은사는 특별한 사람에게만 주신 것이 아니고 모든 성도에게 고유한 은사를 주셨다. 따라서 은혜로 받은 은사를 자랑할 자격을 가진 성도는 아무도 없다. 왜냐하면 성령님께서 오셔서 각자를 잘 맞게 측량하셔서 주권적으로 주셨기 때문이다. 그런데 어떤 성도들은 자신의 은사를 자랑하기도 하고, 어떤 성도들은 은사가 없다고 생각하며

주눅이 들기도 한다.

은사를 주신 성령님의 의도가 무엇인지 알아야 한다. 은사는 개인의 이름과 영광을 위해서가 아니라, 그리스도의 몸인 교회의 영광과 하나님의 영광을 위해 사용해야 한다.

📖 **나는 성령님 안에서 은사를 발견하고 감사함으로 사용하고 있는가?**

"은사는 여러 가지나 성령은 같고 직분은 여러 가지나 주는 같으며 또 사역은 여러 가지나 모든 것을 모든 사람 가운데서 이루시는 하나님은 같으니"(고전 12:4~6).

※※

8~10절 선물로 주신 분의 신분

8절 그러므로 이르기를 그가 위로 올라가실 때에 사로잡혔던 자들을 사로잡으시고 사람들에게 선물을 주셨다 하였도다

바울은 8~10절에서 성도에게 선물을 주신 분에 대하여 말씀한다. 본절은 시편 68편 18절을 인용한 말씀으로, 예수님의 부활과 승천으로 사탄에게 승리하시고, 성령님을 통하여 성도들에게 은사를 나누어 주신 것에 대한 말씀이다.

그러므로 이르기를 그가 위로 올라가실 때에 사로잡혔던 자들을 사로잡으시고

* 사로잡혔던 자: (헬)아이크말로시안 - 포로

예수님의 십자가 죽음과 부활과 승천을 통하여 '사로잡혔던 자', 즉

원수인 사탄과 죄와 죽음의 능력과 권세를 무력화시키시고 궤멸시키셨다. 그리고 사탄의 영향력 아래 있던 인간들을 구원하셨다.

사람들에게 선물을 주셨다 하였도다
예수님께서 승천하면서 당신의 사람들에게 은혜의 선물 즉 성령님을 보내 주셨다.

묵상

십자가에서 원수 마귀의 능력을 궤멸하고 포로로 잡으신 예수님께서는 전리품으로 교회와 성도들에게 성령님 안에서 은사를 선물로 나누어 주셨다. 예수님께서 구원받은 백성들에게 전리품을 나누어 주셨다는 것은, 예수님의 십자가 승리가 완전했다는 의미이다.
그러므로 구원받은 성도는 예수님의 완전하신 승리를 믿어야 한다. 그리고 받은 은사를 겸손함과 감사함으로 교회를 세우는 일과 가족과 이웃들을 돕고 세우며 살리는 일 즉 생명의 원리로 사용해야 한다.

📖 나는 선물로 받은 은사를 생명의 원리로 사용하고 있는가?
"각각 은사를 받은 대로 하나님의 여러 가지 은혜를 맡은 선한 청지기같이 서로 봉사하라"(벧전 4:10).

9절 올라가셨다 하였은즉 땅 아래 낮은 곳으로 내리셨던 것이 아니면 무엇이냐

* 올라가셨다: (헬)아네베 – 그리스도께서 승천하셨다는 의미
* 내리셨다: (헬)카테베 – 하늘 보좌를 버리고 이 땅에 내려오신 성육신을 의미한다.

바울은 예수님의 성육신과 승천에 대하여 말씀한다.

예수님께서는 인간을 구원하기 위해 높고 높은 보좌를 버리고 낮고 천한 이 땅에 오셔서, 십자가에서 사랑하는 인간을 구원하시고, 다시 하늘로 올라가셨다. 즉 예수님께서 완전한 인간이 되어 인간을 구원하셨다. 그리고 사명을 마친 후에는 다시 당신의 원래 자리로 되돌아가셔서 완전한 하나님이 되셨다.

묵상

세상에 이보다 더한 큰 사랑이 어디 있겠는가? 친구를 위해 희생을 하는 것도 위대하다고 하는데, 하물며 창조주 하나님께서 피조물인 인간을 구원하기 위해 인간의 몸을 입고 이 땅에 오셨다. 하나님이신 예수님께서 부족하고 연약한 인간을 위해 이 땅에 다녀가심으로 마치 왕자와 결혼한 신데렐라처럼 예수님을 영접한 인간의 위치와 신분이 달라졌다.

이제 우리는 예수님을 믿음으로 함께 지체가 되고, 함께 약속에 참여한 자가 되며, 함께 상속자가 되었다. 그러므로 하나님 나라의 상속자로서 품위 있고 거룩한 삶을 살기 위해 더욱 발버둥 치는 삶을 살아야 한다.

📖 **나는 하나님의 나라의 상속자로서 부유하게 살아가고 있는가?**

"야곱아 너를 창조하신 여호와께서 지금 말씀하시느니라 이스라엘아 너를 지으신 이가 말씀하시느니라 너는 두려워하지 말라 내가 너를 구속하였고 내가 너를 지명하여 불렀나니 너는 내 것이라"(사 43:1).

10절 내리셨던 그가 곧 모든 하늘 위에 오르신 자니 이는 만물을 충만하게 하려 하심이라 바울은 예수님이 하늘들의 가장 높은 곳에 오르신 분이라고 말씀한다.

내리셨던 그가 곧 모든 하늘 위에 오르신 자니

근본 하나님의 본체이신 예수님께서 하나님과 동등함을 취하지 않으시고 사람이 되어 이 땅에 오셔서 십자가를 지셨다. 그리고 인간의 모든 죄의 문제를 해결하신 예수님께서는 다시 하늘 가장 높은 곳에 올라 하나님 우편에 앉으셨다.

이는 만물을 충만하게 하려 하심이라

* 충만하게: (헬)플레로오 - 가득 채우다, 완전하게 하다, 완성하다

예수님께서 다시 승천함으로 높아지심은 당신만을 위한 것이 아니라, 십자가로 구원하신 성도와 교회를 통하여 장차 회복될 만물까지 구원의 은혜를 가득 채우기 위함이다.

묵상

예수님께서 이 땅에 오신 목적은 우리를 구원하여 우리 안에 하나님의 충만을 가득 채우는 것이다. 충만이란, 하나님의 은혜로 오신 예수 그리스도와 보혜사 성령님으로 가득 채워진 완성된 삶을 의미한다. 그런데 문제는 우리가 존재론적으로 하나님의 충만으로 채워질 수 없다는 것이다. 따라서 하나님께서는 목적론적으로 날마다 예수님의 말씀과 성령님의 역사 가운데서 충만을 향하여 나아가라고 말씀하신다. 즉 예수님의 십자가를 통해 진리의 말씀과 성령님의 능력으로 가득 채워진 삶을 위해 오늘도 하나님께 몰입(immersion)하는 삶을 살라고 말씀하신다.

📖 나는 말씀과 성령님으로 충만한 삶을 살고 있는가?

"술 취하지 말라 이는 방탕한 것이니 오직 성령으로 충만함을 받으라 (엡 5:18)."

✳✳
11~12절 성도에게 주신 다양한 선물(은사)

11절 그가 어떤 사람은 사도로, 어떤 사람은 선지자로, 어떤 사람은 복음 전하는 자로, 어떤 사람은 목사와 교사로 삼으셨으니

* 사도: (헬)아포스톨로스 - 사명을 주어 자신의 대리자로 파견하다
* 선지자: (헬)프로페테스 - 미리 말하는 자
* 복음 전하는 자: (헬)유앙겔리스테스 - 전도자
* 목사: (헬)포이멘 - 보호하다, 양 치는 목자(감독과 장로)
* 교사: (헬)디다스칼루스 - 가르치는 자(목사)

바울은 7~10절을 통하여 예수님께서 성령님을 통하여 구원받은 성도들에게 각 사람의 분량대로 충만한 은혜를 베푸셨다고 말씀한다. 그리고 11~12절에서 각자에게 주신 다양한 은사를 공동의 목표를 위해 사용하라고 말씀한다.

하나님께서는 교회 안에서 어떤 사람은 사도 즉 사명을 받은 대리자로, 어떤 사람은 선지자 즉 말씀을 전하는 자로, 어떤 사람은 복음 전하는 자 즉 전도자로, 어떤 사람은 목사 즉 성도를 보호하는 자로, 어떤 사람은 교사 즉 가르치는 자로 은사를 주셨다.

👉 사도와 선지자는 초대교회 때만 있었던 직분으로 현재에는 존재하지 않는다. 하지만, 나머지 받은 직분은 그리스도의 몸인 교회와 성

도들을 섬기기 위해 지금도 은사로 주어져 있다.

> **묵상**
>
> 하나님께서 교회 안에 주신 직분의 공통점은, 모두 복음을 전하는 사역과 관련이 있다. 그러므로 모든 직분자들은 복음을 전하는 사역으로 부르심을 받았음을 기억해야 한다. 초대교회의 모든 성도들은 예루살렘의 박해를 피해 로마제국 전역으로 흩어져 예수님의 말씀을 전달하는 사역을 통해 복음의 확산을 이루었다.
> 그러므로 성도는 언제라도 복음을 전할 준비를 해야 하고, 특별히 복음 안에서의 삶을 통해 이웃들에게 복음을 전하는 사명을 감당해야 한다.

📖 **나는 말씀을 전하는 사역을 위해 어떻게 준비되고 있는가?**

"이를 위하여 우리의 복음으로 너희를 부르사 우리 주 예수 그리스도의 영광을 얻게 하려 하심이니라"(살후 2:14).

12절 이는 성도를 온전하게 하여 봉사의 일을 하게 하며 그리스도의 몸을 세우려 하심이라

바울은 본절을 통해 기독교의 교육관에 대하여 말씀하면서, 한 사람이 교회에 들어와서 그리스도인으로 세워지는 데는 순서가 있다고 말씀한다.

원어 성경의 전치사를 보면 "성도를 온전하게 하여(헬, 프로스), 봉사의 일을 하게 하며(헬, 에이스), 그리스도의 몸을 세우려 하심이라(헬, 에이스)." 직역하면 '성도를 온전하게 (함으로써), 봉사의 일을 (하게 하고), 결국 그리스도의 몸을 세우도록 (하기 위함이다)'라는 의미이다.

이는 성도를 온전하게 하여

* 온전하게: (헬)카타르티스몬 – 다른 힘과 조화를 이루어 발전하게 하다, 원래 있던 자리로 되돌리다

첫 번째, 성도는 온전하게 자신의 위치에 있어야 한다. 성도의 위치란 복음을 선포하고 전달할 수 있는 수준까지 자라가기 위한 인격 신앙 훈련 즉 말씀과 예배와 기도 훈련을 의미한다.

봉사의 일을 하게 하며

* 봉사의 일: (헬)디아코니아 – 섬기는 일

두 번째, 제 위치를 잡은 성도는 그다음으로 섬기는 일을 해야 한다. 훈련을 통해 온전하게 된 성도들이 하나 됨의 사역을 감당하도록 도와야 한다.

"사람에게는 버린 바가 되었으나 하나님께는 택하심을 입은 보배로운 산 돌이신 예수께 나아가 너희도 산 돌 같이 신령한 집으로 세워지고 예수 그리스도로 말미암아 하나님이 기쁘게 받으실 신령한 제사를 드릴 거룩한 제사장이 될지니라"(벧전 2:4~5).

그리스도의 몸을 세우려 하심이라

세 번째, 그리스도의 몸인 교회를 세워야 한다. 그리스도의 몸을 세운다는 것은, 말씀과 예배로 기도로 훈련된 성도가 봉사의 일을 통하여 구원의 역사를 이루어 나가는 성숙한 그리스도의 몸인 교회로 세운다는 말씀이다.

그러므로 성도 한 사람 한 사람의 성숙이 중요하다. 성도들이 말씀으로 성숙해져서 봉사의 일을 할 때 비로소 교회는 진정한 그리스도의 몸으로 세워진다. 그래서 교회는 성도가 중요하다.

묵상

이제 막 걸음마를 하는 아이에게 달리기를 가르치듯, 우리는 그동안 교회 안에서 미성숙한 성도들을 서둘러 봉사자로 만들어 온 경향이 있다. 그렇게 일꾼을 많이 세우는 것까지는 성공했는데, 인격 훈련이 덜 된 사역자들을 우후죽순으로 세우게 되어 수많은 부작용을 겪어 왔다. 인격적으로 훈련이 덜 된 목회자와 장로, 안수집사, 권사 등이 교회의 지도자가 되어 그리스도의 몸인 교회 안에서 수많은 상처를 만들어 온 것은 부인할 수 없는 사실이다.

그래서 하나님께서는 본절을 통하여 교회 안에 들어온 성도들을 먼저 일꾼으로 만들려고 애쓰지 말라고 말씀하신다. 먼저 말씀으로 인격신앙인, 즉 '인(人, in) 그리스도'를 만드는 일에 힘을 쏟으라고 말씀하신다.

교회는 본질 즉 말씀과 예배와 기도로 성도들을 인격신앙인으로 세워야 한다. 자녀들이 부모님의 가르침 안에서 잘 자라면 자연스럽게 부모님을 섬기듯이, 성도들이 인격신앙인으로 잘 성장하면 자연스럽게 주님의 몸인 교회의 일꾼이 될 것이다. 따라서 서두르지 말고 성도들의 기질과 살아온 삶을 살피고 섬기면서 믿음의 성장에 힘을 쏟아야 한다.

📖 **나는 말씀을 전달할 수 있는 수준까지 자라 가고 있는가?**

"우리가 그를 전파하여 각 사람을 권하고 모든 지혜로 각 사람을 가르침은 각 사람을 그리스도 안에서 완전한 자로 세우려 함이니"(골 1:28).

13~15절 선물을 주신 목적

13절 우리가 다 하나님의 아들을 믿는 것과 아는 일에 하나가 되어 온전한 사람을 이루어 그리스도의 장성한 분량이 충만한 데까지 이르리니

바울은 7~12절에서 예수님께서 성도들에게 주신 풍성한 은사와 직분은 교회를 세우기 위한 것이라고 말씀한다. 그리고 이제 13~15절에서 은사와 직분을 선물로 주신 목적은 교회를 연합하여 그리스도의 장성한 분량까지 성장하게 하시는 것이라고 말씀한다.

우리가 다 하나님의 아들을 믿는 것과 아는 일에 하나가 되어

* 아는 일: (헬)에피그노시스 – 본질적이며 철저한 지식

'믿는 것과 아는 일에 하나가 되어'라는 말씀은 믿음과 지식의 통일성 즉 바른 지식에 기초한 믿음을 가지라는 말씀이다. 본절에서 말씀하는 지식은 단순한 지적인 지식이 아니라 하나님께만 받을 수 있는 진정한 '마음의 지식'이다. 이것이 교회가 추구해야 할 기본 본질이다. 왜냐하면 믿음은 그리스도를 아는 지식이 기본이기 때문이다.

온전한 사람을 이루어

* 온전한: (헬)텔레이오스 – 완전하게 되는 데 필요한

'온전한 사람'이란, '완성된 사람' 즉 '더할 나위 없이 완전하게 성장한 사람'이라는 의미이다.

'성장'이란, 육체적인 성장이 아니라 영적인 성장을 의미한다. 하나님께서는 성도들이 영적으로 완전하게 장성하여 더 이상 성장이 필

요 없는 '인 그리스도'가 되는 수준까지 자라가기를 원하신다.

그리스도의 장성한 분량이 충만한 데까지 이르리니

* 장성한 분량: (헬)헬리키아스 – 성숙함

원문에 충실하게 번역하면 '그리스도께서 지니고 있는 완전한 충만함의 성숙함의 분량까지'이다. 이 말씀은 교회의 목표가 '그리스도께서 지니고 계신 하나님의 충만'에까지 이르는 것이어야 한다는 말씀이다. 이 목표가 가능하려면 모든 성도는 예수님의 말씀을 기반으로 한 믿음으로 살아야 한다.

적용

온전한 사람, 그리스도의 장성한 분량의 사람이란 어떤 사람을 말하는가? 그리스도 안에서 성령님으로 지음 받은 '한 새 사람' 즉 교회를 의미한다. 그러므로 장성한 분량이 이른다는 말씀도 단순히 한 개인이 아니라 그리스도의 몸인 교회가 이르러야 할 목표를 의미한다.

그러면 교회와 성도가 어떻게 장성한 분량에 이를 수 있는가? 믿음을 바르게 아는 것 곧 진리를 기반으로 할 때만 가능하다. 교회가 온전해지는 길은 성도 한 사람 한 사람이 지식적으로 진리의 말씀을 알고 인격적으로 믿어 존중하여 그렇게 살고자 발버둥 칠 때만 가능하다.

📖 나는 말씀과 믿음이 하나 되는 삶을 살고 있는가? 그렇지 않다면 그 이유가 무엇이라고 생각하는가?

"주께 합당하게 행하여 범사에 기쁘시게 하고 모든 선한 일에 열매를 맺게 하시며 하나님을 아는 것에 자라게 하시고"(골 1:10).

14절 이는 우리가 이제부터 어린아이가 되지 아니하여 사람의 속임

수와 간사한 유혹에 빠져 온갖 교훈의 풍조에 밀려 요동하지 않게 하려 함이라

바울은 구원받은 성도가 그리스도의 장성한 분량에 이르면 영적 속임수나 유혹을 이길 수 있다고 말씀한다.

이는 우리가 이제부터 어린아이가 되지 아니하여

* 어린아이: (헬)네피오스 – 영적으로 미숙한 사람

'어린아이'란 영적으로 미성숙한 자를 의미한다. 모든 성도는 정신적, 영적인 면에서 미숙함을 버리고 그리스도의 장성한 분량까지 성숙해가야 한다.

사람의 속임수와 간사한 유혹에 빠져

* 속임수: (헬)퀴베이아 – 주사위 놀음, 사기

'사람의 속임수'는 도박꾼의 사기 행위와 같은 말이나 행동을 의미하고, '간사한 유혹'은 사람을 방황하게 하려고 하는 교활한 말을 의미한다. 성도는 말씀에 대한 지식이 부족하여 도박꾼처럼 성도들을 속이는 거짓 교사들의 술수와 유혹에 넘어가지 말아야 한다.

온갖 교훈의 풍조에 밀려 요동하지 않게 하려 함이라

* 풍조: (헬)아네모스 – 바람

* 밀려: (헬)페리페로 – 가지고 돌아다니다, 운반하다

'온갖 교훈의 풍조(바람)'이란, 세상의 초등 학문에 입각한 극단적인 금욕주의와 자의적인 우상숭배를 의미한다.

"이런 것들은 자의적 숭배와 겸손과 몸을 괴롭게 하는 데는 지혜 있는 모양이나 오직 육체 따르는 것을 금하는 데는 조금도 유익이 없

느니라"(골 2:23).

어린아이와 같이 미성숙한 성도들은 복음에서 이탈한 가르침에 중심을 잃고 표류하는 배와 같은 신앙생활을 한다. 그러나 그리스도 안에서 믿음과 진리가 일치하는 신앙생활을 하는 성도들은 장성한 분량에 이른 성숙함으로 중심을 잡고 견고하게 살아간다.

적용

어느 공동체든지 구성원이 성장하는 만큼 성장한다. 구성원은 지도자가 성장하는 만큼 성장하고, 지도자는 공부하고 자신을 관리하는 만큼 성장한다. 그러므로 교회가 성장한다는 것은 단순히 숫자가 많아지는 것이 아니라, 성도들의 내면과 외면의 인격이 성장하는 것을 의미한다. 성도들의 성장은 목회자가 예수 그리스도의 진리의 말씀을 얼마나 공부하고 삶으로 따라가느냐에 달려 있다.

오늘날 한국교회가 성장을 멈춘 이유가 어디에 있는가? 지도자만의 문제인가? 아니다. 어느 계층 때문이 아니라, 교회 구성원 한 사람 한 사람에게 그 책임이 있다. 목회자는 오직 '성언운반일념'으로만 목회해야 하고, 성도들은 진리의 말씀으로 모든 것을 판단할 수 있는 수준까지 자라가면서, 돕고 세우고 살리는 삶을 살아야 한다. 그렇게 살지 못한 결과 오늘날 교회와 성도들이 삶의 자리에서 선한 영향력을 상실했음을 기억해야 한다.

📖 **나는 사람의 간사한 속임수에 넘어가지 않고 선한 영향력을 갖기 위해 어떻게 말씀을 공부하며 삶을 훈련하는가?**

"이 모든 일에 전심 전력하여 너의 성숙함을 모든 사람에게 나타나게 하라"(딤전 4:15).

15절 오직 사랑 안에서 참된 것을 하여 범사에 그에게까지 자랄지라 그는 머리니 곧 그리스도라

바울은 사랑이 없는 진리는 삭막하고 능력이 없으며, 진리가 없는 사랑은 연약하고 일시적이라고 말씀한다.

오직 사랑 안에서 참된 것을 하여
  * 사랑: (헬)알레듀오 - 진리를 말하다

복음 안에 사는 성도는 사랑 가운데서 참된 것, 즉 참된 진리의 말씀을 말해야 한다. 왜냐하면 인간의 거짓된 행동은 그리스도의 사랑의 결핍에서 오기 때문이다. 이처럼 사랑과 진리는 교회가 그리스도의 장성한 분량까지 성장하는 원동력이 된다.

범사에 그에게까지 자랄지라 그는 머리니 곧 그리스도라

본절의 정확한 의미는, 성도의 신앙의 목표는 그리스도의 완전함까지 자라는 것이라는 말씀이다. 그러므로 구원받은 성도는 어떤 위인을 닮기 위해 애쓰는 삶이 아니라, 목적론적으로 완전하신 그리스도를 닮기 위해 발버둥 쳐야 한다.

묵상

왜 교인들은 10년, 20년 동안 교회를 다녀도 변하지 않는 것일까? 왜 참된 '인(人, in) 그리스도'로 성숙해 가지 않는 것일까? 이유는 많겠지만 가장 큰 이유는 변하지 않는 사고 체계와 가치관에 있다.

마치 노아 홍수 시대의 셋 후손들처럼, 앗수르와 바벨론에게 멸망했던 이스라엘 백성들처럼, 하나님 앞에 나아가 제사는 드리면서도 하나님의 언약의 말씀을 따라 살지 않는다. 세속적인 사고 체계와 가치

관을 따라 자기가 편한 대로 취사선택하며 자신의 감정과 생각에 옳은 대로 살아간다.

그러면 참된 그리스도인이란 어떤 사람인가? 참된 그리스도인은 모든 면에서 완전한 자를 의미하는 것이 아니다. 왜냐하면 인간은 아담의 선악과 사건 이후로 어떤 경우에도 완전해질 수 없기 때문이다. 참된 그리스도인은, 존재론적으로는 예수 그리스도를 닮아 완전해질 수 없지만, 목적론적으로 예수 그리스도를 닮아 사는 것을 인생의 최종 목표로 삼고 발버둥 치며 사는 성도이다. 즉 날마다 자기를 부인하고 자신의 마음과 생각과 언어와 행동과 인격이 그리스도를 닮아 가기 위해 발버둥 치는 자세를 가지고 사는 성도들이다.

시시때때로 인간적인 부족함과 연약함 때문에 실패하고 넘어지겠지만, 그때마다, 다시 털고 일어나 '슈브의 신앙' 즉 예수님의 십자가 아래로 돌아가 회개하고, 다시 '인(人, in) 그리스도'로 살고자 발버둥 치는 성도가 참된 그리스도인이다.

📖 **나는 참된 그리스도인으로서의 자세를 가지고 있는가?**

"너는 그리스도 예수 안에 있는 믿음과 사랑으로써 내게 들은 바 바른 말을 본받아 지키고 우리 안에 거하시는 성령으로 말미암아 네게 부탁한 아름다운 것을 지키라"(딤후 1:13~14).

✸✸
16절 은사(선물)를 주신 궁극적인 목적

16절 그에게서 온몸이 각 마디를 통하여 도움을 받음으로 연결되고 결합되어 각 지체의 분량대로 역사하여 그 몸을 자라게 하며 사랑 안에

서 스스로 세우느니라

바울은 하나님께서 은사를 선물로 주신 궁극적인 목적에 대하여 말씀한다. 즉 교회 안에서 지체 된 성도들은 성령님 안에서 서로 연결되고 연합하여 그리스도의 몸을 세워 나가야 한다는 말씀이다.

그에게서 온몸이 각 마디를 통하여 도움을 받음으로

* 마디: (헬)하페 – 만지다, 관계하다

'마디'란 무엇을 의미하는가? 교회를 그리스도의 머리와 몸으로 비유할 때, 마디는 그리스도의 몸을 중심으로 신체의 각 부분 즉 성도들을 연결하는 연결고리를 의미한다.

초대 기독교 신학자인 크리소스톰은 이 '마디'를 성령님의 역사로 보았다. 왜냐하면 교회는 성령님이 역사 안에서만 회개와 믿음과 헌신과 능력의 역사가 일어나기 때문이다. 그러므로 구원받은 성도는 오직 성령님의 도움으로만 몸이신 그리스도와 연결되고 다른 성도들과 한 몸으로 연결되어 교회를 이룰 수 있다.

연결되고 결합되어 각 지체의 분량대로 역사하여 그 몸을 자라게 하며

* 연결되고: (헬)쉬나르몰로게오 – 함께 밀접하게 결합하다

* 결합되어: (헬)쉽비바조 – 함께 짜맞추다

다양하고 이질적인 성도들이 그리스도의 몸 안에서 교회를 이루는 길은 성령님의 역사로만 가능하다. 즉 마디가 되시는 성령님 안에서 서로 밀접하게 결합되고, 함께 짜맞춰져 각자의 은사와 믿음의 분량대로 섬기며 균형 있게 성장할 수 있다.

사랑 안에서 스스로 세우느니라

이 모든 조건이 충족될 때 교회는 사랑 안에서 세워져 간다는 말씀이다. 그러므로 교회는 오직 십자가에서 사랑을 보이신 예수님의 은혜와 아버지의 사랑과 성령님의 역사와 교통 가운데서 온전해질 수 있다.

묵상

현대에 와서 '가나안(안나가) 교인' 즉 하나님도 믿고 예수님도 믿고 성령님도 믿지만, 교회 안에서 여러 가지로 상처받아서 어느 교회에도 소속되지 않고 영상으로 주일을 지키며 신앙생활하는 교인들이 부쩍 많아졌다. 그러나 하나님께서는 신앙생활은 홀로 할 수 있는 것이 아니라고 말씀하신다.

"모이기를 폐하는 어떤 사람들의 습관과 같이 하지 말고 오직 권하여 그날이 가까움을 볼수록 더욱 그리하자"(히 10:25).

우리 몸의 어떤 기관도 독립적으로 존재할 수 없듯이, 그리스도인도 마디와 힘줄 되시는 성령님 안에서 교회 안에 있을 때만 성장할 수 있다. 몸이 각종 질병과 싸워 가며 성장하듯이 교회도 여러 가지 문제와 싸워 가며 성장한다.

그러므로 신앙은 홀로 설 수 없음을 알고, 문제가 있지만 성령님의 돌보심 속에서 구속사의 하이라이트인 교회를 중심으로 공급받으며 신앙생활을 해야 한다.

📖 **나는 성령님 안에서 교회를 세우기 위해 어떻게 섬기는가?**

"머리를 붙들지 아니하는지라 온몸이 머리로 말미암아 마디와 힘줄로 공급함을 받고 연합하여 하나님이 자라게 하시므로 자라느니라" (골 2:19).

**
17~19절 옛 사람을 벗으라

17절 그러므로 내가 이것을 말하며 주 안에서 증언하노니 이제부터 너희는 이방인이 그 마음의 허망한 것으로 행함같이 행하지 말라

바울은 부르심을 받은 성도는 과거를 청산하고 새롭고 거룩한 삶을 살아야 한다고 말씀한다.

그러므로
바울은 1~16절을 통하여 '함께'를 위해 교회의 일치와 연합과 성령님 안에서 주신 선물을 가지고 성장해야 할 교회의 모습을 말씀했다. 그리고 이제 '그러므로'라는 접속사를 통해 6장 20절까지 유대인 그리스도인과 이방인 그리스도인이 한 새 사람, 즉 교회를 이루어 살아야 한다고 말씀한다.

내가 이것을 말하며 주 안에서 증언하노니
'증언하다'는 말씀은 법적인 용어로, '어떤 사실 자체를 자신의 판단이나 감정을 조금도 포함하지 않고 주님의 뜻에 부합하게 주님께서 증거하시기 원하는 것만 증언하겠다'는 의미이다. 바울은 '말하다', '증언하다'라는 두 단어를 통해 복음을 전하는 것이 성숙한 성도의 기본적인 자세라고 말씀한다.

이제부터 너희는 이방인이 그 마음의 허망한 것으로 행함같이 행하지 말라
은혜로 오신 예수 그리스도를 믿어 구원받고, 성령님의 역사를 통

해 은사와 직분을 선물로 받은 성도는, 구원받지 못한 이방인들이 따르는 '마음의 허망한 것' 즉 자연 계시를 통해 드러내 보여주시는 하나님을 인정하지 않는 삶의 모습을 따르지 말아야 한다. 마음이 허망한 이방인들은 마음으로 하나님을 인정하지 않으므로 채워지지 않는 마음을, 세상의 맘몬과 세속적인 번영으로 채우려 하기 때문에 진정한 행복도, 삶의 열매도 없다.

묵상

성도는 과거에 어떤 삶을 살았든지 이제부터는 '지금 & 여기'에서 잘 사는 삶을 살아야 한다. 왜냐하면 하나님께서는 우리의 과거가 어떠했는지, 즉 은혜로 오신 예수 그리스도를 믿고 십자가 아래로 돌아오기 이전의 삶에 대해서는 묻지 않으시기 때문이다.

그러므로 예수 그리스도를 믿어 구원받아 세례를 통하여 성화의 삶을 살아가는 성도는 '출과거'를 통하여 장차 받을 하늘의 상을 바라보며 '지금 & 여기'에 나를 부르신 하나님의 부르심의 푯대를 바라보며 후회 없는 믿음의 경주를 해야 한다. 그래야만 출애굽하여 가나안에 100% 들어간 여호수아와 함께했던 백성들처럼 온전한 구원을 이룰 수 있다.

📖 **나는 '지금 & 여기'의 삶을 후회없이 살고 있는가?**

"예수께서 이르시되 손에 쟁기를 잡고 뒤를 돌아보는 자는 하나님의 나라에 합당하지 아니하니라 하시니라"(눅 9:62).

18절 그들의 총명이 어두워지고 그들 가운데 있는 무지함과 그들의 마음이 굳어짐으로 말미암아 하나님의 생명에서 떠나 있도다

바울은 하나님을 알지 못하는 이방인들의 영적, 도덕적 상태에 대

하여 말씀한다.

그들의 총명이 어두워지고

* 어두워지고: (헬)스코토오 - 어두움으로 뒤덮다

하나님을 떠난 인간의 첫 번째 특징은 '총명' 즉 '파악하고 이해하고 인식하는 능력'이 어두움에 덮여 있어 하나님을 파악하지도 못하고 이해할 수도 없다는 것이다. 왜냐하면 하나님께서 예수 그리스도를 통하여 이 세상을 구원하시려는 영원한 계획을 모르기 때문이다.

그들 가운데 있는 무지함과 그들의 마음이 굳어짐으로 말미암아

* 굳어짐으로: (헬)포로신 - 단단하게 굳은 껍질

하나님을 떠난 인간의 두 번째 특징은, 총명이 어둠에 덮여 있으므로 '무지' 즉 '하나님을 인정하지 않으려는 완고한 마음'에서 이성이 어두워져 있다는 것이다.

인간의 도덕적인 양심이 화인을 맞으면 마음이 단단한 껍질처럼 딱딱해져 죄를 짓고도 양심에 가책을 느끼지 못한다. 그 결과 하나님을 떠난 사람들은 계속해서 어둠에 거하면서도 자신이 어둠에 있는 줄도 모르고 스스로를 기만하며 살아가게 된다.

하나님의 생명에서 떠나 있도다

* 떠나 있도다: (헬) 아팔로트리오오 - 멀리하다, 정을 떼다, 친분관계를 끊다

화인 맞은 양심으로 인해 하나님의 생명에서 분리되고 단절된 인간은 스스로 마음이 강퍅해져서 하나님을 가까이할 수 없고, 심지어는 적대적인 감정을 갖고 살아가게 된다.

묵상

사람들은 하나님을 떠난 인간의 지식에서 나오는 철학과 과학과 문화 등 문명의 위대함을 찬양한다. 또한 인터넷과 SNS의 발전으로 상상할 수 없는 많은 정보들이 신속하게 오고 가면서 소통의 혁명을 이루었다고 말한다.

그러나 고도로 발전한 기술력은 온 인류를 파멸시킬 수 있는 고성능의 무기를 만드는 경쟁에 사용되고 있고, 인터넷과 SNS의 발전 속에서도 외로움 속에서 살아가는 우울증 환자들이 급증하고 있으며, 또한 극악무도한 범죄는 날이 갈수록 기승을 부리고 있다.

하나님을 떠나 총명을 잃어버린 세상의 지식과 문명은 인간에게 유익한 것처럼 보이지만, 세상 문명의 진행 방향을 보면 심히 염려스럽다.

하나님께서는 세상의 지식과 문명은 인간에게 행복을 줄 수 없다고 말씀하신다.

인간이 참된 행복을 누리기를 위해서는 지혜의 근원이신 하나님께로 돌아가 죄 없으신 예수님의 말씀으로 살아야 한다.

참된 지혜는 하나님께로 나아가 예수 그리스도의 십자가를 붙들고 생명의 원리, 즉 돕고 세우고 살리고자 하는 마음에 있다. 예수 그리스도의 생명의 지혜와 말씀만이 온 인류를 행복하게 한다는 사실을 깨달아야 한다.

📖 나는 선한 양심을 보존하기 위해 하나님의 말씀을 더 가까이하며 사는가?

"이 세상 지혜는 하나님께 어리석은 것이니 기록된 바 하나님은 지혜 있는 자들로 하여금 자기 꾀에 빠지게 하시는 이라 하였고 또 주께서 지혜 있는 자들의 생각을 헛것으로 아신다 하셨느니라"(고전 3:19~20).

19절 그들이 감각 없는 자가 되어 자신을 방탕에 방임하여 모든 더러운 것을 욕심으로 행하되

바울은 하나님을 떠난 자들의 영적인 상태를 18절에서 말씀했다면, 본절에서는 도덕적인 삶에 대하여 말씀한다.

그들이 감각 없는 자가 되어

'감각 없는 자'란, 살갗이 두꺼워져 감각이 무디어지거나 아픔을 느끼지 못하는 상태에 있는 자를 의미한다. 하나님을 떠난 사람들은 도덕적으로 마음이 굳어져 죄를 짓고도 양심의 가책이나 수치심을 전혀 느끼지 못한다.

"그 정죄는 이것이니 곧 빛이 세상에 왔으되 사람들이 자기 행위가 악하므로 빛보다 어둠을 더 사랑한 것이니라"(요 3:19).

자신을 방탕에 방임하여

* 방탕: (헬)아셀게이아 - 호색, 무절제

* 방임하여: (헬)파라디도미 - 적극적으로 내어 주는 행위

하나님을 떠나 양심에 화인 맞아 감각을 잃어버린 자는, 먼저 도덕적으로 '방탕에 방임'하는 삶을 살게 된다. 방탕에 방임한다는 말씀은, 양심에 화인 맞은 마음에서 일어나는 온갖 육신적인 생각과 욕망에 이끌려, '되는 대로 사는 삶'을 의미한다. 이런 자는 다른 사람의 권리나 감정이나 공중도덕 따위는 아랑곳하지 않는다. 그리고 수치도 부끄러움도 모른 채 추하게 행동하며, 죄에게 자신의 인생을 내어 준 타락한 삶을 살아간다.

모든 더러운 것을 욕심으로 행하되

* 욕심: (헬)플레오넥시아 – 더 많이 가지고자 탐내는 욕구, 탐심

하나님을 떠나 도덕적으로 감각을 잃은 자는 더러운 욕심으로 살게 된다. 즉 없어서 갖고자 하는 마음이 아니라 가지고 있으면서도 자족하는 마음이 없이 자기중심적으로 더 많이 갖고자 하는 탐심, 탐욕, 소유욕을 품게 된다는 의미다.

묵상

수많은 사람들이 교회를 다니지만, 정작 하나님에 대한 지식은 얼마나 충만한지 점검해 보아야 한다. 개인적인 신앙생활과 사회생활뿐 아니라, 교회를 섬김에 있어서 하나님의 말씀을 바로 알고 말씀의 가치와 기준과 사상과 원칙과 철학으로 살기 위해 얼마나 발버둥 치며 사는지 점검해야 한다.

종종 이런 질문을 한다.

"성도로서 집 대문에 교패가 붙어 있는 것 외에 세상 사람들과 어떤 다름으로 사는가?"

구원받은 성도로서 하나님의 생명에서 떠난 세상 사람들과 다를 바가 없이 허망한 세상의 욕심을 따라 맘몬과 세속적인 번영을 최고의 가치로 여기고 살고 있다면, 과연 우리가 지혜와 지식의 근원이신 하나님을 믿는다고 할 수 있는지 점검해 보아야 한다.

📖 **나는 하나님 보시기에, 그리고 세상 사람들이 보기에 어떤 도덕적인 삶을 사는가?**

"이 세상이나 세상에 있는 것들을 사랑하지 말라 누구든지 세상을 사랑하면 아버지의 사랑이 그 안에 있지 아니하니"(요일 2:15).

※※
20~24절 새 사람을 입으라

20절 오직 너희는 그리스도를 그같이 배우지 아니하였느니라

바울은 17~19절에서 하나님을 떠난 자들의 영적·도덕적 상태를 말씀하고, 20~24절에서 삼위 하나님의 구원 사역으로 신인류인 그리스도인이 된 성도가 갖추어야 할 모습에 대하여 말씀한다.

오직 너희는
'너희'란 누구인가? 하나님을 떠나 양심에 화인을 맞아 구원받지 못한 자들과 대비되는 성도들, 즉 은혜로 오신 예수 그리스도를 믿어 구원받고 세례 받아 예수님과 연합되어 자기 부인의 삶을 사는 성도를 의미한다.

그리스도를 그같이 배우지 아니하였느니라
본절은 구원받은 성도는, 양심에 화인 맞아 하나님의 말씀의 가치와 기준과 사상과 원칙과 철학을 무시하고 살아가는 구원받지 못한 자들처럼 살도록 배우지 않았다는 의미의 말씀이다.

지금까지 성도들이 듣고 배운 그리스도의 관한 지식은, 세상 사람들의 지식과 같이 마음과 생각과 삶의 자리를 바꿀 수 없는 '이론적인 지식'이 아니다. 그리스도를 통해 지금까지 배운 지식은 삶을 변화시키는 역동적인 힘이 있는 '인격적인 지식'이다.

그러므로 성도는 그리스도의 인격을 닮기 위해 더욱 말씀을 배워야 한다. 성도가 배워야 할 인격적인 지식은 지식을 위한 배움이 아니라, 인격의 변화를 위한 배움이어야 한다. '그렇게 살기 위해' 말씀

을 듣고, 읽고, 묵상하며, 공부해야 한다는 의미이다.

묵상

1세기를 훌쩍 넘게 사신 김형석 박사(연세대 철학과 명예교수)께서는 공부에 대해서 "살아 보니, 사람이 75세까지는 공부를 통해 계속 성장하고 성숙해 가더라. 그러니 은퇴했다고 공부를 멈추지 마라. 그리고 공부한 것을 잘 관리하면 90세까지 유지가 되더라"라고 말씀했다. 그러면 인간은 왜 공부해야 하는가? 그렇게 살기 위해 공부해야 한다.

예수님의 제자들은 자신들이 그동안 소유하고 쌓았던 익숙한 모든 것을 버리고 예수님을 좇았다. 신앙의 본질은 세상에 익숙했던 것을 버리고 죄 없으신 예수 그리스도의 말씀을 믿고 존중하고 그렇게 행하는 삶, 즉 인격적인 변화를 받아 말씀대로 살기 위해 발버둥 치는 것이다. 예수님께서는 몸에 밴 세속적인 습관을 버리고, 불편하고 힘들어도 말씀을 따라 사는 습관을 가지라고 말씀하신다.

📖 **나는 불편할지라도 예수님의 말씀을 따라 살기 위해 어떤 노력을 하는가?**

"그러므로 우리가 그의 죽으심과 합하여 세례를 받음으로 그와 함께 장사되었나니 이는 아버지의 영광으로 말미암아 그리스도를 죽은 자 가운데서 살리심과 같이 우리로 또한 새 생명 가운데서 행하게 하려 함이라"(롬 6:4).

21절 진리가 예수 안에 있는 것같이 너희가 참으로 그에게서 듣고 또한 그 안에서 가르침을 받았을진대

바울은 세상에 진리는 예수님 한 분밖에 없다고 말씀한다.

진리가 예수 안에 있는 것같이

'진리가 예수님 안에 있다'는 말씀은, 22~24절을 통하여 하실 말씀을 의미한다. 예수 그리스도를 믿어 한 번 새 사람이 된 성도는, 그리스도 안에서 살고자 발버둥 치는 한 절대로 옛 사람, 즉 구원이 없는 사람으로 돌아갈 수 없다는 의미이다.

그러므로 예수 그리스도를 믿어 구원받은 성도는 마땅히 옛 사람을 벗어 버리고 새 사람으로서 말씀과 예배와 기도를 중심으로 살아야 한다.

너희가 참으로 그에게서 듣고 또한 그 안에서 가르침을 받았을진대

구원받은 성도는 예수님을 직접 만나 말씀을 듣지 못했지만, 사도 바울을 비롯한 예수님의 제자들을 통해 예수님의 말씀을 듣고 말씀 안에서 가르침을 받았다. 그러므로 앞으로 말씀할 22~24절의 말씀을 실천하는 삶을 살아야 한다.

묵상

남송의 유학자인 '주희'의 시다.
"말하지 말라, 오늘 배우지 않고 내일이 있다고.
말하지 말라, 올해 배우지 않고 내년이 있다고.
해와 달은 무심히 흐를 뿐, 세월은 나를 기다리지 않는다.
오호라 늙었구나, 이 누구의 허물인가."
성도가 아무리 예수 그리스도를 믿어 구원받았다 할지라도, 계속해서 배우지 않고 성장하지 않으면 언제 구원을 잃어버릴지 모른다. 그러므로 우리의 영원한 스승이신 예수 그리스도의 가르침을 계속적으로 받기를 기뻐하라. 그리스도를 배우되 지식으로 배우지 말고 인격으로 배워, 지혜와 지식의 모든 보화가 되시는 예수님 안에서 행복한 삶을 살라.

📖 나는 하나님의 말씀을 지식으로 받는가, 아니면 인격으로 받아 사는가?

"진리를 알지니 진리가 너희를 자유롭게 하리라"(요 8:32).

22절 너희는 유혹의 욕심을 따라 썩어져 가는 구습을 따르는 옛 사람을 벗어 버리고

바울은 예수님을 믿어 구원받아 성령님 안에서 새 사람이 된 성도들이 벗어 버려야 할 것에 대하여 말씀한다.

너희는 유혹의 욕심을 따라 썩어져 가는 구습을 따르는

* 썩어져 가는: (헬)프데이로 - 부패시키다, 타락시키다, 멸망시키다
* 구습: (헬)텐 프로테란 아나스트로펜 - 옛 생활 방식, 예전의 행실

'유혹의 욕심'이란, 끝내 자기 자신마저도 해치게 될 과도한 욕심 즉 '악한 욕심'을 의미한다.

'썩어져 가는'이란 말씀은 유혹의 욕심을 따라 사는 인생의 결말을 의미하는데, 유혹의 욕심을 따라 사는 자는, 결국 부패하고 타락한 행실 때문에 하나님의 구원에서 멀어져 멸망 즉 영원한 지옥에 들어갈 수밖에 없다는 의미이다.

'구습'이란 복음을 알기 전 옛 본성과 자기중심의 정욕대로 살던 과거의 생활 방식을 의미한다. 구원받은 성도가 가장 먼저 버려야 할 것은 자기중심적으로 살던 구원받기 이전의 생활방식이다.

옛 사람을 벗어 버리고

그러므로 구원받은 성도는 옛 사람, 즉 복음을 알지 못했던 시절의 자기중심적인 옛날의 삶의 모습을 벗어 버리고 새 사람, 즉 예수 그리스도의 가르침을 따라 사는 삶을 살아야 한다. 왜냐하면 예수님을 믿고도 예전의 삶에서 벗어나지 못하여 구습을 따라 사는 삶의 결과는 죽음이기 때문이다.

묵상

예수 그리스도를 믿고 새 사람이 된 그리스도인의 첫 번째 특징은 거룩이다.

"나는 너희의 하나님이 되려고 너희를 애굽 땅에서 인도하여 낸 여호와라 내가 거룩하니 너희도 거룩할지어다"(레 11:45).

구원받은 성도는 복음을 모르고 살았던 지난날의 낡고 추하고 세속적인 마음과 생각과 언어와 행동과 인격을 벗어야 한다. 그리고 예수 그리스도를 믿어 구원받고 세례를 통하여 그리스도와 연합된 성도다운 '인그리스도' 즉 '인격신앙인'의 삶을 살아야 한다.

인격신앙인이 되기 위해서는 진리를 알아야 한다. 진리의 말씀을 바로 알 때만 마귀가 뿌려놓은 맘몬과 세속적인 번영신학으로부터 자유로워질 수 있다.

📖 나는 익숙한 옛 사람의 삶을 벗기 위해 말씀으로 채워져 가는 삶을 사는가?

"그러므로 우리가 여호와를 알자 힘써 여호와를 알자 그의 나타나심은 새벽 빛 같이 어김없나니 비와 같이, 땅을 적시는 늦은 비와 같이 우리에게 임하시리라 하니라"(호 6:3).

23절 오직 너희의 심령이 새롭게 되어

* 새롭게 되어: (헬)아나네오오 – 다시 새롭게 하다

22절에서 정욕대로 살던 옛 본성을 벗어 버리라는 말씀이 소극적인 권면이라면, 본절과 24절은 구원받은 성도의 적극적인 삶의 태도에 대한 말씀이다.

바울은 구원받은 성도가 옛 본성을 벗어 버리는 소극적인 자세에서 더 나아가 적극적으로 심령이 새롭게 되어야 한다고 말씀한다.

'심령'이란 사람의 영과 마음을 가리키는 말씀이고, '새롭게 되어'는 구원받은 성도는 영과 마음이 처음 예수님을 믿어 구원받을 때부터 임종 예배를 드릴 때까지 계속해서 새로워져야 한다는 말씀이다.

예수 그리스도를 믿으면 가장 먼저 영과 마음에서 변화가 일어난다. 그리고 새롭게 변화 받은 영과 마음을 잘 관리하여 계속해서 성장해야 한다. 인간의 영과 마음은 오직 성령님으로만 관리하고 성장할 수 있다.

묵상

기압의 영향에 따라 날씨가 변하듯이, 인간의 마음도 성령님 안에 있을 때와 마귀의 가치를 따라 살던 구습에 영향력 아래 있을 때가 다르다. 매일 말씀과 예배와 기도에 힘쓰는 삶을 살며 마음일기를 쓰며 성령님 안에서 자신을 관리하는 성도는, 세상을 사는 동안 광야 같은 시간이 와도 흔들리지 않는 삶을 살아간다.

그러나 교회를 다녀도 영과 마음이 옛 구습을 좇아 사는 교인은 하루에도 수없이 솟구쳐 오르는 원망, 미움, 다툼, 시기, 교만, 질투 등에 사로잡혀 괴롭고 괴로운 삶을 살게 된다.

그러므로 구원받은 성도는 삶의 매 순간 말씀과 예배와 기도로 마음의 좌소에 진리의 성령님을 모시고 살 것인지, 지옥으로 인도하는 마귀의 성품을 따라 살 것인지 결정해야 한다.

📖 나는 심령이 새로워지기 위해 말씀과 성령님으로 충만한 삶을 살고 있는가?

"너희는 이 세대를 본받지 말고 오직 마음을 새롭게 함으로 변화를 받아 하나님의 선하시고 기뻐하시고 온전하신 뜻이 무엇인지 분별하도록 하라"(롬 12:2).

24절 하나님을 따라 의와 진리의 거룩함으로 지으심을 받은 새 사람을 입으라

바울은 22절에서 말씀한 대로 옛 사람을 벗고 이제 새로운 삶의 자리에서 살아가라고 말씀한다.

하나님을 따라 의와 진리의 거룩함으로 지으심을 받은
* 의: (헬)디카이오쉬네 – 하나님과의 바른 관계, 하나님과 충돌하지 않고 조화를 이루는 상태

은혜로 오신 예수님을 믿어 하나님의 형상으로 재창조된 성도는, 모든 삶의 자리에서 충실하게 의를 좇아 살아야 한다. 또한 진리, 즉 말씀의 가르침 속에서 성령 충만하여 세상 속에서도 악에 물들지 않는 성결한 삶을 살아야 한다.

십자가의 은혜로 의롭게 된 성도는 진리의 말씀으로만 세상과 모든 일을 판단하며 정직하게 살아야 한다.

새 사람을 입으라

'새 사람'이란, 문자적으로는 '갓 만들어 낸 사람'을 의미한다. 성부 하나님의 예정과 선택과 성자 예수님의 은혜와 속량과 성령 하나님의 인 치심과 보증하심으로 재창조되어 그리스도인이 된 성도는 새롭게 거듭난 존재로서 살아야 한다.

그러므로 '새 사람을 입으라'라는 말씀은 태초에 하나님의 형상으로 지음 받아 누렸던 장자권(sonship)과 통치권(kingship)을 회복 받았으니, 삶의 자리에서 하나님이 주신 힘과 능력과 은사를 사용하여 의롭고 거룩한 삶, 즉 돕고 세우고 살리는 삶을 살라는 말씀이다.

묵상

'타락했다'는 말은 태초에 하나님이 창조해 주신 인간의 본래의 모습을 잃어버렸다는 말이다. 반대로 '회복되었다'는 말은 예수님이 십자가에서 인간의 모든 죄를 처리하시고 에덴동산에서 잃어버린 '장자권'과 '통치권'을 다시 찾았다는 말이다.

그런데 예수님이 십자가에서 인간을 대신하여 죽어 주심으로 그 풍성한 은혜를 입어 하나님의 자녀로 회복되었으면서도, 여전히 장자권도 통치권도 누리지 못하고 마귀의 자식처럼 살아가고 있는 많은 교인들을 본다. 그들은 여전히 자기의 의를 하나님의 음성으로 착각하고, 귀신을 두려워하며, 세속적인 돈과 명예와 권력과 자식을 하나님보다 더 사랑하고 섬기며 살아간다.

의, 즉 옳음과 진리의 거룩함으로 살지 못하는 교인들의 모습은 하나님의 아픔이다. 이 모든 문제는 복음이신 예수님이 무엇 때문에 이 땅에 오셨는지 모르기 때문이다. 따라서 구원받은 성도는 복음이신 예수님을 제대로 알고 믿기 위해 더욱 말씀과 예배와 기도로 성숙해가야 한다.

에베소서 4장 **173**

📖 **나는 하나님의 의와 진리의 거룩함으로 살기 위해 얼마나 발버둥 치는가?**

"새 사람을 입었으니 이는 자기를 창조하신 이의 형상을 따라 지식에까지 새롭게 하심을 입은 자니라"(골 3:10).

**
25~29절 그리스도인의 삶의 윤리

25절 그런즉 거짓을 버리고 각각 그 이웃과 더불어 참된 것을 말하라 이는 우리가 서로 지체가 됨이라

바울은 17~24절에서 그리스도의 몸인 교회를 섬기는 성도들은 옛 사람을 벗어 버리고 새롭게 되어 새 사람의 성품을 입어야 한다는 원론적인 말씀을 했다. 그리고 이제 25~29절에서는 대인 관계에서 마귀가 틈타지 못하게 살아야 할 그리스도인의 삶의 윤리에 대하여 말씀한다. 먼저 본절에서 이웃과의 관계에서 거짓을 버리고 정직하게 살아야 한다고 말씀한다.

그런즉

'그런즉'이란 예수 그리스도를 구주로 믿어 구원받은 성도는, 자신의 욕망을 따라 마귀의 가치와 기준으로 살았던 옛 사람을 벗어 버리고, 재창조된 그리스도인으로서 성령님 안에서 의와 진리의 거룩함으로 살아야 한다는 의미이다.

거짓을 버리고 각각 그 이웃과 더불어 참된 것을 말하라

* 거짓: (헬)프슈도스 - 기만, 허위

* 참된 것: (헬)알레데이안 - 진리, 옳은 것

성령님 안에서 의와 진리의 거룩함으로 사는 성도가 벗어 버려야 할 옛 사람의 첫 번째는 '거짓'이다. '거짓'이란 '믿을 수 없는 말', '속이는 말', '그릇된 말', '과장된 말'을 의미한다. 이런 말들은 마귀에게서 나오는 것이기에 성도는 어떠한 이유이든 우선적으로 버려야 한다.

그러면 성도는 어떻게 거짓을 버릴 수 있는가? 진리의 말씀을 바로 알아 정확하게 말하는 것으로 버릴 수 있다. 즉 구원받은 성도는 무교절의 정신으로 죄 없으신 예수 그리스도의 말씀을 기준으로 말해야 한다. 특히 이웃, 즉 믿음의 형제자매들에게 거짓이 아닌 진리의 말씀을 기준으로 말하여 하나님 보시기에 좋은 언어 생활을 해야 한다. 성도는 정직과 신뢰를 바탕으로 솔직하고 담백한 말을 하며 살아야 한다.

이는 우리가 서로 지체가 됨이라

왜 성도가 믿음의 지체들에게 거짓을 버리고 말씀 안에서 옳음을 따라 말해야 하는가?

성도는 그리스도의 몸인 교회의 지체들이기 때문이다. 교회의 비밀이 '함께'라는 말씀은, 그리스도를 중심으로 성도 상호 간에 신뢰감이 없이 거짓이라는 불신이 들어오면 그리스도의 몸인 교회가 파괴되기 때문에 성도는 그리스도 안에서 하나가 되어야 한다는 의미이다. 그러므로 확인되지 않은 말로 성도들을 현혹하는 것은 교회를 망치는 무서운 범죄라는 사실을 알아야 한다.

> **묵상**

새 사람을 입은 성도는 왜 거짓을 버려야 하는가?

거짓말하는 자들은 하나님 나라에 들어갈 수 없기 때문이다.

"개들과 점술가들과 음행하는 자들과 살인자들과 우상숭배자들과 및 거짓말을 좋아하며 지어내는 자는 다 성 밖에 있으리라"(계 22:15).

거짓말은 첫째 진리를 왜곡시키고 숨긴다. 둘째, 사람을 속여 타락하게 만든다. 셋째, 하나님과 다른 사람과의 관계를 파괴한다. 그러므로 성도는 세상에서 가장 위대한 것이 정직이라는 사실을 깨닫고, 하나님의 앞에서 옳음으로 살기 위해 발버둥 치며, 진리를 기준으로 돕고 세우고 살리는 말을 해야 한다.

나의 언어는 정직을 기반으로 하고 있는가?

"너희는 너희 아비 마귀에게서 났으니 너희 아비의 욕심대로 너희도 행하고자 하느니라 그는 처음부터 살인한 자요 진리가 그 속에 없으므로 진리에 서지 못하고 거짓을 말할 때마다 제 것으로 말하나니 이는 그가 거짓말쟁이요 거짓의 아비가 되었음이라"(요 8:44).

26절 분을 내어도 죄를 짓지 말며 해가 지도록 분을 품지 말고

바울은 성도가 분을 낼 수는 있지만 죄는 짓지 말라고 말씀한다. 본문을 직역하며 "분을 내어라. 그러나 죄를 짓지는 말라. 해가 너의 분 위에서 지지 않도록 하라"이다.

분을 내어도 죄를 짓지 말며

* 분: (헬)오르기제스데 - 불쾌하게 만드는 어떤 일, 혹은 사람 때문에 일어나는 감정적 흥분

하나님께서는 성경 여러 곳에서 분노를 금하셨다.

"분을 그치고 노를 버리며 불평하지 말라 오히려 악을 만들 뿐이라"(시 37:8).

그런데 바울은 본절에서 '분을 내어도'라고 말씀한다. 이 말씀은 '분노'하며 살라는 말씀이 아니라, '자기 감정을 인정하고 충실하라'는 의미로 해석해야 한다. 사람은 감정적인 존재이므로 불쾌한 일을 만나거나 몰상식하고 염치없는 사람을 만나면 분노가 일어나는 것이 정상이다.

하나님께서 금하시는 분노는 감정을 넘어 '잘못된 분노', 즉 자신의 뜻대로 안 된다고 반항하고 비난하며 다른 이들에게 상처를 입히는 분노에 대하여 경계하신 것이다. 왜냐하면 잘못된 분노는 다른 이들과 공동체에 상처를 입히고, 분노한 본인에게도 깊은 상처를 주며, 모든 관계를 어그러지게 하는 능력이 있기 때문이다. 그러므로 분노가 죄와 섞이지 않도록 즉 죄로 발전하지 않도록 해야 한다.

해가 지도록 분을 품지 말고

그래서 바울은 모세에게 주신 율법을 따라 분노의 처리 기간을 '해가 질 때까지'로 말씀한다. 왜냐하면 분노를 잠자리까지 가지고 들어가면 잠을 설치게 될 것이고, 분노는 더욱 깊어질 것이기 때문이다. 따라서 새 사람의 옷을 입은 그리스도인이라면 분노의 감정을 가능한 한 빨리 처리할 수 있어야 한다.

묵상

성도가 분노하는 것에 대하여 스스로 정죄하며 죄책감에 빠지는 경우를 종종 본다. 그러나 하나님께서는 거룩한 성도일지라도 분노할 수 있다고 말씀하신다. 왜냐하면 인간은 감정적인 존재이기 때문이다.

이처럼 자신의 내면에서 분노가 일어날 수는 있으나, 개인적인 분노를 밖으로 드러내어 국가나 사회, 특히 교회의 질서에 반항하고 다른 성도들을 비난하여 상처를 입혀서는 안 된다. 더구나 그리스도인은 분노하며 사실이 아닌 말로 다른 사람을 경멸하거나 비웃거나 교만하여 자신을 높이려고 해서는 안 된다.

구원받은 성도의 분노는, 하나님의 말씀과 공동체의 질서를 무시하는 자들을 향한 의로운 분노여야 한다. 그러므로 성도는 지속적으로 분을 품지 말고 회개하는 자들은 주님의 이름으로 용서하고, 회개하지 않는 자들은 용납함으로 스스로 죄를 짓지 말아야 한다.

📖 **나는 마음에서 일어나는 분노를 어떻게 처리하며 사는가?**

"급한 마음으로 노를 발하지 말라 노는 우매한 자들의 품에 머무름이니라"(전 7:9).

27절 마귀에게 틈을 주지 말라

✳ 마귀: (헬)디아발로 – 비방하다, 고발하다

바울은 성도가 해가 지도록 분을 품지 말아야 할 이유에 대하여 말씀한다.

마귀는 언제나 하나님 앞에서 인간을 중상모략하고 비방한다.

"내가 또 들으니 하늘에 큰 음성이 있어 이르되 이제 우리 하나님의 구원과 능력과 나라와 또 그의 그리스도의 권세가 나타났으니 우리 형제들을 참소하던 자 곧 우리 하나님 앞에서 밤낮 참소하던 자가 쫓겨났고"(계 12:10).

마귀는 없는 죄도 만들어 덮어씌우려 한다. 따라서 성도가 해가 지도록 분을 품는다면, 제방에서 물이 새듯이 틈을 주어 성도의 영혼을 마음껏 유린할 수 있는 기회를 마귀에게 주게 된다는 사실을 알아야 한다.

묵상

예수님을 믿고 성령님으로 시작했다가 마귀에게 마음을 빼앗겨 볼썽사나운 인생으로 마무리하는 사람들을 자주 본다. 그들은 육신적인 생각에서 일어나는 자기 의와 생각을 성령님의 음성으로 착각하여, 돕고 세우고 살리는 삶이 아니라 인간관계와 공동체를 깨고 부수는 인생을 산다. 왜 성령님으로 시작한 사람들이 이렇게 초라한 인생으로 전락하는가? 26절에서 말씀하시는 대로 '분노' 때문이다.

어린 시절 내면의 상처가 어른이 되어서도 해결되지 못하고 내재되어 있다가, 살면서 문제를 만나면 처음에는 공의로 시작했다가 해가 분노 위로 넘어가면서 통제력을 잃어버린다. 그래서 결국에는 '정죄하고 비난하는 마음', '남을 판단하고 남이 잘되는 것을 차마 두 눈 뜨고 못 보는 마음', '미움', '다툼', '시기' 등으로 발전해 간다.

그러므로 구원받은 성도는 성령님 안에서 말씀과 기도로 혹은 전문가들의 도움을 받아 어린 시절의 상처를 치유 받아야 한다. 어찌하든지 마귀에게 틈을 주지 않도록 늘 말씀의 은혜와 예배의 사랑과 기도의 교통의 삶을 살기 위해 발버둥 쳐야 한다.

내가 마귀에게 틈을 내어 주고 있는 영역은 없는가?

"근신하라 깨어라 너희 대적 마귀가 우는 사자 같이 두루 다니며 삼킬 자를 찾나니"(벧전 5:8).

28절 도둑질하는 자는 다시 도둑질하지 말고 돌이켜 가난한 자에게 구제할 수 있도록 자기 손으로 수고하여 선한 일을 하라 바울은 성도가 선한 일을 하기 위해 소극적으로 해야 할 일은 도둑질하지 않는 것이라고 말씀한다.

도둑질하는 자는 다시 도둑질하지 말고

도둑질이란, 십계명 중 제8계명으로, 습관적으로 남의 것을 훔치는 것, 마땅히 내야 할 세금을 내지 않는 것, 임금을 착복하는 것, 남의 것을 부당하게 취하는 것을 의미한다.

그리스도 안에서 새 사람을 입은 성도는 마귀에게 정죄 받기 않기 위해 사소한 것이라도 남의 것을 훔치지 말아야 한다.

돌이켜 가난한 자에게 구제할 수 있도록 자기 손으로 수고하여 선한 일을 하라

새 사람을 입은 성도는 구습을 따라 행했던 도둑질을 그치고, 도리어 열심히 노동을 하여 빈궁한 다른 사람들을 돕고 세우고 살리는 것이 하나님 보시기에 좋은 삶이라고 말씀한다. 이 말씀은 기독교적 노동관에 대한 말씀이다.

새 사람을 입은 성도는 '적극적인 노동관'을 가져야 한다. '적극적 노동관'이란 단순히 자신과 가족의 풍족함과 안락한 삶만을 위한 노동이 아니라, 궁핍한 성도들과 이웃들에게 나누고 베풀기 위한 노동을 의미한다. 그러므로 구원받은 성도는 기도와 구제로 아름답고 선하고 덕스러운 삶의 모습을 세상에 보여주어야 한다.

묵상

도둑질이란 무엇인가? 남의 것을 사기 쳐서 빼앗는 행위, 법적이든 불법적이든 남에게 주어야 할 것을 주지 않거나 갚지 않는 행위 등, 다른 사람들의 소유를 부당한 방법으로 자신이 갖는 것을 의미한다.

하나님께서는 속이는 저울, 즉 도둑질하는 자를 미워하신다고 말씀하신다. 그러므로 구원받은 성도는, 소극적으로는 모든 소득 앞에서 정직하게 하나님의 것은 하나님께, 가이사의 것은 가이사에게 드려야 한다. 그리고 적극적으로는 자신만 정직하고 행복하게 잘사는 인생이 아니라, 정당하게 힘을 다하고 노동하여 이웃을 돕고 살리며 베푸는 '적극적인 노동관'으로 살아서 하나님의 마음을 기쁘시게 해야 한다.

📖 **나는 노동의 대가로 주신 재물로 어려운 이웃을 돌보는 삶을 사는가?**
"속이는 말로 재물을 모으는 것은 죽음을 구하는 것이라 곧 불려다니는 안개니라"(잠 21:6).

29절 무릇 더러운 말은 너희 입 밖에도 내지 말고 오직 덕을 세우는 데 소용되는 대로 선한 말을 하여 듣는 자들에게 은혜를 끼치게 하라

바울은 28절에서 선한 노동관에 대하여 말씀하고, 이제 언어생활에 대하여 말씀한다.

무릇 더러운 말은 너희 입 밖에도 내지 말고

* 더러운: (헬)사프로스 - 썩은, 부패해서 사용하기에 부적절한

'더러운 말'이란, 단순히 좋지 않은 언어가 아니라 악의적인 험담이나 중상모략, 더 나아가 공동체 안에서 덕이 되지 못하는 말, 혹은 다른 사람들에게 쓸데없는 것을 생각하도록 하는 말을 의미한다. 새 사람을 입은 그리스도인들은 이런 말을 입 밖에도 내지 말라고 말씀한다.

오직 덕을 세우는 데 소용되는 대로 선한 말을 하여 듣는 자들에게 은

혜를 끼치게 하라

* 덕을 세우는: (헬).오이코도벤 – 집을 세움

'덕을 세운다'는 말씀은 문자적으로 '집을 세운다'는 의미인데, 단순히 건축을 의미하는 말이 아니다. '선한 말' 즉 다른 사람의 필요를 채워 주고 돕고 세우며 살리는 선한 언어로 성도 간에 하나님의 은혜를 흘려보내어 그리스도의 몸인 '교회를 세우라'는 말씀이다.

"이는 성도를 온전하게 하여 봉사의 일을 하게 하며 그리스도의 몸을 세우려 하심이라"(엡 4:12).

묵상

성도는 언어가 달라야 한다. 더러운 말, 즉 추하고 음탕하고 불결하고 불경스럽고 무례하며 혐오스러운 말을 삼가해야 한다. 언어는 그 사람의 마음의 상태를 보여주는 척도이다. 왜냐하면 언어는 생각에서 만들어지고, 생각은 마음에서 만들어지기 때문이다.

더러운 언어를 사용한다는 것은, 그 사람의 마음과 생각이 하나님의 진리에서 떠나 있다는 증거이며, 결국 그의 추한 언어생활은 그의 행동까지 거칠게 만들 것이다. 그리고 그의 인격마저 파괴하여 공동체 생활과 인간관계에서 신뢰받지 못할 사람이 되게 한다.

따라서 구원받은 성도는 오직 성령님 안에서 하나님이 마음에 두신 말씀을 기준으로 삼아 생각을 거룩함으로 채우며, 선한 언어 생활과 예의 넘치는 행동으로 돕고 세우고 살리는 '인(人, in) 그리스도'의 삶을 살아야 한다.

> 나는 선한 언어생활을 위해 마음과 생각을 관리하고 있는가?

"너희 말을 항상 은혜 가운데서 소금으로 맛을 냄과 같이 하라 그리하면 각 사람에게 마땅히 대답할 것을 알리라"(골 4:6).

✶✶
30~32절 성령님이 기뻐하시는 공동체의 화합

30절 하나님의 성령을 근심하게 하지 말라 그 안에서 너희가 구원의 날까지 인 치심을 받았느니라

바울은 30~32절에서 성령님을 근심시키지 말고 공동체의 화합을 통해 성령님을 기쁘시게 하라고 말씀한다.

하나님의 성령을 근심하게 하지 말라
* 직역) 그리고 너희는 하나님이 성령에 고통을 가하지 말라

'성령을 근심하게 하지 말라'는 '성령님께 고통을 가하지 말라'는 말씀으로 자녀가 부모의 훈계나 가르침을 따르지 않고 어긋나갈 때에 부모의 마음이 아프고 힘든 것처럼, 성도가 하나님의 말씀에 불순종할 때 성령님께서 근심하시고 아파하시며 고통스러워하신다는 의미이다.

그러므로 성도는 진리에서 어긋나가는 삶을 버리고, 하나님의 말씀을 믿고 존중하고 그렇게 살기 위해 발버둥 치며 행동하는 삶으로 성령님의 마음을 기쁘시게 해야 한다.

그 안에서 너희가 구원의 날까지 인 치심을 받았느니라
* 인 치심을 받았느니라: (헬)스프라기조 – 날인하여 표시를 하다

'구원의 날'이란, 예수님을 믿는 성도에게는 구원의 날이요, 믿지 않는 자에게는 심판의 날이다. 즉 '구원과 심판이 동반된 주님의 날'을 의미한다.

'인 치심을 받았다'는 말씀은, 성령님께서는 '구속의 완성의 날'까지 성도를 떠나지 않고, 비록 성도가 세상에서 사는 동안 부족하고

연약함이 있어도 믿음에서 떠나지 않는 한 예수 그리스도 안에서 하나님의 것으로 날인을 찍으시고 구원을 보장해 주신다는 의미이다.

따라서 성도는 구원의 날이 이르기까지 거짓말하는 것, 분 내는 것, 도둑질하는 것, 악한 말을 하는 것 등 성령님을 고통스럽게 하는 것을 버리고 성령님이 기뻐하시고 좋아하시는 삶, 즉 말씀 안에서 돕고 세우고 살리는 삶을 살아야 한다. 그래야 구원의 날에 성령님의 보증하심으로 하나님 나라를 유업으로 받을 수 있다.

묵상

성령님의 근심은 무엇인가?

첫째는 성도가 마음을 관리하지 못하여 불결하고 부정한 생각으로 살아가는 것을 보시고 근심하신다.

"육신을 따르는 자는 육신의 일을, 영을 따르는 자는 영의 일을 생각하나니 육신의 생각은 사망이요 영의 생각은 생명과 평안이니라 육신의 생각은 하나님과 원수가 되나니 이는 하나님의 법에 굴복하지 아니할 뿐 아니라 할 수도 없음이라"(롬 8:5~7).

둘째는 성도의 부도덕한 삶의 자리를 보고 근심하신다.

"그러므로 형제들아 우리가 빚진 자로되 육신에게 져서 육신대로 살 것이 아니니라 너희가 육신대로 살면 반드시 죽을 것이로되 영으로써 몸의 행실을 죽이면 살리니"(롬 8:12~13).

셋째는 성도가 정직을 잃어버렸을 때 근심하신다.

"베드로가 이르되 아나니아야 어찌하여 사탄이 네 마음에 가득하여 네가 성령을 속이고 땅 값 얼마를 감추었느냐 땅이 그대로 있을 때에는 네 땅이 아니며 판 후에도 네 마음대로 할 수가 없더냐 어찌하여 이 일을 네 마음에 두었느냐 사람에게 거짓말한 것이 아니요 하나님께로다"(행 5:3~4).

넷째는 성도가 성령님의 본성과 반대되는 일, 즉 생명의 원리로 돕고 세우고 살리는 일에 참여하지 않을 때 근심하신다.

"육신에 있는 자들은 하나님을 기쁘시게 할 수 없느니라 만일 너희 속에 하나님의 영이 거하시면 너희가 육신에 있지 아니하고 영에 있나니 누구든지 그리스도의 영이 없으면 그리스도의 사람이 아니라 또 그리스도께서 너희 안에 계시면 몸은 죄로 말미암아 죽은 것이나 영은 의로 말미암아 살아 있는 것이니라"(롬 8:8~10).

그러므로 성도는 구속의 날까지 인 치시고 보증하시는 성령님을 근심시키는 삶을 살아서는 안 된다. 왜냐하면 성령님을 근심시키면 구원의 은혜에 문제가 오기 때문이다. 구원받은 성도는 날마다 십자가 아래에서 구속의 날까지 삼위 하나님의 인격을 닮아 가며 성령님을 기쁘시게 하는 삶을 살기 위해 발버둥 쳐야 한다.

📋 **나는 성령님을 근심시키지 않기 위해 마음과 생각과 행동을 어떻게 관리하며 사는가?**

"나를 주 앞에서 쫓아내지 마시며 주의 성령을 내게서 거두지 마소서" (시 51:11).

31절 너희는 모든 악독과 노함과 분냄과 떠드는 것과 비방하는 것을 모든 악의와 함께 버리고

바울은 구원의 날까지 성도와 동행하시는 성령님을 근심시키지 않기 위해 버려야 할 여섯 가지에 대하여 말씀한다.

첫 번째, '모든 악독'을 버리라고 말씀한다.

* 악독: (헬)피크리아 – 지나간 것들에 대해 원한을 품고 있는 강퍅한 마음

에베소서 4장 **185**

'악독'이란, 원한을 품고 모질게 하는 말과 행동을 의미한다. 악독의 특징은 화를 내고, 신경질적이며, 차갑고, 거칠고, 잔인하고, 불쾌하며, 냉소적이고, 격앙되어 싸울 듯 독설을 내뿜는 것이다.

두 번째, '노함'을 버리라고 말씀한다.

＊ 노함: (헬)뒤모스 – 폭발

'노함'이란, 내면에서 일어나는 분노가 폭발하여 말로 끝내지 않고 행동으로 이어지는 것을 의미한다.

세 번째, '분냄'을 버리라고 말씀한다.

＊ 분냄: (헬)오르게 – 격렬한 적대감

'분냄'이란, 상대방에게 복수하고자 하는 내면의 적대감이 외적인 행위로 표현되는 것이다.

네 번째, '떠드는 것'을 버리라고 말씀한다.

＊ 떠드는 것: (헬)크라우게 – 절제가 되지 않아 화가 나서 고함을 치는 것

'떠드는 것'이란, 단순히 소리를 크게 내는 행위가 아니라 적대적인 감정을 가지고 의도적으로 상대방에게 악한 말을 퍼붓는 행위를 의미한다.

다섯 번째, '훼방하는 것'을 버리라고 말씀한다.

＊ 훼방하는 것: (헬)블라스패미아 – 다른 사람들을 모욕하고 비방하는 것

'훼방하는 것'이란, 중상 모략하여 상처를 주고, 욕설이나 조롱의 말 또는 하나님을 모독하는 말을 하는 것을 의미한다.

여섯 번째, '악의'를 버리라고 말씀한다.

* 모든 악의: (헬)파세 카키아 – 자신의 이웃에게 해를 끼치려고 하는 어떤 태도나 행동
* 버리고: (헬)아르데토 – 버려지게 하라

'모든 악의를 버리라'는 말씀은, 앞에서 언급한 다섯 가지를 포함하여 인간이 지닐 수 있는 온갖 종류의 나쁜 감정과 태도를 마음과 생각과 언어와 행동과 인격 속에서 버리라는 의미이다.

묵상

악의, 노함, 분냄, 떠드는 것, 훼방하는 것 등의 모든 악의는 언제 생기는가? 주로 마음 즉 감정에 상처를 입었을 때이다. 그러므로 구원받은 성도는 온유하고 부드럽고 지혜로운 언어를 구사해야 한다. 사람은 어떤 경우든 감정이 상하면 자신이 잘하고 잘못하고와 상관없이 반드시 돌려주고 싶은 마음이 일어나기 때문이다.

상대방을 도와줄 선한 의도나 감정을 상하게 할 목적도 없이 선의로 한 말일지라도 일단 상대의 감정이 상하게 되면 모든 선의가 사라진다는 사실을 알아야 한다.

사람은 일단 감정이 상하면, 첫째는 바른 말에도 동의하지 않으려고 한다. 둘째는 본인의 잘못을 떠나서 복수하려는 악한 마음을 품는다. 그러므로 성도는 자신의 감정에서 악의가 올라올 때는 말과 행동을 멈추고 그를 하나님께 맡기는 태도를 가져야 한다.

그리고 선의로 말할 때에도 상대방의 감정이 상하지 않도록, 먼저 상대의 장점 세 가지를 찾아 칭찬하여 마음을 열어 놓고 부드러운 언어로 그에게 도움이 될 말을 하면, 상대방의 감정을 상하지 않고 하고 싶은 말을 할 수 있게 된다.

📖 나는 악의의 감정을 어떻게 다스리며 살아가고 있는가?

"마지막으로 말하노니 너희가 다 마음을 같이하여 동정하며 형제를 사

랑하며 불쌍히 여기며 겸손하며 악을 악으로, 욕을 욕으로 갚지 말고 도리어 복을 빌라 이를 위하여 너희가 부르심을 받았으니 이는 복을 이어받게 하려 하심이라"(벧전 3:8~9).

32절 서로 친절하게 하며 불쌍히 여기며 서로 용서하기를 하나님이 그리스도 안에서 너희를 용서하심과 같이 하라

서로 친절하게 하며 불쌍히 여기며

* 불쌍히 여기며: (헬)유스플랑크노스 - 강한 내장을 가지고 있는

바울은 성도로서 마땅히 버려야 할 것을 버리고, 새 사람을 입은 성도로서 보다 적극적인 사랑의 삶을 살라고 말씀한다.

'친절하라'는 말씀은, 이웃과 교회에서 성도들을 대할 때 예의 바르고 선하게 대하고 성도의 일을 마치 자기의 일처럼 여길 정도로 섬기라는 의미이다. 또한 '불쌍히 여기라'는 말씀은, 내장 즉 마음의 중심을 다하여 자비와 이해, 사랑과 부드러움과 따뜻함으로 상대방을 배려하는 동정심을 의미한다. 그러므로 구원받은 성도는 사랑에 있어서 소극적이지 말고 적극적으로 서로를 용납하며 사랑을 실천해야 한다.

서로 용서하기를 하나님이 그리스도 안에서 너희를 용서하심과 같이 하라

* 용서하기를: (헬)카리조마이 - 은혜를 베풀다

'용서하라'는 말씀은, '은혜를 베풀라'는 의미로, 하나님께서 그리스도의 십자가 안으로 돌아온 유대인과 이방인을 용서하셔서 신인류인 '그리스도인'이 되게 하신 것처럼, 구원받은 성도들도 자신에게 빚진 자들이 회개하고 돌아올 때 '용서의 은혜'를 베풀라는 말씀이다. 하

나님의 용서가 회개의 골짜기를 따라 흐르듯, 성도도 회개하는 사람을 용서하는 삶을 살아야 한다.

묵상

'용서하라'는 말씀은 무조건 그가 잘못한 모든 것을 다 잊으라는 의미가 아니다. 나에게 잘못한 사람이 용서 즉 은혜를 구하면, 그로 인하여 받았던 상처 위에 내가 받은 십자가의 은혜를 부어 씻어 내라는 의미이다.

그러면 성도로서 회개하지 않는 사람을 어떻게 사랑할 것인가?
"모든 겸손과 온유로 하고 오래 참음으로 사랑 가운데서 서로 용납하고"(엡 4:2).

* 용납하고: (헬)아네코마이 - 있는 그대로 받아들이고 이해하는 관대함

'용납하라'는 말씀은, 이웃이 잘못하고도 회개하지 않을 때 미워하거나 복수하려고 하지 말고, 겸손과 온유와 오래 참음과 사랑으로 그의 성품과 살아온 삶의 자리를 이해하려고 애쓰며, 그의 있는 모습 그대로를 존중하고 인정해 주라는 의미이다.

"원하건대 너희는 나의 좀 어리석은 것을 용납하라 청하건대 나를 용납하라"(고후 11:1).

즉 연약한 사람은 연약한 대로, 부족한 사람은 부족한 대로, 어리석은 사람은 어리석은 대로, 깨닫지 못한 사람은 아직 깨닫지 못한 대로 그의 기질과 양육 패턴을 그대로 인정하는 것이 용납이다. 용서가 하나님의 영역이라면, 용납은 인간의 영역이 아닌가 싶다. 왜냐하면 인간은 아담과 하와 이후로 근본적으로 용서받지 못할 죄인이었기 때문이다.

📖 나는 용납의 삶을 사는가?

"오직 너희는 원수를 사랑하고 선대하며 아무것도 바라지 말고 꾸어

주라 그리하면 너희 상이 클 것이요 또 지극히 높으신 이의 아들이 되리니 그는 은혜를 모르는 자와 악한 자에게도 인자하시니라 너희 아버지의 자비로우심 같이 너희도 자비로운 자가 되라"(눅 6:35~36).

에베소서 5장

✱✱
1절 하나님을 본받는 자

1절 그러므로 사랑을 받는 자녀같이 너희는 하나님을 본받는 자가 되고

바울은 4장 17절 이후로 계속해서 그리스도의 몸인 교회의 지체인 성도들이 살아야 할 새로운 삶의 자리에 대하여 말씀했다. 이제 5장 1~14절에서 성도들의 빛된 삶에 대하여 말씀한다.

먼저 본절에서 하나님의 십자가 사랑을 받은 성도는 하나님을 본받는 삶의 자리가 있어야 한다고 말씀한다.

그러므로 사랑을 받는 자녀같이
4장 31~32절에서 이웃에 대한 긍휼과 용서에 대하여 말씀하고, 이제 예수 그리스도의 '사랑을 입은 자녀라는 신분에 걸맞게' 계속적으로 이웃을 용납하고 사랑하며 살아야 한다고 말씀한다.

너희는 하나님을 본받는 자가 되고
＊ 본받는 자: (헬)미메테스 – 모방자, 추종자

'본받는 자'란, 다른 사람의 특성을 모방하고 흉내내는 사람이다. 즉 예수 그리스를 믿고 구원받은 성도는 하나님의 영적인 속성을 그대로 모방하는 자가 되어야 한다는 의미이다. 그러므로 예수 그리스도의 십자가의 사랑을 입어 그리스도인으로 재창조된 성도는 하나님이 진리의 말씀을 따라 성령님 안에서 지속적으로 삼위 하나님의 인격을 닮아 가는 삶을 살아야 한다.

묵상

성도가 닮아가야 할 삼위 하나님의 인격이란 무엇인가? 우리가 매주 받는 축복기도가 하나님의 인격과 깊은 관련이 있다.
"주 예수 그리스도의 은혜와 하나님의 사랑과 성령의 교통하심이 너희 무리와 함께 있을지어다"(고후 13:13).
성자 예수님의 은혜, 성부 하나님의 사랑, 성령 하나님의 교통이 삼위 하나님의 인격이다. 삼위 하나님의 구원의 역사로 예수님을 믿어 하나님을 본받아 살아가는 성도는 날마다 은혜와 사랑과 교통이 흐르는 삶을 살아야 한다. 어떻게 성자의 은혜와 성부의 사랑과 성령의 교통이 흐르는 삶을 살 수 있을까? 그것은 삼위 하나님의 인격으로 충만해질 때만 가능하다.
그러면 어떻게 삼위 하나님의 인격으로 충만해질 수 있는가?
첫째는 성자의 은혜, 즉 무교절의 정신으로 죄 없는 예수님의 말씀으로 충만해져야 한다(말씀 정신). 둘째는 성부의 사랑, 즉 초태생의 정신으로 하나님을 으뜸으로 섬기는 예배를 통해서 충만해질 수 있다(예배- 십일조 정신). 셋째는 성령의 교통, 즉 불기둥과 구름기둥의 정신으로 성령님과 동행할 때만 충만해질 수 있다(기도 정신).
구원받은 성도는 하나님을 본받는 자가 되기 위해 삼위 하나님의 인격으로 충만해져서 의와 진리와 거룩함으로 살기 위해 발버둥 쳐야 한다.

📖 나는 하나님을 본받는 자가 되기 위해 삼위 하나님의 인격으로 충만해져 가고 있는가?

"하나님을 따라 의와 진리의 거룩함으로 지으심을 받은 새 사람을 입으라"(엡 4:24).

✳✳

2절 그리스도의 사랑을 본받으라

2절 그리스도께서 너희를 사랑하신 것같이 너희도 사랑 가운데서 행하라 그는 우리를 위하여 자신을 버리사 향기로운 제물과 희생제물로 하나님께 드리셨느니라

바울은 1절에서 말씀한, 하나님을 본받아 살아가는 성도가 실천해야 할 구체적인 방법의 첫 번째로, 예수 그리스도처럼 사랑하는 삶에 대하여 말씀한다.

그리스도께서 너희를 사랑하신 것같이 너희도 사랑 가운데서 행하라
하나님의 사랑은 인간에게 일방적인 헌신과 행위를 강요하지 않는 사랑이다. 하나님의 사랑은 먼저 찾아오셔서 희생하는 사랑이다. 그러므로 성도는 예수 그리스도의 성육신과 십자가와 부활과 승천의 사랑을 입은 존재라는 사실을 알아야 한다.

"우리가 아직 죄인 되었을 때에 그리스도께서 우리를 위하여 죽으심으로 하나님께서 우리에 대한 자기의 사랑을 확증하셨느니라"(롬 5:8).

참 인격과 사랑의 근원이신 예수님을 믿는 성도는 받은 사랑을 실

에베소서 5장 193

천하며 살아야 한다.

그는 우리를 위하여 자신을 버리사 향기로운 제물과 희생제물로 하나
님께 드리셨느니라

'향기로운 제물과 희생제물로 하나님께 드리셨다'는 말씀은, 구약 시대에 성전에서 인간을 대신하여 죽임을 당했던 희생 제물들처럼 예수님께서 당신의 몸을 모든 인류를 위한 제물로 드리셨다는 의미이다.

따라서 성도는 구약 시대 이스라엘 백성들처럼 형식에만 치우쳐 제물을 드렸던 신앙의 모습에서 벗어나야 한다. 그리고 예수님처럼 사랑과 겸손함으로 완전한 예배자의 삶과 향기로운 삶의 자리를 가진 성도로 성숙해져 가며 하나님의 영광을 위해 살아야 한다.

묵상

우리는 예수님의 사랑을 안다. 예수님이 나를 얼마나 사랑하시는지도 안다. 그리고 그 사랑으로 이웃을, 심지어는 원수까지 사랑해야 한다는 사실도 안다. 그런데 막상 삶의 자리에서 예수님의 사랑을 실천하고자 하면 너무 어렵다. 나도 모르게 마음 깊은 곳에서 화가 나고, 소리를 지르기도 하고, 차마 입에 담아서는 안 될 언어를 사용하기도 한다. 그럴 때마다 우리는 괴로워하고 어찌할 수 없는 연약한 모습에 절망하기도 한다. 그것이 우리다. 우리는 예수님처럼 사랑할 수 없는 존재이다. 이처럼 나는 사랑하고 용서할 수 없는 존재지만, 그럼에도 사랑해야 할 사람을 볼 때마다 예수님이 나를 위해 십자가에서 수치와 고난을 당하시며 향기로운 제물이 되셨음을 기억하면서, 그 사랑을 본받아 살고자 발버둥 쳐야 한다.

📖 **나는 예수님의 사랑을 본받아 살기 위해 발버둥 치는 삶을 사는가?**
"새 계명을 너희에게 주노니 서로 사랑하라 내가 너희를 사랑한 것 같이 너희도 서로 사랑하라"(요 13:34).

✳✳
3~7절 어둠에 속한 일을 버리라

■ 3~4절 버려야 할 언행심사

3절 음행과 온갖 더러운 것과 탐욕은 너희 중에서 그 이름조차도 부르지 말라 이는 성도에게 마땅한 바니라

바울은 3~7절에서 하나님을 본받아 그리스도의 사랑 가운데서 살아가는 성도가 실천해야 할 구체적인 방법 두 번째로, 성도가 '버려야 할 어둠의 일 세 가지'를 말씀한다. 먼저 본절에서 성도가 버려야 할 '행위'에 대하여 말씀한다.

음행과 온갖 더러운 것과 탐욕은 너희 중에서 그 이름조차도 부르지 말라
구원받은 성도가 이름조차도 부르지 말아야 할 첫째는 '음행'이다.
＊ 음행: (헬)포르네이아 - (영)포르노그라피의 어원, 성을 상품화하는 것
음행이란, 부도덕한 성행위로 정상적인 부부 관계를 떠나서 이루어지는 모든 성관계를 의미한다. 구원받은 성도는 성범죄를 저질러서도 안 되며 용납해서도 안 된다.
둘째는 '온갖 더러운 것'이다.
＊ 온갖 더러운 것: (헬)아카다르시아 파사 - 썩은 시체, 잘못된 종교적 신념, 부정한 생각과 정욕

'온갖 더러운 것'이란, 예수님께서 마태복음 23장 27절에서 썩은 시체로 비유하셨던 단어로, 성적인 방종과 부정한 생각과 정욕을 포함하여 이단이나 잘못된 종교적·정치적 신념에 빠진 것까지도 포함한다. 그러므로 성도는 영적·도덕적·육체적 부정함과 생명을 공격하고 해롭게 하는 마음과 행위를 버려야 한다. 그리고 하나님의 선하시고 기뻐하시고 온전하신 뜻을 진리의 말씀 안에서 바로 알아 생명 즉 돕고 세우고 살리는 삶을 살아야 한다.

셋째는 '탐욕'이다.

* 탐욕: (헬)플레오넥시아 - 욕심

'탐욕'이란, 자신에게 주어진 것 이상으로 소유하고 누리려는 마음으로, 제어되지 않고 불타오르는 과도한 성적 욕구와 비정상적인 성생활을 비롯한 물욕과 명예욕 등을 의미한다.

이는 성도에게 마땅한 바니라

이 세 단어의 공통점은, 예수 그리스도의 십자가 사랑을 받은 성도는 성적으로 순결해야 한다는 것이다. 바울은 구원받은 성도들이 삶의 자리에서 절대 이러한 성적인 죄악을 행해서는 안 된다고 강력하게 말씀한다. 그런 자들은 속히 '슈브', 회개하고 모든 것을 끊고 전심으로 하나님께로 돌아와야 한다.

"이제 너희 조상들의 하나님 앞에서 죄를 자복하고 그의 뜻대로 행하여 그 지방 사람들과 이방 여인을 끊어 버리라"(스 10:11).

묵상

바울 시대에는 미의 여신 '아프로디테'의 신전을 중심으로 성창이 번성하여 성도들마저도 죄에 민감하지 못하여 성적 타락이 일상화되어 있었다. 오늘날도 마찬가지다. 다른 범죄에 비하여 한 사람의 인생과 하나님이 세우신 최초의 교회인 가정을 뒤흔드는 성범죄에 대하여 너무나도 관대하다. 심지어 교회에서조차 빈번하게 일어나는 성범죄는 하나님의 마음을 아프게 한다. 더욱 하나님이 아프신 것은 성범죄에 대하여 민감하지 못한 성도들이다. '사람이니까 실수할 수 있지'라고 옹호하며 관대한 성도들의 모습에 하나님이 아파하신다.

하나님께서는 그리스도의 십자가의 사랑을 받은 성도가 음행, 온갖 더러운 것, 탐욕, 이 세 가지는 절대적으로 버려야 하며 이름조차 부르지 말아야 한다고 말씀하셨다. 그러므로 구원받은 성도는 영적, 도덕적, 성적으로 순결한 삶을 통하여 하나님을 영화롭게 하고 하나님의 은혜(favor)를 받을 만한 삶을 살아야 한다.

성도가 성적인 범죄에 빠지지 않는 길은 오직 하나님의 진리의 말씀과 성령님 안에서 기도의 삶을 사는 것이다. 말씀과 기도로 충만한 삶이 성도의 마음과 생각을 지킨다.

📖 **나는 밀려오는 성적 유혹을 물리치기 위해 말씀과 기도로 충만해져 가고 있는가?**

"나는 너희에게 이르노니 음욕을 품고 여자를 보는 자마다 마음에 이미 간음하였느니라"(마 5:28).

4절 누추함과 어리석은 말이나 희롱의 말이 마땅치 아니하니 오히려 감사하는 말을 하라

3절에서 성도가 '버려야 할 행위', 특히 '성적 범죄'에 대하여 말씀한 바울은 본절에서 그리스도의 사랑을 받은 성도가 '하지 말아야 할 세 가지 언어'에 대하여 말씀한다.

누추함과 어리석은 말이나 희롱의 말이 마땅치 아니하니

첫째는 '누추한 말'이다.

* 누추한 말: (헬)아이스크로테스 – 파렴치하고 도덕적으로 사람을 부끄럽게 만드는 말

'누추한 말'이란, 입에 올리기도 부끄럽고 속되며 더러운 말을 의미한다. 구원받은 성도는 누추한 말을 입에도 올리지 말아야 한다.

둘째는 '어리석은 말'이다.

* 어리석은 말: (헬)모롤로기아 – 낮은 지능을 가진 사람이 하는 어리석은 말

'어리석은 말'이란, 낮은 지능을 가진 사람들이 상대에 대해 배려하지 않고 자신의 감정과 생각을 있는 그대로 하는 말을 의미한다. 성숙한 성도는 상대방의 마음을 배려하는 언어를 사용해야 한다.

셋째는 '희롱의 말'이다.

* 희롱의 말: (헬)유트라펠리아 – 경박스런 말, 무례한 말, 상스러운 농담, 독설

'희롱의 말'이란, 성적으로 상스러운 농담이나 다른 사람의 흠에 대하여 흉보는 말과, 무례한 말과 독설을 퍼붓는 말을 의미한다. 경건한 성도는 이런 희롱의 말을 하지 말아야 한다. 왜냐하면 참된 경건은 말에서부터 흘러나오기 때문이다.

오히려 감사하는 말을 하라

구원받은 성도로서 성도들의 약점에 집중하지 말고 서로 감사의 조건을 찾아 감사의 언어생활을 하기 위해 힘써야 한다.

묵상

그 사람의 언어를 들어 보면 그의 마음과 생각을 알 수 있다. 입만 열면 비판하고, 비난하고, 부정적인 말을 하고, 불평하는 사람의 언어에는 하나님의 생명이 없다. 그래서 그런 사람의 옆에 있으면 불편하고 마음이 괴롭다. 그러나 감사의 말을 하는 사람과는 늘 함께하고 싶고,

그 사람과의 대화는 언제나 행복하다.

구원받은 성도로서 생명의 언어를 사용하라. 생명의 언어를 쓰는 그가 성령님의 사람이다.

"살리는 것은 영이니 육은 무익하니라 내가 너희에게 이른 말은 영이요 생명이라"(요 6:63).

성령님의 사람은 언어부터 다르다. 성령님 안에서 사는 사람의 언어는 '살리는 언어'다.

간혹 상스러운 유머로 사람들을 즐겁게 하려는 사람들이 있다. 그러나 구원받은 성도는 삶의 자리에서 건강한 유머를 사용해야 하되, 유머보다는 감사의 언어를 더 많이 사용함으로 하나님의 사랑을 나타내야 한다.

그러므로 하나님의 사랑을 받은 성도는 비비부불(비판, 비난, 부정적인 말, 불평)은 피하고, 용감미인대칭(용서, 감사, 미소, 인사, 대화, 칭찬)해야 한다.

📖 **나는 구원받은 성도로서 어떤 언어를 주로 사용하고 있는가?**

"교만하고 완악한 말로 무례히 의인을 치는 거짓 입술이 말 못하는 자 되게 하소서"(시 31:18).

■ 5~7절　함께하지 말아야 할 자

5절 너희도 정녕 이것을 알거니와 음행하는 자나 더러운 자나 탐하는 자 곧 우상숭배자는 다 그리스도와 하나님의 나라에서 기업을 얻지 못하리니

바울은 5~7절에서 성도가 '함께하지 말아야 할' 세 부류의 사람에 대하여 말씀한다.

너희도 정녕 이것을 알거니와 음행하는 자나 더러운 자나 탐하는 자 곧 우상숭배자는

하나님을 본받아 그리스도의 사랑을 입은 성도는 마땅히 하나님만 섬기고 하나님 앞에서 거룩하고 성결하게 살아야 한다.

본절은 3절에서 말씀하신 '음행하는 자' 즉 성적으로 타락한 자와, '더러운 자' 즉 성적으로 부도덕한 자와, '탐하는 자' 즉 비정상적인 성적 욕망에 사로잡혀 사는 자나 명예욕과 물욕에 빠진 자는 우상숭배자라고 말씀하신다. 왜냐하면 하나님을 섬겨야 할 성도의 마음에 하나님 대신하여 '음욕'을 비롯한 '명예욕'과 '물욕'이 가득하기 때문이다.

다 그리스도와 하나님의 나라에서 기업을 얻지 못하리니

이런 자들은 이 세상에서 어떤 인생을 살았든 성도가 장차 하나님 앞에서 받을 기업 즉 그리스도의 나라에 들어갈 수 없다. 그러므로 이런 자들은 함께 하나님 나라를 세울 수 없는 자들이므로 가까이하지 말아야 한다.

묵상

우리는 다른 종교를 믿는 사람들을 우상숭배자라고 말한다. 그러나 하나님께서는 우리가 농담처럼 던지는 야한 말과 눈앞에 있는 이익을 위해 거짓과 기만으로 던지는 더러운 말과, 가진 것에 만족하지 못하고 더 갖고자 하는 탐욕을 우상숭배라고 말씀하신다. 그러므로 성도는 자신의 삶 속에서 음행과 더러운 것과 탐욕이 없는지 점검해 보아야 한다.

📖 나의 언어 속에 아직도 남아있는 음행과 더러운 것과 탐욕은 없는가?

"그러므로 땅에 있는 지체를 죽이라 곧 음란과 부정과 사욕과 악한 정욕과 탐심이니 탐심은 우상숭배니라"(골 3:5).

6절 누구든지 헛된 말로 너희를 속이지 못하게 하라 이로 말미암아 하나님의 진노가 불순종의 아들들에게 임하나니

바울은 3~5절에서 죄악, 즉 음행, 온갖 더러운 것, 탐욕, 누추한 말, 어리석은 말, 희롱의 말에 대한 궤변을 말하는 자들을 조심하라고 말씀했다. 당시 에베소 교회에는 3~5절에서 나열한 죄악을 행하여도 하나님의 뜻에서 어긋나지 않는다는 궤변을 늘어놓는 자들이 존재했던 것으로 보인다.

주석가 브루스(F.F. Bruce)는 본절을 "그런 궤변가들은 하나님을 염두에 두지 않으며, 하나님께서 3~5절에 언급된 것들을 금하는 법을 세우셨다는 사실을 외면하며, 그 법을 무시하는 자들이 보응을 받도록 하는 규범을 마련해 놓으셨다는 사실마저 외면하였다"라고 해석하였다.

누구든지 헛된 말로 너희를 속이지 못하게 하라

* 헛된 말: (헬)케노이스 로고이스 – 공허한 말, 쓸데없는 말

'헛된 말'이란, 진리와 상관없거나 진리에서 거리가 멀고 심지어는 진리를 대적하는 공허하고 쓸데없는 말을 의미한다. 사탄이 헛된 말로 에덴동산에서 인간을 타락하게 한 것처럼, 늘 교회 주변에는 헛된 속임의 말, 즉 음행, 온갖 더러운 것, 탐욕, 누추한 말, 어리석은 말, 희롱의 말로 성도들을 유혹하려는 자들이 넘쳐난다.

그러므로 성도는 인간적이고 세속적인 가르침과 세상의 초등학문에서 나오는 음란한 농담이나 문화나 인본주의에 입각한 거짓 가르

침을 경계해야 한다.

"누가 철학과 헛된 속임수로 너희를 사로잡을까 주의하라 이것은 사람의 전통과 세상의 초등학문을 따름이요 그리스도를 따름이 아니니라"(골 2:8).

이로 말미암아 하나님의 진노가 불순종의 아들들에게 임하나니
하나님의 진리를 떠나 음행, 온갖 더러운 것, 탐욕, 누추한 말, 어리석은 말, 희롱의 말의 죄에 빠진 자들은 불순종의 아들들이며 그들에게는 하나님의 진노가 임한다.

묵상

교회 안에는 세상에서 어떻게 살든 교회만 잘 다니면 천국에 들어갈 수 있다고 생각하는 사람들이 많다. 그들은 삶의 자리에서 함부로 말하고 행동하며 하나님의 영광을 가리면서도, 교회에 와서는 열심히 봉사하고 기도하고 헌금도 하며 직분을 받아 성도의 흉내를 내며 살아간다. 그러나 그러한 생각은 큰 착각이다. 사실 천국은 아무나 들어갈 수 있는 곳이 아니다.

예수님께서는 요한복음 3장 3절에서 하나님 나라는 '물과 성령으로 거듭나지 않으면 들어갈 수 없다'라고 말씀하셨다. '물'은 세례 즉 자기 부인의 삶을 말씀하고, '성령'은 성령님 안에서 말씀과 기도로 충만한 삶을 의미한다.

한마디로 성도가 천국에 들어가기 위해서는 예수 그리스도를 믿고, 성령님과 동행하며 말씀과 기도로 충만하여, 자기의 기준과 가치와 사상과 원칙과 철학으로 살지 않고, 오직 성령님 안에서 살고자 발버둥 쳐야 한다. 그럴 때, 하나님 나라를 유업으로 물려받을 수 있다. 그러므로 성도는 하나님의 말씀의 뜻을 분명히 알고, 인간의 연약함 때문에 그렇게 살 수 없다 해도, 그분의 뜻대로 살기 위해 발버둥 치는 삶을 살아야 한다.

📖 최근에 속아 넘어갔던 헛된 말과 속임수는 무엇이었는가?

"나더러 주여 주여 하는 자마다 다 천국에 들어갈 것이 아니요 다만 하늘에 계신 내 아버지의 뜻대로 행하는 자라야 들어가리라"(마 7:21).

7절 그러므로 그들과 함께하는 자가 되지 말라

바울은 성적인 범죄를 강력하게 경고한다. 성도는 자신의 성적 타락을 용납하지 말아야 하며, 회개하지 않는 자들과 가까이하지도 말아야 한다. 왜냐하면 그런 죄를 짓는 자들에게는 하나님의 진노가 임하기 때문이다. 그러므로 하나님께서는 성적인 범죄자들과 가까이하지 말라고 경고하실 정도로 성적 범죄를 싫어하신다는 사실을 알아야 한다.

묵상

오늘날 그리스도인들의 특징 중에 하나는 구분이 잘 안 된다는 것이다. 교회와 세상, 성도와 믿지 않는 사람을 구분할 수 있는 기준을 찾기가 매우 힘들다. 사회생활 하는 자세, 죄를 대하는 자세, 돈을 대하는 자세, 말과 행동하는 모습 등을 볼 때, 분간이 안 된다. 특히 언론에 비치는 정치인들이나 공직자들의 프로필에서 기독교인이었다는 사실을 발견할 때 "저 사람도 기독교인이었어?"라고 놀라는 일이 종종 있다. 그뿐인가? 각종 세금 비리나 환경오염 등으로 감옥에 가는 기업인, 자살한 연예인, 비양심적인 상인, 회사 기술을 빼돌려 팔거나 자기 회사를 차리는 직장인 등과 같은 사람들이 기독교인이라는 사실을 알게 되면 부끄러움에 낯을 들 수가 없을 때가 많다. 노아의 홍수 때 모두 멸망한 셋의 후손들과 같이, 경건의 모양은 있으나 경건의 능력을 상실한 이 시대의 교회와 교인들을 바라보시는 하나님의 마음이 아프시다. 그러므로 구원받은 성도는, 세상과 구별된 정결한 마음과 생각과 언어와 행동과 인격을 가져야 한다. 그리고 정결한 삶으로, 빛의 자녀로, 하나님 나라와 구속사를 위해 진리 안에서 살기를 소원하는 삶으로 세상 사람들과 다르게 살아 자신의 정체성을 세상에 드러내어 빛과 소금의 삶을 살아야 한다.

📖 **나의 삶을 돌아보며 최근에 하나님 앞에서 잘한 일을 찾아보고 은혜(favor)를 구하자.**

"이같이 너희 빛이 사람 앞에 비치게 하여 그들로 너희 착한 행실을 보고 하늘에 계신 너희 아버지께 영광을 돌리게 하라"(마 5:16).

✳✳

8~9절 빛의 열매를 맺으라

8절 너희가 전에는 어둠이더니 이제는 주 안에서 빛이라 빛의 자녀들처럼 행하라

바울은 하나님을 본받는 자가 살아야 할 구체적인 방법으로, 첫 번째, "그리스도의 사랑 안에서 행하라"(2절)고 말씀하고, 두 번째, "부정적인 측면에서 어둠에 속한 일을 벗어 버리라"(3~7절)고 말씀하였다. 그리고 세 번째, 본절에서 9절까지 긍정적인 삶을 구체적으로 말씀한다.

너희가 전에는 어둠이더니

먼저 성도가 구원받기 이전의 신분에 대하여 말씀한다.

"그는 허물과 죄로 죽었던 너희를 살리셨도다 그때에 너희는 그 가운데서 행하여 이 세상 풍조를 따르고 공중의 권세 잡은 자를 따랐으니 곧 지금 불순종의 아들들 가운데서 역사하는 영이라"(엡 2:1~2).

성도가 예수님을 영접하기 이전에는 어둠 즉 죄악 가운데 거하며 3~5절에서 말씀하신 음행, 온갖 더러운 것, 탐욕, 누추한 말, 어리석은 말, 희롱의 말을 하며 살았다.

이제는 주 안에서 빛이라 빛의 자녀들처럼 행하라

* 빛: (헬)포스 – 어두움에 반대되는 빛, 비진리에 대한 진리, 악에 대한 선

'이제는' 즉 예수 그리스도를 주와 구주로 영접한 이후로는 어둠이 아닌 빛의 능력의 삶을, 비진리가 아닌 진리로 능력 있는 삶을, 악이 아닌 선의 능력의 삶을 사는 자녀가 되었다. 그러므로 구원받은 성도는 성령님 안에서 빛의 능력을 힘입어 계속해서 빛의 자녀로서의 합당한 삶을 살아가야 한다.

묵상

요즘 우리는 '사회가 교회를 걱정하는 시대'를 살아가고 있다. 경건의 능력을 잃어버린 교회들은 성도 숫자와 건물 평수와 예산의 많고 적음으로 교회의 성공을 말한다. 하지만 끊임없이 터져 나오는 성적인 문제, 헌금 유용의 문제, 정치화의 문제, 각종 법정 다툼의 문제는 성령님께 고통을 드리고 있다.

일부이기는 하지만, 가장 정결하고 거룩해야 할 교회, 세상에서 빛과 소금이 되어야 할 목사와 성도들이 복음의 본질을 잃어버리고, 마귀가 뿌려 놓은 맘몬과 세속적인 번영에 눈이 멀어 복음을 자신의 이익의

재료로 이용하고 있다. 그리고 정치화하여 성도들을 선동하여, 사회가 교회를 걱정해야 하는 기가 막힌 상황에까지 이르렀다.

어쩌다가 교회가 이 지경까지 오게 되었을까? 오늘 한국 교회 안에는 노아의 시대처럼 노아 같은 성도는 찾아보기 힘들고 셋의 후손과 같이 '경건의 모양은 있으나 능력을 잃어버린 교인들'만 득실거리기 때문일 것이다.

'성도'는 오직 죄 없으신 예수 그리스도의 말씀을 믿고, 말씀을 자신의 인생의 최고의 가치로 존중하며, 그렇게 못 살아도 말씀대로 살기 위해 발버둥 치는 삶의 자리를 가지고 살아간다.

반면 '교인' 즉 '교회만 다니는 사람'은, 성도들처럼 성경도 보고, 헌금 생활도 하고, 직분을 받아서 봉사도 하고 심지어는 성경을 가르치며 경건의 모양을 그럴듯하게 갖추고 살아간다. 하지만, 문제는 말씀에 대한 존중함이나 그렇게 살기 위한 발버둥 침이 없다는 것이다. 말은 그럴듯하게 하지만 삶의 자리에서 광야를 만나면 자신의 감정과 이해관계와 경험과 지식을 앞세우며 자기 소견에 옳은 대로 살아간다. 그리고 그들에게 "하나님 말씀대로 삽시다"라고 하면, 불편한 마음과 얼굴로 "인간이 어떻게 하나님 말씀대로 사느냐. 그건 불가능하다"라고 말하며, 믿음과 삶을 분리하며 살고자 한다. 그래서 그런 교인들의 삶의 자리에서는 말씀의 가치와 기준과 원칙을 찾아보기가 매우 힘들다.

📖 나의 신앙은 성도의 삶의 자리인가? 교인의 삶의 자리인가?

"경건의 모양은 있으나 경건의 능력은 부인하니 이같은 자들에게서 네가 돌아서라"(딤후 3:5).

9절 빛의 열매는 모든 착함과 의로움과 진실함에 있느니라 바울은 하나님을 본받아 살고자 발버둥 치는 빛의 자녀가 맺어야 할 열매에 대하여 구체적으로 말씀한다.

성도가 맺어야 할 빛의 열매 첫 번째는 '착함'이다.

✽ 착함, 양선: (헬)아가도쉬네 – 선

"오직 성령의 열매는 사랑과 희락과 화평과 오래 참음과 자비와 양선과 충성과"(갈 5:22).

'착함' 혹은 '양선'이란, 다른 사람에게 기꺼이 봉사하고자 하는 선한 마음을 의미한다. 신약성경에는 '선' 즉 '아가도쉬네'라는 단어가 모두 4회 등장한다(롬 15:14; 갈 5:22; 엡 5:9; 살후 1:11). 즉 구원받은 성도는 하나님의 선하심을 닮아 세상과 교회에서 선함으로 살아야 한다고 말씀한다.

성도가 맺어야 할 빛의 열매 두 번째 열매는 '의로움'이다.

✽ 의로움: (헬)디카이오쉬네 – 하나님께서 택한 자를 당신과 바른 관계로 회복시켜 주시는 상태

"곧 이때에 자기의 의로우심을 나타내사 자기도 의로우시며 또한 예수 믿는 자를 의롭다 하려 하심이라"(롬 3:26).

'의로움'이란, 하나님께서 주관적으로 택하심을 받는 자가 하나님과 바른 관계로 회복되는 것을 의미한다. 왜냐하면 인간은 아담이 에덴동산에서 선악과의 언약을 깬 이후로 의로움을 상실하여 하나님과 관계가 깨져 버렸기 때문이다. 그래서 인간은 아무리 스스로 의를 행해도 결단코 완전해질 수 없는 존재가 되어 버렸다.

인간이 의로워질 수 있는 길은 오직 죄 없으신 예수님이 모든 인류를 위해 희생제물이 되어 주신 십자가의 보혈을 믿는 것이다. 오직 하나님께로부터 오신 예수님의 십자가의 은혜를 믿을 때만, 인간이

칭의 즉 의롭다고 인정받을 수 있다.

성도가 맺어야 할 빛의 열매 세 번째는 '진실함'이다.
* 진실함, 진리: (헬)알레데이아 – 진리

"말씀이 육신이 되어 우리 가운데 거하시매 우리가 그의 영광을 보니 아버지의 독생자의 영광이요 은혜와 진리가 충만하더라"(요 1:14).

'진실함'이란, 헬라어로 '알레데이아'이며 진리, 즉 하나님의 말씀을 의미한다.

요한복음에서 '예수님의 영광을 보니 은혜와 진리로 충만하였다'라는 말씀은, 은혜로 오신 예수 그리스도를 믿어 구원받아 세례를 통하여 예수님과 연합되어 날마다 성화의 삶을 살아가는 성도는 예수님의 진리의 말씀으로 충만하게 살아가야 한다는 의미이다.

그러므로 예수 그리스도를 믿는 성도는 하나님의 진리의 말씀을 삶의 최고의 가치로 존중하고, 거짓과 기만이 없이 솔직하고 정직하며 순수한 성품으로 하나님과 교회를 섬기고, 성도와 이웃을 섬겨야 한다.

묵상

열매를 보면 어떤 나무인지 쉽게 알 수 있지만, 열매가 없는 나무라면 구분하기 힘들다.

요즘은 세상 속에서 누가 그리스도인인지 아닌지 구분하기가 참으로 힘들다. 사람들의 말을 들어 보거나 서로의 종교를 모르고 대화를 나누다 보면, 그가 그리스도인지 아닌지 구분이 안 되고, 그리스도인에게서 발견되는 특유의 언어나 행동을 찾아보기 힘들다.

왜일까? 사람의 마음과 생각과 언어와 행동에는 자신이 중요하게 여기는 가치관이 담겨 있어 자신도 모르게 흘러나오게 마련이다. 그런데 오늘날 교회에 다니는 교인들은 많지만 하나님의 말씀의 정신으로 살고자 발버둥 치는 성도들이 많지 않고, 마귀가 뿌려 놓은 맘몬과 세속적인 번영신학을 하나님의 뜻으로 잘못 알고 살아가는 교인들도 많기 때문일 것이다.

그들은 세상에서는 높은 학벌과 출세와 돈을 지향하고, 교회에서는 사회적 지위를 바탕으로 장로, 권사가 되어야 복을 받은 좋은 신앙인이라고 믿고 살아간다. 이런 사람들은 눈앞에 있는 세상의 출세나 명예나 권력을 위해서라면 기꺼이 기독교인으로서의 신앙과 양심과 도덕과 의리마저도 쉽게 내던져 버릴 수 있다. 이런 삶이 어떻게 가능할까? 첫째는, 참된 진리를 모른 채 왜곡된 맘몬과 세속적인 번영신학에 입각한 오염된 진리를 알고 믿기 때문이다. 둘째는, 진리를 안다 해도 보암직하고 먹음직하고 지혜롭게 하기에 탐스러운 세상의 가치를 따라 사는 삶이 더 익숙하기 때문이다. 한마디로 복음으로 사는 삶이 훈련되어 있지 않기 때문이다.

그러므로 성도는 하나님의 심판이 임할 세속의 가치를 따르지 말고, 하나님을 본받는 자로서 선함과 의로움과 진리의 말씀을 따라 살기 위해 발버둥 침으로 '은혜 안에 은혜'를 사모하는 신앙을 가져야 한다.

> 📖 **나의 삶 속에서 무의적으로 흘러 나가는 것이 선함과 의로움과 진실함인가, 아니면 맘몬과 세속적인 번영신학인가?**

"믿음과 착한 양심을 가지라 어떤 이들은 이 양심을 버렸고 그 믿음에 관하여는 파선하였느니라"(딤전 1:19).

10~14절 어둠의 일을 밝히 드러내라

10절 주를 기쁘시게 할 것이 무엇인가 시험하여 보라

* 시험하여 보라: (헬)도키마조 – 검증하다, 시험하다, 분별하다

바울은 8~9절에서 하나님을 본받는 구체적인 삶 세 번째를 말씀하고, 10~14절에서 성도는 빛 된 능력의 삶으로 어둠의 일들을 드러내야 한다고 말씀한다.

먼저 본절에서 무엇이 하나님을 기쁘시게 하는 것인지 분명히 알아야 한다고 말씀한다.

'시험하여 보라'는 말씀은, 원래 금속을 불에 넣어 진짜인지 가짜인지 알아보는 것을 의미한다. 바울은 자녀가 부모님을 기쁘시게 하는 것이 마땅하듯이 구원받은 성도가 은혜로 보살피시는 아버지 하나님을 기쁘시게 하기 위해 발버둥 치는 삶을 사는 것은 당연하다고 말씀한다.

묵상

세상 사람들은 자신의 욕구와 욕망을 만족시키기 위해 살아간다. 그러나 빛된 성도의 삶의 기준은 하나님의 기쁨이어야 한다. 그러면 어떻게 해야 하나님을 기쁘시게 하는 삶을 살 수 있는가?

첫째는 하나님이 무엇을 원하시는지 정확하게 아는 것이 중요하다.

"그런즉 너희가 먹든지 마시든지 무엇을 하든지 다 하나님의 영광을 위하여 하라"(고전 10:31).

하나님이 가장 먼저 원하시는 것은, 하나님의 영광을 위하여 사는 삶의 자리다.

둘째는 성도의 삶 속에서 착함과 의로움과 진실함이 있어야 한다. 하나님께서는 성도가 선함과 옳음과 진리의 말씀으로 사는 삶을 기뻐하신다. 그러므로 구원받은 성도는 하나님을 기쁘시게 하는 삶을 통해 하늘의 복과 땅의 복을 받아야 하며, 주님께서 그런 삶을 원하신다.

📖 **나의 삶의 자리에 하나님이 기뻐하실 만한 것이 무엇이 있는가?**

"그러므로 형제들아 우리가 끝으로 주 예수 안에서 너희에게 구하고 권면하노니 너희가 마땅히 어떻게 행하며 하나님을 기쁘시게 할 수 있는지를 우리에게 배웠으니 곧 너희가 행하는 바라 더욱 많이 힘쓰라"(살전 4:1).

11절 너희는 열매 없는 어둠의 일에 참여하지 말고 도리어 책망하라

* 책망하라: (헬)엘랭케테 - 폭로하라, 꾸짖으라, 노출하라, 유죄를 선고하라

바울은 7절에서 '하나님을 본받는 성도는 어둠에 있는 자들과 함께 참여하지 말라'고 소극적인 측면을 말씀했다. 이제 본절에서는 적극적인 측면에서 '책망'에 대하여 말씀한다.

구원받은 성도는 어둠에 속한 일을 추구하며 사는 자들의 삶에 함께해서는 안 된다. 왜냐하면 그들의 삶의 열매로는 하나님을 기쁘시게 할 수 없고, 좋은 열매를 맺을 수도 없어 결국 하나님의 심판을 면하지 못하기 때문이다.

"좋은 열매 맺지 아니하는 나무마다 찍혀 불에 던져지리라"(눅 3:9).

그러므로 구원받은 성도는 죄를 멀리해야 하는 삶을 살아야 할 뿐만 아니라, 보다 적극적으로 죄에 빠져 있는 사람들에게 진리의 말씀을 전하여 그들의 죄 된 삶을 책망할 줄도 알아야 한다.

'책망'이란 무엇인가? 첫째는 저들이 죄인 줄 몰라 죄에 빠지지 않

도록 진리의 말씀으로 죄의 실상을 노출시키는 것이다. 둘째는 죄에서 벗어나 합당한 회개의 열매를 맺을 수 있도록 말씀으로 권면하며 적극적으로 도와주는 것이다.

> **묵상**

예수 그리스도를 믿어 구원받은 성도가 죄에 대하여 취해야 할 태도는 두 가지로 첫째로 죄를 멀리하라. 둘째로 죄 지은 자들을 책망하라 이다.

그런데 오늘날 한국교회는 죄에 대하여 책망할 힘이 없다. 왜냐하면 한국교회의 현실은 엘리야 시대처럼 하나님과 바알 즉 맘몬과 세속적인 번영 사이에서 머뭇거리고 있기 때문이다.

"엘리야가 모든 백성에게 가까이 나아가 이르되 너희가 어느 때까지 둘 사이에서 머뭇머뭇하려느냐 여호와가 만일 하나님이면 그를 따르고 바알이 만일 하나님이면 그를 따를지니라 하니 백성이 말 한마디도 대답하지 아니하는지라"(왕상 18:21).

여기저기에서 "말씀으로 돌아가자"라고 거창하게 외치지만, 정작 강단에서는 진리로 위장된 맘몬과 세속적인 번영에 관한 설교가 넘쳐나는 것이 현실이다. 이제 우리는 차지도 덥지도 않으면 입에서 토해 낼 것이라는 주님의 음성에 심각하게 귀를 기울여야 한다.

그러므로 교회는 성도들에게 말씀과 말씀의 정신을 가르쳐야 하고, 성도는 하나님의 자녀로서 자신의 위치를 확고하게 잡아야 한다. 그리고 말씀의 기준과 가치와 사상과 원칙과 철학으로 살기 위해 발버둥 치는 삶을 살아야 한다.

📖 **나의 삶은 세상의 죄를 책망할 만큼 진리를 좇아 살기 위해 발버둥 치는 삶인가?**

"내가 네 행위를 아노니 네가 차지도 아니하고 뜨겁지도 아니하도다 네가 차든지 뜨겁든지 하기를 원하노라 네가 이같이 미지근하여 뜨겁지도 아니하고 차지도 아니하니 내 입에서 너를 토하여 버리리라" (계 3:15~16).

12절 그들이 은밀히 행하는 것들은 말하기도 부끄러운 것이라

* 은밀히: (헬)크뤼페 – 고대 밀교에서 행하던 비밀한 의식과 관련된 용어로 드러나기를 꺼려 하는 행위들
* 부끄러움: (헬)아이스크론 – 명예롭지 못한, 수치스러운

바울은 11절에서, 성도는 어둠의 일에 참여하지 말고 도리어 어둠에 있는 자들을 책망해야 한다고 말씀했다. 이제 본절에서 그 이유에 대하여 말씀한다.

주석가 헨드릭슨(Hendriksen)은 본절을 "착함과 의로움과 진실함이 있는 삶에 의해서 빛 가운데 행하는 자들의 일과 어둠 가운데 행하는 자들의 일 사이에 얼마나 큰 차이가 있는가를 드러내 보여줌으로써 책망할 수 있다"라고 해석했다.

성도는 세상과 교회 안에서 하나님의 말씀에서 어긋난 것들이 진리처럼 행세하고 바르지 못하고 의롭지 못한 비윤리적인 것들이 행해질 때, 적극적으로 동조하거나 소극적으로 침묵하고 피하는 태도를 가져서는 안 된다. 이러한 어둠의 일을 용납하지 않는 마음을 가지고 의로운 행위와 하나님의 말씀의 가치와 기준으로 살아가는 삶을 통해 그들을 책망하는 자리에까지 가야 한다.

묵상

'책망하라'는 말씀은 비난하고 비판하고 불평하며 판단하라는 말씀

이 아니다. 예수님께서는 세리와 죄인들을 만나셨을 때 그들을 비난하지 않고 친구로 삼으셨다. 예수님께서는 그들에게 온유하고 겸손함으로 하나님 나라를 전해 주시고, 바른 삶에 대하여 알려 주심으로 그들에게 복음의 빛을 비춰 주셔서 자신들의 잘못을 깨닫고 회개하여 어둠에서 나와 빛된 삶을 살게 하셨다. 예수님은 바른 삶으로 그들을 책망하셨다.

상대방을 비난하여 반발과 적개심과 원한을 불러일으키는 것은 바른 책망이 아니다. 바른 책망이란, 하나님의 말씀대로 살고자 발버둥 치는 삶의 자리를 보여주는 것이며, 진리의 말씀을 전달해 주는 것이다.

📖 **나는 진정한 책망의 삶을 살기 위해 진리의 말씀으로 나를 채워가고 있는가?**

"지혜 있는 자는 궁창의 빛과 같이 빛날 것이요 많은 사람을 옳은 데로 돌아오게 한 자는 별과 같이 영원토록 빛나리라"(단 12:3).

13절 그러나 책망을 받는 모든 것은 빛으로 말미암아 드러나나니 드러나는 것마다 빛이니라

바울은 책망 받는 모든 것은 빛 아래에서 명백히 드러난다고 말씀한다.

그러나 책망을 받는 모든 것은 빛으로 말미암아 드러나나니
* 빛으로: (헬)휘포 투 포토스 – 빛 아래에서
* 드러나나니: (헬)파네로오 – 명백히 드러내다, 노출되다

어둠에 속한 것들이 아무리 은밀하게 행해진다 할지라도, 빛이신 그리스도의 진리의 말씀과 그 말씀대로 살고자 발버둥 치며 믿고 따

르는 성도들의 의로운 행실과 책망으로 그 실체가 분명히 드러난다.

드러나는 것마다 빛이니라

왜냐하면 어둠에 속한 것들 즉 진리의 반대인 비진리, 선의 반대인 악은, 빛이신 그리스도의 진리 안에서 모든 실체가 분명히 드러나기 때문이다.

묵상

어둠에 속한 사람들은, 거짓과 기만으로 은밀하게 행하는 악한 행위가 드러나지 않을 것이라고 생각한다. 그러나 그리스도 안에서 영원한 비밀은 없다. 우리가 이 땅에 사는 동안, 사람들 앞에서는 마음속에 있는 어둠의 일을 어떻게든 숨기고 살 수 있겠지만, 진리의 말씀 앞에서 그리고 개인의 종말의 날에 하나님의 빛 가운데서 모든 마음과 행실이 낱낱이 드러나게 된다.

그러므로 성도는 죄의 무서움을 알고, 진리의 빛 안으로 돌아와서 하나님의 심판대에 서기 전에 자신의 모든 죄를 철저하게 회개하는 삶을 살아야 한다. 그리고 세상에서 가장 위대한 것이 정직이라는 사실을 알고, 사소한 것에서 큰 일에 이르기까지 정직하게 살기 위해 발버둥 쳐야 한다.

📖 **나는 아직도 회개하지 못하고 마음의 벽장 깊은 곳에 숨기고 살아가는 죄악은 없는가?**

"여호와께서 보시기에 정직하고 선량한 일을 행하라 그리하면 네가 복을 받고 그 땅에 들어가서 여호와께서 모든 대적을 네 앞에서 쫓아내시겠다고 네 조상들에게 맹세하신 아름다운 땅을 차지하리니 여호와의 말씀과 같으니라"(신 6:18~19).

14절 그러므로 이르시기를 잠자는 자여 깨어서 죽은 자들 가운데서 일어나라 그리스도께서 너에게 비추이시리라 하셨느니라

바울은 이사야 26장 19절과 60장 1~2절의 말씀으로 그리스도의 빛이 죽은 자들 가운데 비출 때 그들이 일어날 것이라고 말씀한다.

그러므로 이르시기를 잠자는 자여 깨어서 죽은 자들 가운데서 일어나라
* 깨어서: (헬)에게이레 – 지금 당장 깨어나야 한다는 의미
* 일어나라: (헬)아니스테미 – 순간적이고 단회적으로 일어나는 것

'잠자는 자여 깨어서'라는 말씀은, 육체적인 잠이나 부활이 아닌, 영적인 죽음의 상태로부터 거듭난 것을 의미한다.

영적 거듭남은 성도가 예수 그리스도를 구주로 영접하는 순간 단회적으로 일어나는 현상으로, 과거의 삶 즉 영적 죽음의 상태에서 빛의 자녀로 태어나는 것을 의미한다.

"또 범죄와 육체의 무할례로 죽었던 너희를 하나님이 그와 함께 살리시고 우리의 모든 죄를 사하시고"(골 2:13).

그리스도께서 너에게 비추이시리라 하셨느니라
성도가 예수님을 믿음으로 거듭나는 것은, 인간의 의와 공로가 아니라 오직 예수님의 빛 즉 십자가와 부활과 승천을 통해 베푸신 구원의 능력을 받았기 때문이다.

묵상

'예수님 없는 교회, 복음의 능력을 잃어버린 교회, 본질을 잃어버린 일그러진 교회…' 현대 교회를 풍자하는 말들이다. 만약에 피자에 치즈를 넣지 않았다면, 찐빵에 팥소를 넣지 않았다면 그것들은 본연의 맛

을 낼 수 없을 것이다. 교회도 마찬가지다. 교회의 중심이 예수님이 아니라면, 교회에 십자가의 복음이 없다면, 성도들 안에서 그리스도의 인격이 없다면, 교회는 맛을 잃은 소금처럼 밖에 버려져 세상 사람들에게 밟히며 조롱거리로 전락할 것이다.

그런데 안타깝게도 오늘날 맘몬이즘과 세속적인 번영신학에 익숙해진 한국교회와 교인들은 교회의 외형이 자기 신앙의 성장과 성숙이라고 믿는 것 같다. 그들은 번성은 하나님이 주신 복이기에, 교회가 커졌다는 것은 틀림없이 예수님이 계시고 성령님이 역사하셨기 때문이라고 의심 없이 믿는다.

번성이 하나님의 복인 것은 분명하지만, 하나님께서는 모든 번성이 복이라고 말씀하지 않으신다.

"내가 무엇을 가지고 여호와 앞에 나아가며 높으신 하나님께 경배할까 내가 번제물로 일 년 된 송아지를 가지고 그 앞에 나아갈까 여호와께서 천천의 숫양이나 만만의 강물 같은 기름을 기뻐하실까 내 허물을 위하여 내 맏아들을, 내 영혼의 죄로 말미암아 내 몸의 열매를 드릴까 사람아 주께서 선한 것이 무엇임을 네게 보이셨나니 여호와께서 네게 구하시는 것은 오직 정의를 행하며 인자를 사랑하며 겸손하게 네 하나님과 함께 행하는 것이 아니냐"(미 6:6~8).

하나님께서는 1년 된 송아지나 천천의 숫양이나 만만의 강물의 풍성함보다, 진리의 말씀으로 옳음을 행하고 하나님의 은혜를 받은 자로서 사람들에게 사랑을 흘려보내며, 겸손함으로 하나님 앞에서 행하여 받는 번성이 진정한 복이라고 말씀하신다. 그러므로 교회는 크고 작은 것이 복의 기준이 아니라, 오직 예수님의 말씀이 교회와 성도의 중심이 되는가가 복의 기준이라는 사실을 알아야 한다. 왜냐하면 말씀과 예배와 기도가 무너진 교회는 절대 하나님을 기쁘시게 할 수 없기 때문이다. 하나님이 기뻐하시는 교회의 성공 척도는, 그 교회 안에 미가서의 말쓸대로 말씀의 기준으로 살고자 발버둥 치는 성도가 몇 명 있는가이다. 그러므로 성도는 삶 속에서 삼위 하나님의 인격, 즉 은혜와 사랑과 교통을 흘려보내고 복음의 영향력을 흘려보내는 삶을 살아야 한다. 하나님께서는 그렇게 살기 위해 발버둥 치는 성도들이 교회 안에서 얼마나 세워져 가고 있는가를 보시고 은혜(favor)를 베푸시기를 원하신다.

📖 **나는 우리 교회의 무엇을 자랑하는가?**

"일어나라 빛을 발하라 이는 네 빛이 이르렀고 여호와의 영광이 네 위에 임하였음이니라"(사 60:1).

✱✱
15~16절 지혜로운 삶의 권면

15절 그런즉 너희가 어떻게 행할지를 자세히 주의하여 지혜 없는 자같이 하지 말고 오직 지혜 있는 자같이 하여

바울은 1~14절에서 성도의 새로운 삶의 자리에 대해 말씀하고, 이제 본절 이하에서 새로운 삶의 결론으로 빛 되신 하나님의 자녀인 성도가 빛의 열매를 맺기 위해서는 지혜롭고 성령 충만한 삶을 살아야 한다고 말씀한다.

먼저 본절에서 지혜의 삶에 대하여 말씀한다.

그런즉 너희가 어떻게 행할지를 자세히 주의하여

✱ 주의하여: (헬)블레포 - 보다, 쉼 없이 계속하여 관심을 가지고 면밀하게 살펴보다.

직역하면, '그러므로 너희가 어떻게 행할지를 자세히 살펴보라'이

다. 즉 성도는 자신에게 주어진 삶을 아무렇게나 살아서는 안 되며, 절대 어둠에 속한 것을 따라 살아서도 안 된다. 빛이신 주님을 따르는 성도는 어떻게 하면 빛의 열매를 맺으며 살 수 있는지 주의 깊게 살피면서 살아야 한다.

지혜 없는 자같이 하지 말고 오직 지혜 있는 자같이 하여
8~14절에서 '어둠과 빛'의 대조를 통해 말씀한 바울은, 본절에 와서 '지혜 있는 자와 지혜 없는 자'를 대조하여 성도의 삶의 자리를 말씀한다. '지혜 없는 자'란 자신이 추구하는 최고의 선을 하나님을 떠난 세상에서 찾는 자이다. 반면 '지혜 있는 자'란 세상 사람들이 알지 못하는 지혜의 비밀이 하나님께 있음을 아는 자이다.
"여호와를 경외하는 것이 지식의 근본이거늘 미련한 자는 지혜와 훈계를 멸시하느니라"(잠 1:7).
그러므로 지혜로운 성도는, 하나님을 경외하지 않는다면 결코 지혜로워질 수 없음을 깨닫고 그리스도 안에서 지혜와 지식의 모든 보화를 누림으로 하늘의 복과 땅의 복을 받은 자이다.
"그 안에는 지혜와 지식의 모든 보화가 감추어져 있느니라"(골 2:3).

묵상
지혜와 지식의 차이점은 무엇인가?
일반적으로는 지혜는 특성 또는 속성이고, 지식은 아는 상태라고 말한다. 일반적으로 사실과 정보를 통해 지식을 얻어, 그 지식을 모든 사람의 이익을 위해 적용하는 능력을 지혜라고 한다.
그러나 성경은 지혜에 대하여 전혀 다르게 말씀한다. '참된 지혜'란 '하나님을 경외하는 것이라'고 말씀한다. 궁극적으로 아무리 세상의 지식을 많이 알아 사람들을 유익하게 한다 할지라도, 하나님을 경외하지 않고 그리스도의 인격을 닮아 살고자 발버둥 침이 없다면 참된 지혜라고 말할 수 없다.

그러므로 성도는 우리의 육체를 유익하게 하고 영혼을 영원한 하나님 나라로 이끄는 지혜 중의 지혜를 깨달아야 한다. 또한 세상에서 가장 위대하고 참된 지혜를 가지고 사는 사람은 하나님을 경외하는 성도라는 사실을 알아야 한다.

성도는 참된 지혜를 가진 자이기에 세상의 학벌과 명예와 권력 앞에서 지혜 없는 자라는 생각을 버려야 한다. 지혜로운 자답게 하나님의 말씀과 예배와 기도로 거룩한 삶을 살아야 하며 더 나아가 세상의 지혜 없는 자들의 삶을 책망하는 구별된 삶을 살아야 한다.

📖 **나는 하나님을 경외하는 지혜자로서의 자부심을 가지고 세상 앞에서 당당하게 살아가고 있는가?**

"오직 부르심을 받은 자들에게는 유대인이나 헬라인이나 그리스도는 하나님의 능력이요 하나님의 지혜니라"(고전 1:24).

16절 세월을 아끼라 때가 악하니라

바울은 지혜롭게 사는 성도는 악한 세상 속에서 하나님이 주신 시간을 아껴야 한다고 말씀한다.

헬라인에게는 두 가지 시간 개념이 있다.
- (헬)크로노스: 시, 분, 초로서 연대기적으로 흘러가는 시간
- (헬)카이로스: 한정적이거나 고정된 어느 일정한 시기

세월을 아끼라
 * 아끼라: (헬)엑사고라조 – 사들이다, 속량하다, 구출하다

세월이란, '카이로스'로, 하나님의 계획 속에 작정되어 주어진 특정한 시간을 의미한다. 그러므로 '세월을 아끼라'는 말씀은 일반적인 시간이 아니라, 하나님이 주신 특별한 시간 즉 하나님이 성도에게 주신 '기회들을 사서 속량하라'는 의미이다. 성도는 하나님이 주신 기회 혹은 시간을 허송하지 말고 자기의 것으로 잘 활용해야 한다.

때가 악하니라

✽ 때: (헬)헤메라 – 날들, 시대

'시대가 악하다'는 말씀은 하나님의 심판이 가까워졌음을 의미한다. "먼저 이것을 알지니 말세에 조롱하는 자들이 와서 자기의 정욕을 따라 행하며 조롱하여"(벧후 3:3).

하나님의 심판이 가까워졌다는 것은 선을 행할 시간이 얼마 남지 않았다는 말이기에, 지혜로운 성도는 더욱 때를 아껴 빛의 자녀답게 선한 일에 힘쓰며 살아야 한다.

묵상

사람들은 '인생을 산다'라고 말한다. 그러나 엄밀하게 말하면 '인생은 죽어가는 것이다'라고 말할 수 있다. 세상에는 흘러가는 시간(크로노스)을 사는 사람과 의미 있는 시간(카이로스)를 사는 사람이 있다. '크로노스'의 시간을 사는 사람들은 돈, 명예, 권력, 옷, 자동차, 명품 등에 의미를 두고 살아간다. 이런 것들을 위해 자신의 모든 시간을 쏟아부으며 그 속에서 삶의 의미를 찾으려 한다. 이런 사람을 '자연인'이라고 부른다. 그러나 '카이로스'를 사는 그리스도인의 관심은 '하나님 나라', '구속사', '예수님을 닮은 희생', '사랑', '인격', '마음'과 같은 가치이며, 이런 가치를 가지고 삶의 의미를 찾아 하늘의 상급을 바라보며 세월을 살아간다.

그러므로 구원받은 성도는 덧없는 것에 마음을 두지 말고, 이 땅의 영광과는 비교할 수 없는 하늘의 영광을 사모하며 하나님 앞에서 인정받을 만한 삶, 즉 세월을 아끼는 삶을 살아야 한다.

📖 **나의 하루 중에서 의미 있는 것을 위해 사는 시간(카이로스)은 얼마인가?**
"우리에게 우리 날 계수함을 가르치사 지혜로운 마음을 얻게 하소서" (시 90:12).

✶✶
17~20절 지혜로운 구체적인 삶

17절 그러므로 어리석은 자가 되지 말고 오직 주의 뜻이 무엇인가 이해하라

바울은 17~20절에서 악한 시대를 살아가는 성도들이 세월을 아끼며 지혜롭게 살아야 할 구체적인 삶의 모습에 대하여 말씀한다.

그러므로 어리석은 자가 되지 말고
* 어리석은: (헬)아프론 – 생각이나 행동을 제어하지 못하는 것

'어리석다'라는 말씀은 생각이나 행동을 적절하게 제어하지 못하는 것을 의미한다. 그러므로 성도는 어리석은 생각이나 행동을 하지 않기 위해서 지속적으로 말씀과 성령님으로 충만한 삶을 살아야 한다.

"오직 주의 뜻이 무엇인가 이해하라"
* 뜻: (헬)델레마 – 소원, 강한 욕구

* 이해하라: (헬)쉬니에미 – 어떤 대상과 마음을 합하여 그 본질을 깨달아 아는 것

악한 시대 가운데서 예수 그리스도를 믿어 구원받은 성도는, 하나님의 뜻, 즉 하나님이 열망하시는 소원이 무엇인지 그 본질까지 분명히 깨달아 알아야 한다. 그러므로 성도는 하나님의 뜻을 깨닫기 위해 성령님의 도우심과 더불어 계속적인 자신의 노력 즉 말씀과 예배와 기도로 살기 위한 삶의 자리가 있어야 한다.

묵상

'어리석은 자'란 누구를 말하는가?
먼저 사전적으로는 '슬기롭지 못하고 둔한 자'를 일컫는다. 하지만 성경에서는 '알지 못하는 자요 깨닫지 못하는 자'를 의미한다. 즉 진리의 말씀을 몰라서 하나님의 뜻을 정확하게 알지도 못하고 깨닫지 못하여, 자신의 가치와 기준으로 사는 자를 의미한다.
이렇듯 말씀의 본질을 정확하게 모르는 어리석은 자는 언제나 자신의 경험을 먼저 의지하고, 자신의 짧은 지식으로만 이해하려 한다. 하나님의 진리의 말씀이 없는 어리석은 자는 자신의 마음과 생각을 믿고, 자신의 행동을 제어하지 못하고 욕망을 따라 살다가 결국 하나님의 심판대에서 영원한 형벌을 받게 된다.
그러므로 구원받은 성도는 진리의 말씀을 몰라 어리석은 자로 살아서는 안 된다. 날마다 죄 없으신 예수 그리스도의 말씀을 읽고, 듣고, 공부하여 바른 지식과 이해와 영적 통찰력을 가져야 한다.

📖 나는 어리석은 자의 삶을 이해하고, 그렇게 살지 않기 위해 말씀을 읽고 듣고 공부하는 시간을 갖고 살아가는가?

"어리석은 자는 어리석음으로 기업을 삼아도 슬기로운 자는 지식으로 면류관을 삼느니라"(잠 14:18).

18절 술 취하지 말라 이는 방탕한 것이니 오직 성령으로 충만함을 받으라

바울은 성령님으로 거듭난 성도들이 하나님의 뜻 안에서 경계해야 할 것 중에 하나가 바로 술 취함이라고 말씀한다.

술 취하지 말라 이는 방탕한 것이니

* 방탕: (헬)아소티아 - 저축하지 않은, 낭비, 구원받을 수 없는 사람, 올바로 교정할 수 없음

직역하면, '술 취하지 말라. 거기에 방탕함이 있다'이다. 술에 취하면 건전하고 바른 이성에서 벗어나 무절제하고 혼미한 태도로 삶을 살아가게 되므로 낭비하는 삶에서 벗어날 수 없게 된다.

첫째, 술은 사람의 뇌의 평형감각을 주관하는 중추신경을 마비시켜 정신을 혼미하게 하여 판단력이 흐려지게 만든다.

둘째, 사람이 일단 술에 취하면 눈에 이상한 것이 보이고, 마음이 망령되며, 몸은 마치 일렁거리는 바다 위에 누워 흔들리는 것 같은 느낌을 받아 감각 없는 자가 되어 무절제하고 방탕함에 빠지게 된다.

"또 네 눈에는 괴이한 것이 보일 것이요 네 마음은 구부러진 말을 할 것이며 너는 바다 가운데에 누운 자 같을 것이요 돛대 위에 누운 자 같을 것이며 네가 스스로 말하기를 사람이 나를 때려도 나는 아프지 아니하고 나를 상하게 하여도 내게 감각이 없도다 내가 언제나 깰까 다시 술을 찾겠다 하리라"(잠 23:33~35).

셋째, 통계에 따르면 세상 범죄의 4분의 3이 술과 관련되어 있다고 한다. 술 취함은 범죄의 온상과도 같기 때문에 하나님은 성도들이 술에 취하는 것을 금지하셨다.

성경 곳곳에는 술에 관한 경계의 말씀이 있다.

첫째는 하나님 나라를 유업으로 받지 못할 항목 중에 '술 취한 자'가 있다.

"불의한 자가 하나님의 나라를 유업으로 받지 못할 줄을 알지 못하느냐 미혹을 받지 말라 음행하는 자나 우상숭배하는 자나 간음하는 자나 탐색하는 자나 남색하는 자나 도적이나 탐욕을 부리는 자나 술 취하는 자나 모욕하는 자나 속여 빼앗는 자들은 하나님의 나라를 유업으로 받지 못하리라"(고전 6:9~10).

둘째는 감독의 자격에서 술을 경계하셨다.

"그러므로 감독은 책망할 것이 없으며 한 아내의 남편이 되며 절제하며 신중하며 단정하며 나그네를 대접하며 가르치기를 잘하며 술을 즐기지 아니하며 구타하지 아니하며 오직 관용하며 다투지 아니하며 돈을 사랑하지 아니하며"(딤전 3:2~3).

셋째는 집사의 자격에서도 술을 경계하셨다.

"이와 같이 집사들도 정중하고 일구이언을 하지 아니하고 술에 인박히지 아니하고 더러운 이를 탐하지 아니하고"(딤전 3:8).

오직 성령으로 충만함을 받으라

본절의 말씀은 당시 사회의 종교적 배경과 관련하여 이해해야 한다. 주석가 헨드릭슨(Hendriksen)에 의하면 "당시 헬라 세계 이방인들은 감정적 기쁨을 얻기 위해서, 그리고 근심에서 해방되기 위해서뿐만 아니라 신들과 깊은 교제를 나누고 신비한 지식을 얻기 위해서 술에 취하였다"고 한다.

당시 헬라 세계에는 술의 신인 디오니소스(Dionysous)에게 제사할 때 현란한 춤과 노래와 음주와 환락을 동반하였는데, 제사가 절정을 이르면 사람들은 황홀경에 빠졌다고 한다. 이러한 사회적·종교적 배경에 익숙해져 있는 에베소 교인들에게, 바울은 성도의 예배는 이방 신을 섬기는 것과 달라야 한다고 말씀한다. 즉 영원의 만족과 평안을 얻기 위해 술에 취하지 말고 성령님의 충만함을 받아야 한다는 말씀이다.

성령님의 충만함은 일시적이고 단회적으로 받아서는 안 된다. 날마다 성령님이 우리 안에 가득 차서 신앙과 삶을 주관하시도록 삶의 주권을 내어 드리는 것이 성령 충만의 본질이다. 그러므로 성령 충만한 성도는 십자가의 은혜로 죄 사함 받았음을 믿고, 매일 성령님께 사로잡혀 인도하심을 따라 살아야 한다.

묵상

성령님은 예수 그리스도의 십자가의 은혜를 믿음으로 받고 회개하고 죄 사함을 받는 자에게 임하신다.

"베드로가 이르되 너희가 회개하여 각각 예수 그리스도의 이름으로 세례를 받고 죄 사함을 받으라 그리하면 성령의 선물을 받으리니 이 약속은 너희와 너희 자녀와 모든 먼 데 사람 곧 주 우리 하나님이 얼마든지 부르시는 자들에게 하신 것이라 하고"(행 2:38~39).

그러나 성령 충만은 우연히 주어지는 것이 아니라 간절히 구하는 자에게 주신다.

"너희가 악할지라도 좋은 것을 자식에게 줄 줄 알거든 하물며 너희 하늘 아버지께서 구하는 자에게 성령을 주시지 않겠느냐 하시니라"(눅 11:13).

성령 충만은, 예수님이 승천하신 후 오순절 마가의 다락방에 모였던 120명의 성도들과 같이 하나님의 말씀에 순종하고자 발버둥 치며 예배와 기도의 삶에 충실한 성도들에게 임한다.

그러므로 술 자체가 죄는 아니지만, 성도는 술에 취하여 시간과 인생과 건강을 허비해서는 안 된다. 성도가 하나님의 지혜의 말씀과 그 능력을 의지하여 살아갈 때 성령님으로 충만해지고, 진정한 삶의 기쁨과 만족과 근심으로부터의 해방과 마음의 평안을 누리게 된다.

📖 술에 대한 나의 태도는 어떠한가? 성령님으로 충만하기 위해 삶의 자리에서 말씀과 예배와 기도의 삶을 사는가?

"낮에와 같이 단정히 행하고 방탕하거나 술 취하지 말며 음란하거나 호색하지 말며 다투거나 시기하지 말고"(롬 13:13).

19절 시와 찬송과 신령한 노래들로 서로 화답하며 너희의 마음으로 주께 노래하며 찬송하며

바울은 어둠에 속하는 특성, 즉 술 취하고 방탕하고 떠드는 자의 삶과 대비되는 성령 충만한 성도의 삶에 대하여 말씀한다.

시와 찬송과 신령한 노래들로 서로 화답하며
* 시: (헬)프살모스 – 수금의 소리, 문지르다: 구약적 배경
* 찬송: (헬)휨노스, (영)hymn – 이방 세계의 배경
* 신령한 노래: (헬)오다이스 프뉴마티카이스 – 일반적인 성가곡, 찬양시

첫째, '시'란 문자적으로는 수금을 문지를 때 나는 소리, 즉 수금 소리를 의미한다.

'시'는 구약의 '시편'을 가리키는 용어로, 초대교회에서는 예배를 드릴 때 유대교의 전통을 따라 악기를 연주하며 하나님을 찬양했다.

둘째, '찬송'이란 헬라어 '휨노스'로 이방 세계를 배경으로 한다.

'찬송'은 이방 종교에서 어떤 신이나 신화적인 인물들을 칭송할 때 불렀던 노래를 가리키는 용어이다. 이방인으로서 그리스도인이 된 성

도들이 자신들이 익숙하던 이방 종교의 노래들을 가져와 초대교회 안에서 자신들의 신앙고백을 담아 드렸음을 보여준다.

셋째, '신령한 노래'란 헬라어 '오다이스 프뉴마티카이스'로 일반적인 성가곡을 의미한다.

신령한 노래는 예배를 드릴 때 불렀던 '하나님을 찬양하는 시'였다.

너희의 마음으로 주께 노래하며 찬송하며

'시와 찬송과 신령한 노래'를 말한 것은 찬양을 세분하기 위함이 아니다. 하나님을 향하여 찬양을 드리는 구원받은 성도가 가져야 할 마음과 태도를 극대화하시기 위해 찬양을 세분화하여 말씀한 것이다.

"대답하여 이르시되 내가 너희에게 말하노니 만일 이 사람들이 침묵하면 돌들이 소리 지르리라 하시니라"(눅 19:40).

찬양은 인간의 선택 사항이 아니라 의무이다. 인간을 창조하시고, 십자가와 부활과 승천으로 인간을 재창조해서서, 성도로 하여금 하나님을 찬양하기 위함이다.

"이 백성은 내가 나를 위하여 지었나니 나를 찬송하게 하려 함이니라"(사 43:21).

그러므로 성도는 마음으로 찬양을 드려야 하며, 하나님을 위한 찬양을 인간의 잣대로 구분해서는 안 된다. 찬양을 드리는 마음과 자세는 바른 신앙생활을 가늠하게 하는 가장 정확한 척도이다.

묵상

아마도 한국교회 안에서 '성령 충만'이라는 단어만큼 많은 위험성을 내포하고 있는 단어도 없을 것이다. '성령 충만'하면 무엇이 제일 먼저 떠오르는가? 많은 사람들이 신약 시대의 위대한 사도들이나 바울을 먼저 생각한다. 복음이 전파되는 과정에서 사도들과 바울과 초대교회 위인들을 통해 행해졌던 수많은 역사들, 즉 방언, 통역, 병 고침, 능력, 예언, 영 분별, 축사, 환상 등을 떠올린다.

한국교회가 일제강점기와 6·25 동란과 경제 부흥기를 거치는 동안, 부흥회와 기도원을 중심으로 많은 목회자들과 열심히 기도한다는 성도들 중에는 초대교회에서 일어났던 현상만을 '성령 충만'이라고 오해한 사례들이 많았다. 그래서 그들은 말씀의 본질보다 현상 즉 은사에 더욱 집중하였고, 은사를 경험한 목회자들과 성도들 중에는 독불장군이 되거나 소영웅주의, 그리고 사도나 바울을 자신과 동일시하는 영적 교만의 함정에 빠지는 사람도 있었다.

하지만 성경에서 말씀하는 '성령 충만'은 개인적인 능력보다 공동체에 초점이 맞추어져 있다. 일차적으로 '성령 충만한 성도'는 '교회 생활'과 '단체 생활' 중에서 갈등과 대립과 내분을 만들지 않고 '함께'의 비밀을 이루어 나가는 데 적합한 사람이 된다. 온 마음을 함께 하여 시와 찬미와 신령한 노래로 하나님을 예배하는 것으로 성령 충만은 드러난다. 그러므로 성령님으로 충만한 성도는 하나님을 찬양하고 예배할 때 자신의 은혜와 익숙함을 따라가지 않고 다른 성도들과 함께 하나님을 높이고 자랑하는 데 초점을 맞추며 살아가는 특징을 세상에 보여야 한다.

📖 나는 성령 충만을 어떻게 알고 있는가? 그리고 나의 성령 충만은 교회 안에서 함께 하나님을 찬양하는 삶으로 드러나고 있는가?

"믿는 무리가 한마음과 한 뜻이 되어 모든 물건을 서로 통용하고 자기 재물을 조금이라도 자기 것이라 하는 이가 하나도 없더라"(행 4:32).

20절 범사에 우리 주 예수 그리스도의 이름으로 항상 아버지 하나님께 감사하며

* 감사하며: (헬)유카리스테오 – 은혜를 말하다

바울은 하나님의 은혜를 체험한 성도의 신앙생활의 모습에 대하여 말씀한다.

하나님의 은혜를 경험한 성도의 삶의 가장 큰 특징은 바로 감사이다.

'범사에', '항상'이라는 같은 의미의 단어를 반복하여 성도의 감사는 '모든 시간'과 '모든 상황'을 초월하여 드려져야 한다고 말씀한다. 즉 구원받은 성도는 그리스도의 말씀대로 살기 위해 발버둥 치면서, 모든 상황과 시간을 초월하여 받은 바 십자가의 은혜를 자랑하고 높이는 감사의 삶을 살아야 한다.

묵상

어떤 이들은 초대교회에서 일어났던 성령님의 역사는 끝났다고 말한다. 하지만 그런 생각은 잘못된 것이다. 왜냐하면 태초로부터 지금까지 살아 역사하시는 성령님은 영원불변한 분이시기에 오늘도 여전히 크고 놀라운 권능으로 우리 가운데 계시기 때문이다. 그래서 성령님으로 충만한 교회와 성도들 안에서 말씀과 예배와 기도와 함께, 영적, 육적인 각종 능력과 역사가 일어나는 것은 너무나 자연스러운 일이다. 그러므로 성도는 성령님으로 충만하여 받은 각종 은사를 가지고 일차적으로 교회의 연합을 이루어야 하고, 이차적으로는 찬양과 예배와 감사로 하나님께 영광을 돌리는 삶을 살아야 한다.

그러나 우리는 교회 안에서 성령 충만을 말하고 각종 은사를 체험하여 보고 들은 것을 자랑하는 성도들 중에, '함께'의 비밀을 간직하지 못하고 다른 은사를 받은 성도를 판단하여 분열을 일으키는 이들을 종종 본다. 또한 맘몬이즘과 세속적인 번영신학에 빠져 삶에 찾아오는 광야 앞에서 환경과 사람, 심지어는 하나님을 원망하며, 가족과 교회와 성도들에게 상처를 주는 이들도 종종 본다.

성령 충만한 성도는 실수하지 않으시는 하나님의 말씀을 믿는 자들임을 알아야 한다. 그러므로 성령 충만, 말씀 충만한 성도는 환경과 상황 때문에 일희일비하지 않는다. 도리어 '여호와' 즉 '언약에 신실하신 하나님'의 말씀을 굳게 믿고, 가정과 교회를 세우며 감사의 말로 하나님께 영광을 돌리는 삶을 살게 된다.

📖 **나는 성령 충만하여 모든 시간과 상황 속에서 감사의 언어를 사용하며 사는가?**

"그리스도의 말씀이 너희 속에 풍성히 거하여 모든 지혜로 피차 가르치며 권면하고 시와 찬송과 신령한 노래를 부르며 감사하는 마음으로 하나님을 찬양하고 또 무엇을 하든지 말에나 일에나 다 주 예수의 이름으로 하고 그를 힘입어 하나님 아버지께 감사하라"(골 3:16~17).

**
21절 피차 복종하라

21절 그리스도를 경외함으로 피차 복종하라

바울은 4장 17절부터 5장 20절까지에서 성령의 전이며 교회의 지체인 성도들에게 예수 그리스도를 믿어 거듭난 자로서 새로운 삶에 대하여 말씀했다. 특별히 15~20절에서 성령 충만의 최종 단계가 무엇인지 말씀했다.

이제 성령님으로 충만해진 성도들에게 21절부터 5장 33절까지 부부 관계를 통하여 교회 안에서 서로 복종하는 삶을 살라고 말씀한다. 먼저 본절에서 남편과 아내가 피차 복종하는 관계가 되어야 한다고 말씀한다.

피차 복종하라

*   복종하라: (헬)휘포탓소 - ~아래에 배치하다, 하위에 두다

본절은 원문 성경에서는 '복종하라'로 시작한다. '복종하라'는 말씀은, 상대방의 강한 권위에 마지못해 억눌리는 것이 아니다. 장성한 자식이 연로하신 부모님의 뜻을 받들어 순종하듯이 자발적으로 자신을 상대방보다 낮추는 섬김을 의미한다.

"형제들아 너희가 자유를 위하여 부르심을 입었으나 그러나 그 자유로 육체의 기회를 삼지 말고 오직 사랑으로 서로 종 노릇 하라"(갈 5:13).

그리스도를 경외함으로

그리스도를 경외함과 성도들 간에 복종함을 연결하여 말씀하신 이유는 무엇인가?

첫째, 최고의 사랑은 '섬김'으로 나타나기 때문이다. 그러므로 성도는 그리스도를 경외함과 같이 서로를 향하여 종의 자세로 복종 즉 섬김의 삶을 살아야 한다.

둘째, 성도 간의 섬김이 없이 그리스도를 경외하고 사랑한다고 고백하는 것은 위선이기 때문이다. 그러므로 그리스도를 경외하는 자는 성도들을 섬기는 자이고, 성도들을 섬기는 자는 그리스도를 경외하는 자라는 사실을 알아야 한다.

묵상

신자가이 은혜를 받아 성령 충만한 '부부아 성두'의 삶의 자리는 어떠해야 하는가? '피차 복종'하는 자세로 가정과 교회와 사회에서 살아야 한다. 진정한 성령 충만한 삶의 모습이 '피차 복종'이기 때문이다.

아무리 충만한 은혜와 은사를 받아 능력을 행한다고 할지라도, 교회 안에서 말씀의 권위와 교회의 권위에 복종하지 못하고 성도 안에서 피차 복종하는 삶을 살지 못한다면, 가정에서 부부 간에 서로 복종하지 못한다면, 사회에서 피차 복종이 없다면, 그것은 잘못된 성령 충만이요 비성경적인 성령 충만이다.

그러면 외적으로 피차 복종하는 겸손한 삶의 태도를 가지면 다 성령 충만이라 말할 수 있는가? 그것은 아니다. 왜냐하면 성령님이 안 계셔도 일시적으로 감정에 취하여 겸손과 겸양의 태도를 가질 수도 있기 때문이다. 하나님께서 말씀하시는 진정한 성령 충만은, '겸손한 복종의 삶' 즉 '그리스도를 경외함으로' 십자가에서 나를 위해 죽으신 예수님을 사랑하는 마음으로, 다른 사람을 나보다 낫게 여기고 돕고 세우고 살리려는 '인격적이고 근본적인 사랑'을 가지고, 피차 복종하는 삶을 사는 것이다.

📖 **나는 가정에서 교회에서 사회에서 피차 복종의 삶을 살고 있는가?**

"아무 일에든지 다툼이나 허영으로 하지 말고 오직 겸손한 마음으로 각각 자기보다 남을 낫게 여기고 각각 자기 일을 돌볼 뿐더러 또한 각각 다른 사람들의 일을 돌보아 나의 기쁨을 충만하게 하라"(빌 2:3~4).

✱✱

22~24절 교회의 머리이신 그리스도

■ **22절 남편에게 복종하라**

22절 아내들이여 자기 남편에게 복종하기를 주께 하듯 하라 바울은 22~24절에서 남편에 대한 아내의 태도를 통하여 성도가 그리스도께서 머리가 되신 교회를 어떤 자세로 섬겨야 하는지 말씀한다.

먼저 본절에서 남편에게 복종하는 원리에 대하여 말씀한다.

성경 원문에는 '복종하기를…하라'는 기록이 없다. 아마도 21절에서 복종하라고 말씀하셨기에 굳이 기록하지 않은 것 같다. 당시에 유대인이나 헬라인 사회에서 여성은 사람 수를 셀 때 포함하지 않을 정도로 남자와 동일한 인격체로 인정받지 못했다. 이러한 당시의 문화를 통하여 남자를 그리스도로, 여자를 교회로 비유하셔서 아내가 남편에게 복종하듯이 성도는 그리스도의 몸인 교회를 섬기라고 말씀한다.

묵상

하나님께서는 21절에서 남편과 아내가 피차에 복종할 것에 대하여 말씀하시고, 22절에서 먼저 아내에게 그리스도께 하듯 남편에게 복종하라고 말씀하신다. 왜 아내에게 남편에 대하여 복종을 먼저 말씀하시는가?

창조의 질서 때문이다.

"또 남자가 여자를 위하여 지음을 받지 아니하고 여자가 남자를 위하여 지음을 받은 것이니"(고전 11:9).

기본적으로 남자와 여자를 평등하게 창조하신 하나님께서는, 남녀의 창조의 목적과 각자의 역할이 다르다고 말씀하신다. 남자인 아담은 만물을 다스리고 정복하며 관리하도록 지으셨고, 반면 여자인 하와는 아담 즉 남자를 '돕는 배필'로 지으셨다.

"여호와 하나님이 이르시되 사람이 혼자 사는 것이 좋지 아니하니 내가 그를 위하여 돕는 배필을 지으리라 하시니라"(창 2:18).

그러므로 아내는 남편이 창조의 질서를 어기지 않은 한 복종하는 것이 하나님의 뜻이다.

성도가 기억해야 할 것은 여자가 남자보다 똑똑하지 못해서 복종하라고 하시는 것이 아니다. 여자가 남자보다 뛰어난 면이 많지만, 그럼에도 불구하고 창조의 질서를 따라 교회가 예수 그리스도를 머리로 섬기듯 아내는 남편을 섬기는 것이 가정의 질서라고 말씀하신다.

📖 나는 아내로서 창조의 질서를 따라 남편을 머리로 섬기며 사는가? 그리스도의 몸인 교회를 이루는 성도로서 교회의 머리 되신 예수님을 남편으로 섬기며 사는가?

"또 여자에게 이르시되 내가 네게 임신하는 고통을 크게 더하리니 네가 수고하고 자식을 낳을 것이며 너는 남편을 원하고 남편은 너를 다스릴 것이니라 하시고"(창 3:16).

■ 23절 복종의 이유

23절 이는 남편이 아내의 머리 됨이 그리스도께서 교회의 머리 됨과 같음이니 그가 바로 몸의 구주시니라

바울은 성도가 그리스도의 몸인 교회를 섬기고 복종해야 하는 이유에 대하여 말씀한다.

이는 남편이 아내의 머리 됨이 그리스도께서 교회의 머리 됨과 같음이니
남편과 아내 사이를 교회와 그리스도와의 관계로 말씀하신다. 먼저 '남편이 아내의 머리가 되었다'는 말씀은, 남편은 그리스도께서 교회를 사랑하고 책임지듯이 아내를 사랑해야 한다는 의미이다.

그러므로 교회가 머리 되신 그리스도께 복종하듯이 아내는 남편에게 복종하는 삶을 살아야 한다. 그리스도 몸인 교회와 성도의 관계와 부부 관계의 신비는 같다. 따라서 성도는 교회의 주권이 예수 그리스도께 있음을 확실히 믿고, 그리스도에게까지 자라가기 위해 발버둥 치는 삶을 살아야 한다.

"우리가 다 하나님의 아들을 믿는 것과 아는 일에 하나가 되어 온전한 사람을 이루어 그리스도의 장성한 분량이 충만한 데까지 이르리니"(엡 4:13).

그가 바로 몸의 구주시니라

'그'는 예수 그리스도이시고, '몸'은 교회를 의미한다.

"교회는 그의 몸이니 만물 안에서 만물을 충만하게 하시는 이의 충만함이니라"(엡 1:23).

바울은 예수 그리스도만이 교회의 구원자시라고 말씀한다. 그러므로 성도는 예수 그리스도 외에는 어떤 구원자도 없음을 믿고 그분을 전파하는 삶을 살아야 한다.

묵상

아내가 주님과 남편에게 순종하는 삶을 살듯이, 성도는 그리스도의 몸인 교회에 순종하고 헌신하는 마음과 자세를 가져야 한다.

현대의 성도들은, 교회와 목회자들을 향한 '기대치'가 높은 반면, '헌신도'는 낮은 특징을 가지고 있다. 또한 교회를 그리스도의 몸으로 인식하고 신앙생활하는 성도를 찾아보기가 매우 힘든 세대를 살아가고 있다. 그래서 현대의 성도들은 교회를 결정할 때, 하나님의 말씀대로 살기 위해 발버둥 치는 교회를 찾기보다, 자신이 편하고 안락하게 교회생활을 할 수 있고, 정치적인 사상이 맞고, 자녀 교육 시설이 좋고, 설교가 자신에게 맞은 교회를 찾아 쇼핑하듯이 움직이는 경향이 있다. 이러한 신앙생활이 전부 잘못된 것은 아니지만, 그러한 마음과 자세로는 결단코 하나님을 기쁘시게 할 수 없다. 왜냐하면 하나님께서는 자기의 유익이 먼저가 아닌 성자의 은혜와 성부의 사랑과 성령의 교통의 삶으로, 그리스도의 인격을 닮고자 애쓰는 성도를 기뻐하시기 때문이다. 그러므로 구원받은 성도는 그리스도의 몸인 교회를 세우기 위해 하나님이 주신 것들, 즉 몸과 마음과 정성을 다해 헌신할 때 복을 내리시는 하나님을 믿어야 한다.

📖 나의 신앙은 그리스도의 몸인 교회 중심인가, 아니면 나 중심인가?

"모세가 이르되 각 사람이 자기의 아들과 자기의 형제를 쳤으니 오늘 여호와께 헌신하게 되었느니라 그가 오늘 너희에게 복을 내리시리라"(출 32:29).

■ 24절 복종의 기준

24절 그러므로 교회가 그리스도에게 하듯 아내들도 범사에 자기 남편에게 복종할지니라

바울은 아내의 복종의 기준이 교회와 예수님과의 관계라고 말씀한다. 아내가 남편에게 복종하는 기준은, 예수님께서 십자가와 부활과 승천으로 교회의 머리가 되셨기에 교회와 성도들이 예수님께 복종하는 삶을 사는 것처럼, 남편에게 복종하는 것이어야 한다고 말씀한다.

"그는 몸인 교회의 머리시라 그가 근본이시요 죽은 자들 가운데서 먼저 나신 이시니 이는 친히 만물의 으뜸이 되려 하심이요"(골 1:18).

에베소서 5장 **237**

그러므로 성도의 복종의 기준은 교회가 구주이신 예수 그리스도께 하는 복종이어야 한다.

> **묵상**

복종의 삶은 예수 그리스도와 교회의 '영적인 비밀'이다. 하나님께서는 여자가 남자보다 열등해서 복종하라고 말씀하시는 것이 아니다.

복종의 진정한 의미는 첫째 '보호'이다. 고대에는 여자들이 아버지나 남편이나 아들도 없이 홀로 살 수가 없었다. 그러므로 아내가 남편에게 복종하는 것은 자신의 삶을 보존하는 가장 지혜로운 방법이었다. 마찬가지로 성도가 광야 같은 세상에서 보호를 받고 안전하게 사는 방법은, 교회의 머리 되시며 신랑 되시는 예수님께 신부로서 복종하며 붙어 사는 길 외에는 없다.

복종의 둘째 의미는 '질서'이다. 하나님께서는 가정에 머리로 남편을 세우셨다. 그러므로 남편은 부드러움과 사랑으로 아내와 자녀들을 돌보아야 한다. 그리고 아내는 하나님의 질서를 이해하고 분별하는 지혜로운 마음으로 남편의 권위에 복종해야 한다. 그러므로 성령님으로 충만해진 성도는 교회 안에서 죄 없으신 예수 그리스도의 말씀과 질서에 순종하는 삶을 살아야 한다.

나는 그리스도의 말씀에 붙어 복종하는 삶을 사는가?

"아내들아 남편에게 복종하라 이는 주 안에서 마땅하니라"(골 3:18).

✳✳
25~33절 교회를 사랑하시는 그리스도

■ 25절 사랑의 기준

25절 남편들아 아내 사랑하기를 그리스도께서 교회를 사랑하시고 그 교회를 위하여 자신을 주심같이 하라

바울은 22~24절에서, 아내는 교회가 그리스도께 하듯 범사에 남편에게 복종하라고 말씀했다. 이제 본절부터 30절까지 남편들을 향하여 그리스도께서 교회를 사랑하시듯 아내를 헌신적으로 사랑해야 한다는 '사랑의 기준'을 말씀한다.

남편들아 아내 사랑하기를
* 사랑하기를: (헬)아가파오 – 타인을 위해 자기를 희생하는 것

당시 헬라 사회에서는 남편들에게 아내에 대한 철저한 의무를 요구했다. 그러나 남편들은 아내에 대한 의무는 크게 신경 쓰지 않고 군림하려고만 했다. 바울은 그러한 사회 분위기 속에서 남편들에게 자신의 몸을 내어 줄 정도로 희생적이고 이타적인 절대 사랑으로 아내를 사랑하라고 말씀한다.

그리스도께서 교회를 사랑하시고 그 교회를 위하여 자신을 주심 같이 하라
* 주심: (헬)파라디도미 – 내어 주다, 팔다

남편이 아내를 사랑해야 하는 기준은 바로 예수 그리스도다. 예수님께서 인간을 구원하기 위해 당신의 몸을 십자가에서 팔아넘기신

것처럼, 남편들도 아내를 위해 자신을 내어 줄 만큼 사랑하라고 말씀한다. 그러므로 구원받은 성도의 부부는 이성적인 사랑이 아니라, 예수님께서 인간을 위해 조건 없이 베푸신 것처럼 서로 사랑해야 한다.

묵상

모든 남자들에게는 '왕의 기질'이 있다. 그래서 하나님의 창조의 원리를 모르면 가정에서 아내와 자식에게 군림하려는 성향을 가지게 된다. 유사 이래로 하나님의 창조의 원리를 깨닫지 못했던 남자들은 아내와 자식을 자신에게 종속된 정복과 다스림의 대상으로만 보려고 했다.

그러나 하나님께서는 남편과 아내의 관계의 열쇠는 '사랑'이라고 말씀하신다. 부부간에 관계에서 사랑과 신뢰가 파괴되면, 회복할 수 없는 관계 훼손과 변질이 일어나 돌이킬 수 없는 상황으로 치닫게 된다. 오늘날 경제 활동이 자유스러워지고 여성의 인권이 올라가면서 급증하고 있는 부부 관계의 단절과 이혼이 이를 증명해 준다. 따라서 구원받은 성도들은 부부 관계에서 사랑 즉 '아가페의 사랑'이 열쇠라는 사실을 알아야 한다. 즉 예수님이 당신의 몸을 교회와 성도들을 위해 내어 주심같이, 남편들은 자신을 희생함으로 아내를 사랑하고 아내는 가정에 머리인 남편에게 복종하는 자세로 섬기는 것, 이것이 창조의 질서이다.

📖 **나는 창조의 질서를 따라 남편과 아내를 사랑하고 섬기는가?**

"네 헛된 평생의 모든 날 곧 하나님이 해 아래에서 네게 주신 모든 헛된 날에 네가 사랑하는 아내와 함께 즐겁게 살지어다 그것이 네가 평생에 해 아래에서 수고하고 얻은 네 몫이니라"(전 9:9).

■ 26~27절 사랑의 목적

26절 이는 곧 물로 씻어 말씀으로 깨끗하게 하사 거룩하게 하시고

이는 곧 물로 씻어
* (헬)루트로 – 목욕

바울은 예수님이 당신의 몸을 십자가에 내어 주신 사랑의 첫 번째 목적을 통하여, 아내를 향한 남편의 사랑에 대하여 말씀한다.

'물로 씻어'라는 말씀은 세례를 의미한다.

"물은 예수 그리스도께서 부활하심으로 말미암아 이제 너희를 구원하는 표니 곧 세례라 이는 육체의 더러운 것을 제하여 버림이 아니요 하나님을 향한 선한 양심의 간구니라"(벧전 3:21).

세례를 통해 구원받은 성도가 세상의 더러운 것을 벗고 정결한 그리스도의 신부로 거듭나는 것처럼, 남편도 결혼하기 전에 자기 중심으로 자유롭게 살았던 과거의 삶을 정리하고 오직 아내 중심으로 거룩하게 살아야 한다.

말씀으로 깨끗하게 하사 거룩하게 하시고
* 말씀: (헬)레마 – 입 밖으로 나온 진리의 말씀 (로고스 – 말씀 자체, 그리스도)
* 거룩하게 하시고: (헬)하기아조 – 분리시키다

'말씀'이란 '로고스' 즉 말씀 자체가 아니라, '레마' 즉 입 밖으로 선포된 진리의 말씀을 의미한다. 세례를 받아 깨끗하게 된 성도는, 세례 받을 때 선포된 "성부와 성자와 성령의 이름으로 세례를 주노라"는 말씀을 중심으로 죄 없으신 예수님의 말씀대로 거룩하게 살기 위해 발버둥 치는 삶을 살아야 한다.

묵상

하나님께서는 그리스도와 교회, 남편과 아내의 관계에서 첫 번째로 '구별됨과 정결함'이 있어야 한다고 말씀하신다. 세례와 결혼은 그리스도의 신부 된 성도로서 또 부부로서 "서로를 위해서 구별되어 순결하게 살겠다"고 서약하는 거룩한 예식이다. 그러므로 구원받은 성도는 예수님이 목숨으로 사랑해 주셨듯이 그리스도의 몸인 교회를 사랑해야 하고, 부부도 아내만을 위하고 남편만을 위하여 구별된 거룩한 삶을 살아야 한다.

구원받은 성도는 세례를 받을 때 '하나님만 으뜸으로 섬기는 예배 정신'으로, '죄 없으신 예수님의 말씀으로 사는 말씀 정신'으로, '성령님만 따라 사는 기도 정신'으로 살기로 서약한 것을 잊지 말아야 한다. 그와 같이 부부도 결혼예식 때 주례자와 하객들 앞에서 "남편으로서, 아내로서 구별되고 순결한 삶을 살겠다"고 서약한 것을 주님 앞에 서는 날까지 잊지 말아야 한다.

그러므로 성도는 거룩하신 예수님을 섬기고, 부부가 서로를 섬길 때, 자신의 몸과 마음을 거룩하고 깨끗하게 지키고 자신을 사랑하듯 서로를 사랑하여 희생적이고 헌신적인 삶으로 사명을 감당해야 한다.

📖 나는 예수 그리스도의 정결한 신부로서의 삶을 살아가고 있는가?

"남편은 그 아내에 대한 의무를 다하고 아내도 그 남편에게 그렇게 할지라"(고전 7:3).

27절 자기 앞에 영광스러운 교회로 세우사 티나 주름 잡힌 것이나 이런 것들이 없이 거룩하고 흠이 없게 하려 하심이라

바울은 예수님께서 교회를 위하여 자신을 십자가에 내어 주신 두

번째 목적에 대하여 말씀한다.

자기 앞에 영광스러운 교회로 세우사

* 세우사: (헬)파라스테이 - 드리다, 만들다

직역하면 '그가 교회를 영광스러운 모습으로 자기 자신에게 드리기 위하여'이다. 즉 신랑 되신 예수님께서 자신의 몸을 희생하시므로 예수님을 믿어 구원받은 성도들을 당신의 영광스런 신부로 맞아들이셨다는 의미이다.

그러므로 예수님을 믿어 구원받은 남편들은 아내의 외적인 아름다움이나 섬김만 구하지 말고, 그리스도 안에서 아름다운 아내로 세우기 위해 먼저 사랑의 책임을 다하고 희생하는 삶을 살아야 한다.

티나 주름 잡힌 것이나 이런 것들이 없이 거룩하고 흠이 없게 하려 하심이라

* 티: (헬)스필론 - 점, 얼룩, 결점, 흠
* 주름 잡힌 것: (헬)뤼티다 - 얼굴의 주름, 옷의 구김살

예수님께서 십자가에서 자신의 몸을 내어 주신 두 번째 목적은, 당신의 몸인 교회가 도덕적으로나 영적으로 결점이나 구김살이 없이 세우기 위함이다.

그러므로 첫째, 남편의 사랑에는 '티'나 '주름 잡힌 것'이 없어야 한다.

'티'란, 인생과 결혼을 더럽히는 실수를 의미한다. 사람이 실수가 아주 없을 수는 없지만, 거룩한 남편은 심각한 실수를 저지르지 않기 위해 노력하고 애써야 한다는 말씀이다. '주름 잡힌 것'이란, 분란을 일으키고 아내의 신경을 거슬리는 것을 의미한다. 구원받은 남편은 아내와의 관계에서 분란을 일으키고 신경을 거슬릴 만한 행동을 자제하는 사랑의 삶을 살아야 한다는 말씀이다.

둘째, 남편의 사랑에는 '거룩하고 흠이 없어야' 한다.

'거룩하고 흠이 없다'는 말씀은, 악과 구별되고 악에 영향을 받지 않는 삶을 의미한다. 남편들이 '거룩하고 흠이 없는 삶'을 살기 위해서는, 아내들보다 더욱 말씀과 예배와 기도의 삶을 살면서 지속적으로 자신을 돌보아야 한다. 왜냐하면 남자들이 세상의 유혹과 죄악에 더 많이 노출되어 있기 때문이다.

따라서 구원받은 남편들은 날마다 그리스도의 인격을 닮은 '인격신앙'으로 성장하고 성숙해 가는 성화의 삶을 살기 위해 더욱 힘써야 한다. 성화의 삶은 오직 예수님의 선포된 말씀을 바로 알고 믿을 때만 가능하다.

묵상

남편의 사랑이 구별되고 희생적이고 헌신적이라면 어떤 아내가 남편에게 복종하지 않겠으며 남편을 존중하지 않겠는가? 이러한 남편과 아버지의 사랑 안에서 가정은 천국이 될 것이다. 하지만 남편에게서 티나 주름 잡힌 것, 즉 아내와 가족을 학대하고 혹사시키거나 방탕하고 부도덕한 삶을 산다면, 가정은 천국의 반대인 장소가 될 것이다.

그러므로 예수 그리스도를 믿는 남편들은, 이기심을 버리고 가정의 머리로서 악에 영향을 받지 않는 거룩한 인생을 살기 위해 발버둥 쳐야 한다. 믿음의 남편이요 아버지로서 하나님이 주신 가정의 울타리를 튼튼하게 지켜 그 안에서 아내와 자녀들이 행복한 천국을 누릴 수 있게 해야 한다.

또한 믿음의 아내들도 믿음으로 살기 위해 발버둥 치는 남편들을 향한 비난과 불평을 멈추고 더욱 존경하고 사랑하여 함께 가정을 천국으로 만들어야 한다.

📖 **나는 가정과 교회와 사회에서 믿음의 사람으로 살기 위해 어떤 희생과 헌신의 대가를 지불하는가?**

"남편들아 이와 같이 지식을 따라 너희 아내와 동거하고 그를 더 연약한 그릇이요 또 생명의 은혜를 함께 이어받을 자로 알아 귀히 여기라 이는 너희 기도가 막히지 아니하게 하려 함이라"(벧전 3:7).

■ 28절 자기 사랑

28절 이와 같이 남편들도 자기 아내 사랑하기를 자기 자신과 같이 할지니 자기 아내를 사랑하는 자는 자기를 사랑하는 것이라

바울은 남편들에게 자기를 사랑하듯 아내를 사랑하라고 말씀한다.

이와 같이 남편들도 자기 아내 사랑하기를 자기 자신과 같이 할지니
* 할지니: (헬).오페일로 – 빚지고 있다, ~해야 할 의무가 있다, ~해야 마땅하다

성도로 부르심을 받은 남편이 자신의 아내를 사랑하는 것은 마땅한 의무라고 말씀한다. 남편의 아내 사랑의 기준은 바로 '사랑의 황금률'이다. '사랑의 황금률'이란, 타인을 향한 이타적이고 희생적이며 일방적인 사랑을 말하는 것이 아니다. 자신의 몸을 아끼고 보살피는 것처럼 타인을 사랑해야 한다는 것이다. 그러므로 성도의 이웃 사랑의 기준은 바로 '자기 사랑'에서 시작된다.

'사랑의 황금률'로 남편이 아내를 사랑해야 하는 이유는, 남자가 부모를 떠나 자기 아내와 사랑으로 연합하여 한 몸을 이루는 것은 하나님의 창조 질서이기 때문이다.

"이러므로 남자가 부모를 떠나 그의 아내와 합하여 둘이 한 몸을 이룰지로다"(창 2:24).

자기 아내를 사랑하는 자는 자기를 사랑하는 것이라

남편이 '사랑의 황금률'을 따라 자기 아내를 사랑한다는 것은, 하나님의 사랑을 아는 것이며, 그 사랑 안에서 자신의 존귀함을 알고 사랑할 줄 아는 것이다.

"둘째는 이것이니 네 이웃을 네 자신과 같이 사랑하라 하신 것이라 이보다 더 큰 계명이 없느니라"(막 12:31).

묵상

하나님이 말씀하시는 이웃 사랑의 기준은, 자신의 몸을 사랑하는 만큼 이웃을 사랑하는 것이다. 다른 말로 표현하면, 자기를 사랑하지 않는 사람은 결코 다른 사람을 사랑할 수 없다는 말이다.

가정과 사회에서 일어나는 폭력의 가장 근본적인 이유를 파헤쳐 보면, 어린 시절에 폭력을 보며 자랐거나 폭력을 당하면서 자란 사람들에게서 주로 나타난다고 한다. 사랑을 받으며 자라야 할 어린 시절에 폭력 속에서 자란 사람들은 대체로 자존감이 낮고 자기 자신을 사랑하지 못하여 타인도 사랑하지 못한다.

그러므로 예수 그리스도를 믿어 하나님의 사랑 안에서 구원받은 성도는 어린 시절의 상처를 신앙과 치유 상담 등으로 속히 이겨 내야 한다. 그리고 지난날의 상처와 상관없이 자신이 얼마나 존귀하고 사랑스러운 존재인지 알아야 한다. 예수님은 우리가 자신을 가장 먼저 사랑하고, 자신을 사랑하는 만큼 타인을 사랑할 줄 아는 건강한 성도가 되기를 원하신다.

📖 나는 예수님이 십자가로 사랑하신 나를, 얼마나 사랑하고 존귀하게 여기며 사는가?

"네가 내 눈에 보배롭고 존귀하며 내가 너를 사랑하였은즉"(사 43:4).

■ 29~30절 사랑의 이유

29절 누구든지 언제나 자기 육체를 미워하지 않고 오직 양육하여 보호하기를 그리스도께서 교회에게 함과 같이 하나니

바울은 성도의 이웃 사랑의 기준은 자기 육체를 사랑하는 것에서 시작되어야 한다고 말씀한다.

누구든지 언제나 자기 육체를 미워하지 않고 오직 양육하여 보호하기를

* 육체: (헬)사르카 – 사람 자체

* 양육하여: (헬)엑트레포 – 양분을 공급함으로써 기르는 것

* 보호하기를: (헬)달포 – 따뜻하게 하다

본절에서 '육체'란, 인간의 죄악 된 본성이 아니라, 존귀한 '사람 자체'를 의미한다.

구원받은 남편은 자기 자신은 물론이고 자기 아내와 다른 사람에 대한 적개심을 버리고, 생명의 원리로 돕고 세우고 살리는 삶, 즉 다른 사람을 자신의 몸처럼 유익하게 하는 삶을 살아야 한다.

"각 사람에게 성령을 나타내심은 유익하게 하려 하심이라"(고전 12:7).

남편이 가정의 머리로서 아내를 자신의 몸과 같이 사랑한다는 것은 '양육과 보호하는 삶'을 의미한다. '양육'이란, 아내가 더욱 성숙하도록 먹이고 입히고 공급하고 돌보는 것을 의미하고, '보호'란, 언제나 아내를 마음속에 귀한 자로 간직하고 부드럽고 따뜻하게 돌보며 애정과 감사로 대하는 것을 의미한다.

그러므로 남편들은 보다 높은 차원에서 말씀과 기도로 세움을 받아야 한다. 왜냐하면 물이 위에서 아래로 흐르듯이, 남편이 영육 간

에 훈련되어 있을 때 유순한 자가 되어 아내와 자녀들을 사랑으로 양육하고 보호할 수 있기 때문이다.

"우리는 그리스도의 사도로서 마땅히 권위를 주장할 수 있으나 도리어 너희 가운데서 유순한 자가 되어 유모가 자기 자녀를 기름과 같이 하였으니"(살전 2:7).

그리스도께서 교회에게 함과 같이 하나니

남편이 자기 몸과 아내를 동일하게 양육하고 보호하듯 예수님께서는 교회를 당신의 몸처럼 사랑하셨다. 즉 남편의 아내 사랑의 모델은 예수님이시다.

묵상

남편이 가정의 '머리'라는 사실은 무엇을 의미하는가? 단순히 '우두머리', '대장', '독재자'를 의미하는 것이 아니다. 자신을 사랑하듯 아내와 자녀들을 사랑하는 것을 의미한다. 왜냐하면 '머리'의 모델이 예수님이시기 때문이다.

예수님은 교회의 머리로서 하나님의 뜻을 받들어 당신의 몸을 희생하심으로 교회를 세우시고 성령님을 통하여 성도들을 사랑으로 양육하고 보호하신다. 가정의 머리 된 남편도 하나님의 뜻을 바로 알고 자신을 사랑하듯 아내와 자녀들이 하나님 안에서 성숙해가도록 사랑으로 양육하고 보호해야 한다.

그러므로 남편들이 가정에서 진정한 머리의 역할을 감당하기 위해서는 사회적인 활동을 통해 가정의 울타리를 잘 지켜야 한다. 동시에 영적으로 하나님의 말씀과 말씀의 정신을 제대로 알고 이해하는 것이 중요하다. 왜냐하면 남편들이 가정의 머리로서, 영적으로 아내와 자녀들보다 더 하나님의 말씀을 읽고 듣고 공부하여 양육자와 보호자가 되어야 하기 때문이다.

예수 그리스도를 믿어 구원받은 남편들은 사회적·경제적 활동과 함께 말씀과 예배와 기도로 훈련 받기를 기뻐하는 자가 되어야 한다.

📖 나는 가정의 제사장으로서 신앙과 마음과 생각을 어떻게 관리하고 훈련하며 살고 있는가?

"네가 이것으로 형제를 깨우치면 그리스도 예수의 좋은 일꾼이 되어 믿음의 말씀과 네가 따르는 좋은 교훈으로 양육을 받으리라"(딤전 4:6).

30절 우리는 그 몸의 지체임이라

바울은 예수님이 교회와 성도들을 양육하고 보호하신 이유에 대하여 말씀한다. 29절에서 남편이 자신을 사랑하듯 아내를 사랑으로 양육하고 보호하는 것처럼 예수님께서 십자가의 완전한 사랑으로 교회를 양육하시고 보호하시는 것은 성도가 당신의 몸의 지체이기 때문이다. 교회의 머리 되시는 예수님께서는 모든 성도를 몸인 교회 안으로 모아서 당신의 지체로서 하나님 나라와 교회를 섬기게 하셨다.

그러므로 그리스도 안에서 한 지체된 부부는, 영육 간에 완전한 연합을 이루어 서로가 그리스도 안에서 자라나 풍성한 열매를 맺을 수 있도록 돕고 세우며 살리는 역할을 해야 한다.

"나는 포도나무요 너희는 가지라 그가 내 안에, 내가 그 안에 거하면 사람이 열매를 많이 맺나니 나를 떠나서는 너희가 아무것도 할 수 없음이라"(요 15:5).

> **묵상**

우리말에 '부부 일심동체(一心同體)'라는 말이 있다. 무슨 의미인가? 부부는 마음도 하나요 몸도 하나라는 말이다. 그래서 부모 자식은 일촌이고, 형제는 이촌이라는 촌수가 존재하지만, 부부는 촌수가 없다. 그 이유는 부부는 완전한 하나요, 세상을 이루는 가장 근본적이고 기본적인 공동 운명체로 창조되었다는 의미이다.

"이러므로 남자가 부모를 떠나 그의 아내와 합하여 둘이 한 몸을 이룰지로다"(창 2:24).

그러므로 부부는 서로를 향하여 완전한 인격체가 아님을 깨닫고, 설혹 불만족스럽고 부족한 면이 있다 할지라도, 하나님이 짝지어 주신 유일한 자신의 남편과 아내라는 사실을 기억해야 한다. 남편은 아내를 양육하고 보호할 수 있도록 더욱 신실한 하나님의 사람이 되어야 하고, 아내는 남편을 가정의 머리로 공경하는 자세를 가져야 한다. 그리하여 서로를 사랑하고 유익하게 하여 행복한 삶을 살기를 주님께서 원하신다.

📖 **나는 가정에서 남편과 아내를, 교회에서 성도를 몸의 지체로 인정하고 존중하며 살고 있는가?**

"만일 한 지체가 고통을 받으면 모든 지체가 함께 고통을 받고 한 지체가 영광을 얻으면 모든 지체가 함께 즐거워하느니라 너희는 그리스도의 몸이요 지체의 각 부분이라"(고전 12:26~27).

■ 31~32절 함께의 비밀

31절 그러므로 사람이 부모를 떠나 그의 아내와 합하여 그 둘이 한 육체가 될지니 바울은 창세기 2장 24절을 인용하여 결혼의 의미를 말씀한다.

남편과 아내로 맺어진 부부의 관계는 어떠한 인간관계, 곧 낳으시고 길러 주신 부모와 자녀의 관계보다 더 강하다.

부부 관계는 육체적인 연합뿐만 아니라 마음, 뜻, 삶의 방향과 목적의 연합을 이루어야 하는 운명 공동체이며, 부부는 하나님께서도 그리스도와 교회의 연합의 신비를 비유로 말씀하실 만큼 특별한 관계이다.

그러므로 성도 된 남편과 아내는 부부의 사명을 다하는 데 온 힘을 쏟아야 한다. 어떤 경우에도 자신의 남편과 아내의 품을 떠나 간음의 죄를 저지르지 말아야 하며, 혹여라도 과거에 지은 죄가 있다면 밧세바를 범한 다윗처럼 통렬한 회개를 하나님께 드리고 모든 음행에서 떠나야 한다.

"우슬초로 나를 정결하게 하소서 내가 정하리이다 나의 죄를 씻어 주소서 내가 눈보다 희리이다"(시 51:7).

묵상

부부의 관계는 하나님이 말씀하시고 명령하여 짝지어 주심으로 세워진 관계이다. 하나님께서는 죽음보다 깊은 잠을 통하여 아담의 갈비뼈를 취하시고 여자를 만드셔서 이 땅에 최초의 교회인 가정을 세우셨다. 그때 아담은 여자를 보고 감격에 찬 고백을 한다.

"이는 내 뼈 중의 뼈요 살 중의 살이라"(창 2:23).

'뼈 중의 뼈요 살 중의 살이라'라는 아담의 고백은, 부부는 죽음보다 깊은 관계이며 죽음 외에는 떼려야 뗄 수 없는 한 몸이라는 의미이다. 그러므로 하나님 앞에서 부부의 대의를 다하기로 맹세한 남편과 아내는 마귀에게 조금의 틈도 주지 말아야 한다. 하나님이 세우신 가정을 지키기 위해 서로에게 '몰입하는 삶'을 살아야 한다.

그러기 위해서는 세상의 풍조를 따라 흘러가는 삶이 아니라 구별된 성도의 삶, 즉 하나님의 백성으로서 말씀과 예배와 기도로 충만함을 입어 가정을 지키고 행복하게 살기 위해 발버둥 치는 삶을 살아야 한다.

📖 **나는 세상의 타락한 풍조를 따르지 않고 부부의 대의를 다하기 위해 어떻게 말씀과 예배와 기도로 사는 삶을 살고 있는가?**

"하나님을 가까이하라 그리하면 너희를 가까이하시리라 죄인들아 손을 깨끗이 하라 두 마음을 품은 자들아 마음을 성결하게 하라"(약 4:8).

32절 이 비밀이 크도다 나는 그리스도와 교회에 대하여 말하노라

바울이 21절부터 이렇듯 장황하게 부부의 관계의 신비롭고 오묘함에 대하여 말씀한 이유를 32절에서 말씀한다.

* 비밀: (헬)뮈스테리온 – 그리스도와 교회와의 신비롭고 오묘한 관계

바울이 21절부터 무려 13절에 걸쳐 남편과 아내의 신비로운 관계를 말씀하신 최종적인 이유는, 그리스도와 교회의 관계에 말씀하기 위함이다. 그러므로 구원받은 성도는 하나님께서 친히 말씀하시고, 명령하여, 짝지어 주신 부부 관계를 잘 가꾸어 나아가야 하며, 예수님께서 핏값을 주고 사신 교회를 생명을 다해 섬기고 세워 나가야 한다.

"그런즉 이제 둘이 아니요 한 몸이니 그러므로 하나님이 짝지어 주신 것을 사람이 나누지 못할지니라 하시니"(마 19:6).

묵상

성도는 부부 관계를 통하여 그리스도와 교회의 관계를 바르게 깨달

아야 한다. 왜냐하면 부부 관계는 그리스도와 교회 관계의 예표요 상징이기 때문이다. 그러므로 구원받은 성도는 부부 관계의 신비와 비밀, 거룩함, 하나 됨, 영광 등을 통하여 교회의 신비와 비밀을 깨달아야 한다.

구원받은 성도는, 아내가 가정의 머리인 남편에게 복종하듯 그리스도의 몸인 교회를 받들어 섬겨 세우는 삶을 살아야 한다. 왜냐하면 교회는 하나님의 구원 역사의 하이라이트이기 때문이다.

📝 나는 그리스도의 몸인 교회를 받들어 섬기기 위해 어떤 희생을 하며 몸과 마음을 어떻게 단장하며 살아가고 있는가?

"또 내가 보매 거룩한 성 새 예루살렘이 하나님께로부터 하늘에서 내려오니 그 준비한 것이 신부가 남편을 위하여 단장한 것 같더라"(계 21:2).

■ 33절 결론

33절 그러나 너희도 각각 자기의 아내 사랑하기를 자신같이 하고 아내도 자기 남편을 존경하라

바울은 21절부터 말씀하신 부부 관계에 대한 결론에 대하여 말씀한다.

그러나 너희도 각각 자기의 아내 사랑하기를 자신같이 하고

* 사랑하기를: (헬)아가파오 - 상대방의 유익을 구하는 사랑

부부 관계의 첫 번째 결론은 사랑이다. 남편은 가정의 머리로서 아내를 사랑으로 섬겨야 한다. 즉 예수님께서 교회를 위해 자신을 희생

하시고 보호하시며 양육하시는 것처럼 하나님의 사랑 안에서 아내가 성숙으로 나갈 수 있도록 돕고 세우고 살려야 한다.

"남편들아 아내 사랑하기를 그리스도께서 교회를 사랑하시고 그 교회를 위하여 자신을 주심 같이 하라"(엡 5:25).

아내도 자기 남편을 존경하라

✻ 존경하라: (헬)포베오 - 공경(권위에 대한 인정에서 나오는)

부부 관계의 두 번째 결론은 존경이다.

아내는 교회가 그리스도를 경외함과 같이 남편을 존경하는 마음으로 섬겨야 한다.

"아내들이여 자기 남편에게 복종하기를 주께 하듯 하라"(엡 5:22).

아내의 남편 공경은 물리적인 힘에서 나오는 것이 아니라 하나님의 명령에 의한 것이며, 사랑의 마음에서 나오는 인정과 공경이어야 한다.

그러므로 부부는 피차 사랑으로 복종하는 관계를 이루어야 한다.

남편과 아내는 서로에게 공경받을 만한 마음과 삶과 인격을 가져야 한다.

남편과 아내는 연약함이 보일지라도 서로를 공경해야 한다.

남편과 아내는 사랑의 모델이신 예수님을 본받아 '예수님이 교회와 성도들을 사랑하시듯, 교회와 성도는 예수님께 복종하는 신비한 연합의 관계'를 깨달아야 한다.

이처럼 남편은 아내를, 아내는 남편을 사랑하고 공경하는 삶을 사는 것이 하나님의 뜻이다.

묵상

결혼의 참된 의미는 무엇일까?

첫째, 결혼은 사랑이다. 자기 자신을 사랑하는 만큼 서로를 공경하고 보호해 주는 사랑이다. 그러므로 성숙한 성도는 일방적으로 희생하는 사랑이 아닌 자기 사랑을 기반으로 사랑하는 삶을 살아야 한다.

둘째, 결혼은 연합이다. 육적으로 영적으로 완전한 결합을 이루는 것이 결혼이다. 그러므로 부부는 연합을 깨는 그 어떤 요소도 허용하지 않는 삶을 살아야 한다.

셋째, 결혼은 신비이다. 결혼의 비밀은, 두 사람 즉 남편과 아내가 아니라, 셋 즉 남편과 아내와 예수님이 함께 이루어 가는 신비의 세계이다. 그러므로 결혼의 신비를 지키고 아름답게 가꾸기 위해 부부는 함께 말씀과 예배와 기도의 삶, 즉 인격신앙인으로 날마다 성숙해 가기 위해 발버둥 치는 삶을 살아야 한다.

나는 결혼의 참된 비밀을 이해하고 있는가? 결혼의 신비를 지키기 위해 어떤 희생을 하며 사는가?

"이 세상도, 그 정욕도 지나가되 오직 하나님의 뜻을 행하는 자는 영원히 거하느니라"(요일 2:17).

에베소서 6장

**
1~4절 부자 상호 간에 복종 권면

■ 1~3절 자녀에게

1절 자녀들아 주 안에서 너희 부모에게 순종하라 이것이 옳으니라

바울은 5장 21~33절에서 그리스도인들의 삶의 현장 가운데 첫 번째로 부부 관계를 통하여 그리스도와 교회의 관계에 대하여 말씀하였다. 이제 6장 1~4절에서 그리스도인의 삶의 현장 두 번째로, 가정 즉 자녀와 부모 관계를 말씀한다.

바울은 아내와 남편, 자녀와 부모, 종과 상전 등 모든 인간관계의 기본은 그리스도를 경외함으로 상호 존중하는 것이라고 말씀한다. "그리스도를 경외함으로 피차 복종하라"(엡 5:21).

이제 본절을 통하여 자녀들에게 부모 순종에 대하여 말씀한다.

자녀들아 주 안에서

바울은 자녀가 부모에게 순종하는 것은 '인륜'을 넘어 '천륜'의 문제라고 말씀한다. 자녀가 부모에게 순종해야 하는 것은 낳으시고 길

러 주신 은혜 때문이기도 하지만, 믿음의 사람들이 더욱더 부모 공경의 삶을 살아야 하는 이유는 하나님의 계명이기 때문이다.

"네 부모를 공경하라 그리하면 네 하나님 여호와가 네게 준 땅에서 네 생명이 길리라"(출 20:12).

너희 부모에게 순종하라 이것이 옳으니라

* 순종하라: (헬)휘파쿠오 – 귀를 기울이다, 경청하다
* 옳으니라: (헬)디카이오스 – 정당하고 의로운 것

'순종하라'라는 말씀은, 부모의 말씀을 잘 경청하고 받들어 복종하여 행하라는 의미이다. 불순종은 하나님을 떠난 악한 자들이 범하는 죄악이기 때문이다.

"또한 그들이 마음에 하나님 두기를 싫어하매…부모를 거역하는 자요"(롬 1:28, 30).

'옳으니라'라는 말씀은, 부모에게 순종하는 것은 '정당하고 의로운 것'으로 하나님의 성품과 일치하는 것, 즉 하나님을 닮은 것이라는 의미이다. 그러므로 부모에게 순종하라는 계명을 지키는 것은 옳고 의로운 행위이며 하나님을 기쁘시게 하는 일이다.

묵상

'부모의 말씀에 순종하는 것이 의로운 것이다'라는 말씀 앞에서, '하나님 믿는 것을 반대하는 부모와의 문제를 어떻게 해야 하는가?'

"자녀들아 모든 일에 부모에게 순종하라 이는 주 안에서 기쁘게 하는 것이니라"(골 3:20).

하나님께서는 자녀들에게 모든 일에 부모에게 순종하라고 말씀하셨는데, 믿음 생활과 영혼 구원의 문제는 어떻게 해야 하는가? 이 문제를 푸는 열쇠는 '주 안에서 기쁘게 하라'는 말씀 안에 있다.

부모에게 순종하는 일에는 예외가 없어야 한다. 그러나 하나님의 말씀과 부모의 말씀이 서로 모순될 때, 하나님께서는 순종의 우선순위를 아는 것이 중요하다고 말씀하신다.

"무릇 내게 오는 자가 자기 부모와 처자와 형제와 자매와 더욱이 자기 목숨까지 미워하지 아니하면 능히 내 제자가 되지 못하고"(눅 14:26).

"이르시되 내가 진실로 너희에게 이르노니 하나님의 나라를 위하여 집이나 아내나 형제나 부모나 자녀를 버린 자는 현세에 여러 배를 받고 내세에 영생을 받지 못할 자가 없느니라 하시니라"(눅 18:29~30).

* 미워하다: (헬) 미세오 – 덜 사랑하다

* 버린: (헬)아피에미 – 자기 자신으로부터 떠나보내다(마음에서)

이 말씀들은 부모의 뜻을 거역하라는 의미가 아니다. 하나님의 말씀에 순종하는 것이 부모의 말씀에 순종하는 것보다 우선되어야 한다는 의미이다. 왜냐하면 신앙과 구원의 문제 즉 하나님의 뜻을 부모가 아신다면 결코 자녀가 복음 안에서 살아가는 삶을 반대하지 않으실 것이기 때문이다.

그러므로 부모의 반대를 무릅쓰고 복음으로 살아가는 것은 부모에 대한 불순종이 아니라 부모의 영혼을 구원해야 하는 사명의 문제다. 구원받은 성도는 불신 부모과 형제와 이웃 앞에서 구원받은 성도로서 하나님의 말씀과 예배와 기도의 삶, 즉 인격신앙을 통해 자신의 구원을 잘 이루어 나갈 뿐만 아니라, 부모와 형제들과 이웃들이 예수님을 믿고 구원에 이를 수 있도록 더욱 말씀에 순종하는 삶과 섬기는 삶을 살아야 한다.

📖 **나는 믿음의 자녀로서 하늘 아버지와 육신의 부모에게 효를 다하기 위해 어떤 삶을 살고 있는가?**

"하나님이 이르셨으되 네 부모를 공경하라 하시고 또 아버지나 어머니를 비방하는 자는 반드시 죽임을 당하리라"(마 15:4).

2절 네 아버지와 어머니를 공경하라 이것은 약속이 있는 첫 계명이니

바울은 출애굽기 20장 12절과 신명기 5장 16절에서 십계명에서 말씀하신 부모 공경에 대하여 말씀한다.

네 아버지와 어머니를 공경하라
* 공경하라: (헬)티마오 – (어떤 일에) 가치를 높이 평가하다

'공경하라'라는 말씀은, 겉으로 드러나는 행위의 차원을 넘어 '마음 깊은 곳에 가치를 두라'는 의미이다. 즉 부모 공경이란, 인간으로서 행해야 할 더없이 높고 가치 있는 일이며, 궁극적으로는 하나님을 경외하는 일이 된다.

이것은 약속이 있는 첫 계명이니
* 첫: (헬)프로테 – 첫째, 먼저, 매우 중요한

'약속 있는 첫 계명'이란, 자녀가 부모를 공경하는 것이야말로 발을 땅에 딛고 살아가는 동안에 '가장 첫째 되고 중요한' 하나님의 명령이라는 말씀이다.

그러므로 성도는 하나님을 섬기듯 부모를 공경해야 하며, 아버지와 어머니를 공경하듯 하늘 아버지를 경외해야 한다. 하나님을 경외하는 것과 부모를 섬기는 것은 인간의 가장 기본이 되는 도리이며 최고의 가치라는 말씀이다.

묵상

'나실 제 괴로움 다 잊으시고 기르실 제 밤낮으로 애쓰는 마음
진 자리 마른 자리 갈아 뉘시며 손발이 다 닳도록 고생하시네
하늘 아래 그 무엇이 높다 하리요 어버이의 은혜는 가이 없어라'

인생을 살면서 어떤 가치와 바꿀 수 없고 바꾸어서도 안 되는 소중한 일은 부모를 섬기는 것이다. 특별히 예수님을 믿어 구원받아 성화의 삶을 살아가는 성도는 인륜을 넘어 천륜, 즉 하나님께서 인간의 가장 근본적인 계명으로 주신 부모 공경의 삶을 살아야 한다.

그러나 성도가 한 가지 더 기억해야 할 것은 '주 안에서' 부모를 공경하라는 말씀이다. '주 안에서'라는 말씀은, 부모를 하나님처럼, 하나님을 부모처럼 섬기되, 어떤 경우에는 부모를 섬기는 일보다 하나님을 섬기는 일이 먼저라는 의미이다. 왜냐하면 하나님을 섬기는 일은 하나님의 나라와 영혼 구원의 문제이기 때문이다.

혹여라도 자식 된 도리를 다하여 부모에게 기쁨을 드리기 위해 신앙에서 떠나거나 하나님 섬기는 일을 소홀히 하다가 자신과 부모의 영혼이 구원받지 못한다면, 이보다 더한 불효는 없다.

그러므로 성도는 세상에서 가장 소중한 일이 '하나님 나라와 영혼 구원'이라는 사실을 깨닫고, 자신과 부모 그리고 가족, 친척, 이웃의 영혼을 구원하기 위해 성도로서 합당하고 지혜로운 삶을 살아야 한다.

성도는 하나님을 예배하는 일과 부모를 섬기는 것, 그 어느 것도 소홀히 해서는 안 되며, 더 나아가 하나님과 부모의 마음을 아프게 해드려서는 안 된다. 그래서 성도는 성경의 정신을 바로 알고 지혜로운 처신으로 '주 안에서' 부모를 잘 공경함으로 하늘의 복과 땅의 복을 받기를 주님께서 원하신다.

나는 하나님과 부모를 섬기는 일에 있어서 지혜롭게 처신하고 있는가?

"너희 각 사람은 부모를 경외하고 나의 안식일을 지키라 나는 너희의 하나님 여호와이니라"(레 19:3).

3절 이로써 네가 잘되고 땅에서 장수하리라

바울은 부모를 공경하는 자가 이 땅에서 받을 복에 대하여 말씀한다.

본절은 신명기 5장 16절의 말씀으로, 부모를 공경하는 자녀가 이 땅에서 잘되고 장수하는 복을 내리실 것이라는 말씀이다.

"너는 네 하나님 여호와께서 명령한 대로 네 부모를 공경하라 그리하면 네 하나님 여호와가 네게 준 땅에서 네 생명이 길고 복을 누리리라"(신 5:16).

그런데 현실 속에서는 부모 공경을 잘하는 자녀들이 오히려 어려움 속에서 살다가 일찍 하나님의 부르심을 받는 경우를 종종 본다. 그렇다면 본절의 참된 의미는 무엇일까?

첫째, '잘된다'는 말씀은, 하나님의 계명을 지키는 자가 받을 일반적이고 전체적인 복을 의미하는 것으로 이해해야 한다. 부모를 공경하는 자녀가 단순히 이 땅에서 오래 살고 잘산다는 개념이 아니라, 하나님의 말씀 안에서 살기 위해 발버둥 치는 성도들에게 이 세상의 어떤 영광과도 비교할 수 없는 구원의 복과 함께 하늘의 복과 땅의 복이 확실히 보장되어 있다는 말씀이다.

둘째, '장수한다'는 말씀은 부모 공경을 하지 않는 자녀에게 내리시는 하나님의 형벌과 관련이 있다.

"사람에게 완악하고 패역한 아들이 있어 그의 아버지의 말이나 그 어머니의 말을 순종하지 아니하고 부모가 징계하여도 순종하지 아니하거든 그의 부모가 그를 끌고 성문에 이르러 그 성읍 장로들에게 나아가서 그 성읍 장로들에게 말하기를 우리의 이 자식은 완악하고 패역하여 우리 말을 듣지 아니하고 방탕하며 술에 잠긴 자라 하면 그 성읍의 모든 사람들이 그를 돌로 쳐 죽일지니 이같이 네가 너희 중에서 악을 제하라 그리하면 온 이스라엘이 듣고 두려워하리라" (신 21:18~21).

부모에게 불순종하는 자에게는 죽음의 형벌을 내리고, 부모를 공경하는 자에게는 하나님이 주신 온전한 수명을 누리며 평안히 산다는 배경을 가지고 있다.

그러므로 자녀가 하나님의 계명에 순종하여 주 안에서 부모를 공경하는 삶을 살 때, 몸과 마음과 영혼에 하늘의 복과 땅의 복이 임한다고 말씀하신다.

묵상

은혜로 오신 예수 그리스도를 믿어 구원받은 성도에게서 나타나는 가장 큰 특징은 하나님의 공의(체데크)와 정의(미쉬파트)로 사는 삶이다. 따라서 부모를 공경하는 삶은 단순한 인간의 도리를 넘어 하나님의 정의와 연결된다.

"오직 정의를 물 같이, 공의를 마르지 않는 강 같이 흐르게 할지어다" (암 5:24).

예수 그리스도를 믿음으로 구원받아 하나님의 공의가 된 성도는, 정의로우신 하나님의 성품을 닮아, 하나님께서 인간에게 명령하신 가장 기본적인 도리요 최고의 가치인 부모 공경의 삶을 살게 된다.

성도가 예수님 안에서 부모 공경의 계명을 지키며 사는 삶은 하나님을 영화롭게 하는 삶이며, 하나님의 마음을 기쁘게 해드리는 삶이기에, 하늘의 복이 확실하게 보장되어 있는 약속 있는 계명이다. 그러므로 주 안에서 부모를 공경하는 삶으로 하나님의 기쁨이 되는 성도들에게는, 하나님이 좋으셨을 때 주시는 은혜, 즉 페이버(favor)가 충만하게 임할 것이다.

나는 부모 공경의 삶을 잘 살고 있는가?

"그의 부모를 경홀히 여기는 자는 저주를 받을 것이라 할 것이요 모든 백성은 아멘 할지니라"(신 27:16).

■ 4절 부모에게

4절 또 아비들아 너희 자녀를 노엽게 하지 말고 오직 주의 교훈과 훈계로 양육하라

바울은 1~3절을 통하여 자녀에게 부모 공경에 대하여 말씀하고, 이제 본절에서는 아비들에게 자녀에 대하여 말씀한다.

또 아비들아 너희 자녀를 노엽게 하지 말고

* 아비들: (헬)호이 파테레스 – 아버지
* 노엽게 하지: (헬)파로르기조 – 학대하거나 인격적으로 무시하다, 끊임없이 비난하고 책망하여 낙담하게 만들다

바울 당시 헬라 사회에서는 가정에 대한 모든 권한, 특히 자녀에 대한 권한은 아버지에게 있었다. 그래서 본절에서는 '아버지'라고 기록은 했지만 '부모들아'라는 의미로 해석해야 한다.

주 안에서 살아가는 부모들은 자녀에게조차 피차 복종하는 자세를 가져야 한다. 성도는 부모의 권위로 자녀들의 감정과 육체를 학대하여 상하게 하거나 끊임없이 비난하여 자존감을 잃게 해서는 안 된다.

"아비들아 너희 자녀를 노엽게 하지 말지니 낙심할까 함이라"(골 3:21).

오직 주의 교훈과 훈계로 양육하라

* 교훈: (헬)파이듀오 – 어린이들의 훈련과 교육, 징계, 훈육
* 훈계: (헬)누데시아 – 경계, 가르치거나 교훈을 주는 행위

바울은 성도의 자녀 양육에 대하여 두 가지 원칙을 말씀한다.

첫째는 교훈이다.

'교훈'이란, '훈련'의 의미가 강하다. 때로는 합당한 징계까지 포함한 교육을 통하여 자녀가 하나님의 말씀 안에서 바른 삶을 살도록 훈육하는 것을 의미한다.

"모든 성경은 하나님의 감동으로 된 것으로 교훈과 책망과 바르게 함과 의로 교육하기에 유익하니"(딤후 3:16).

둘째는 훈계이다.

'훈계'란, 말을 통한 '가르침으로 교훈하는 것'을 의미한다. 예나 지금이나 유대인들은 자신의 철학이나 가문의 전통보다 하나님의 말씀을 자녀에게 전해 주는 것을 가정교육의 근본으로 삼고 살아간다. 그러므로 성도는 부모로서 삶의 기준과 가치와 가문의 전통을 자녀에게 가르치기도 해야 하지만, 하나님의 말씀으로 가르쳐 양육하는 것을 우선해야 한다.

묵상

교육학에서 "문제 있는 부모는 있어도 문제아는 없다"는 말이 있다. 또 "자식은 부모의 말을 듣고 자라지 않고, 뒷모습을 보고 자란다"는 말도 있다.

우리는 매스컴을 통하여 부모들의 부적절한 말과 행동이 자녀의 마음

과 삶에 씻을 수 없는 상처를 주는 것을 자주 보고 듣는다. 그럼에도 어떤 부모들은 여전히 좋은 옷을 입히고, 좋은 음식을 먹여 주고, 좋은 학원이나 해외 유학을 보내 주는 것으로 좋은 부모의 삶을 살고 있다고 자부한다. 이런 부모가 좋은 부모일 가능성은 높지만, 그것만으로 부모의 역할을 다했다고 생각한다면 아마도 심각한 부작용을 낳게 될 것이다. 왜냐하면 대개 이런 부모들은 자식이 자신의 기대와 기준에 미치지 못하면, 말로 자녀의 마음에 상처를 주기도 하고, 심지어는 육체적인 학대를 가하는 경우도 있기 때문이다.

어린아이 시절을 생각해 보라. 언제가 가장 행복했는가? 맑고 밝고 건강하게 자라난 사람들의 공통점은, 어린 시절에 물질적인 부유함보다 부모로부터 사랑과 인격적인 대우를 받으며 자라난 사람들이다. 다시 말해서 먹고 입고 사는 것이 조금은 부족할지라도, 부모의 사랑과 관심 속에서 지지받고 격려를 받으며 자라난 사람들이 자신을 사랑하듯 다른 사람을 사랑할 줄 알고, 행복한 가정과 공동체와 밝은 사회를 만들어 간다는 말이다.

그러므로 건강한 부모는 하나님 안에서 자기를 사랑하듯 자녀를 사랑하며, 자신의 꿈과 희망을 강요하지 않는다. 오직 하나님의 말씀과 말씀의 정신, 즉 교훈과 훈계로 자녀를 양육하며, 인격신앙을 전달하고 흘려보내기 위해 끊임없이 지지와 격려의 삶으로 자녀를 세워 간다.

📖 나는 자녀를 교훈과 훈계로 양육하기 위해 어떤 삶을 살아가고 있는가? 또한 자녀를 인격신앙으로 세우기 위해 주 안에서 성장해 가고 있는가?

"보라 자식들은 여호와의 기업이요 태의 열매는 그의 상급이로다"(시 127:3).

✱✱
5~9절 종과 상전 상호 간에 복종 권면

■ 5~8절 믿는 종의 자세

5절 종들아 두려워하고 떨며 성실한 마음으로 육체의 상전에게 순종하기를 그리스도께 하듯 하라

바울은 부부와 부모 자녀 관계에 이어, 5~9절에서 그리스도인의 삶의 현장 세 번째로 종과 주인과의 관계에 대하여 말씀한다. 먼저 본절에서 상전에 대한 종들의 자세를 말씀한다.

종들아 두려워하고 떨며 성실한 마음으로

* 성실한 마음: 정직하고 변함없는 마음

종이 가져야 할 첫 번째 자세는, '두려워하고 떨며 성실한 마음'이다.

"종들아 모든 일에 육신의 상전들에게 순종하되 사람을 기쁘게 하는 자와 같이 눈가림만 하지 말고 오직 주를 두려워하여 성실한 마음으로 하라"(골 3:22).

주석가 헨드릭슨은 본절을 이렇게 해석했다.

"이 말씀은 종들이 폭군과 같은 자기의 상전에게 무조건 동조해야 하거나 두려워 떨며 자기 상전을 대해야 한다는 그런 의미는 아니다. 오히려 자기들에게 부과된 일들의 참된 성질을 깨닫고 진지하게 조심하는 마음으로 차 있어야 한다는 의미이다."

즉 믿음으로 사는 종들은 상전의 권위와 힘을 두려워하여 부당한 일까지 무조건 동조하는 자세를 가져서는 안 된다. 도리어 '성실한 마음'의 자세, 즉 정직하고 변함없는 마음으로 주인을 섬겨야 한다.

육체의 상전에게 순종하기를 그리스도께 하듯 하라

종들이 가져야 할 두 번째 자세는 '순종'이다.

순종의 기준은 예수 그리스도이다. 피차 복종하는 자세는 모든 인간관계, 즉 부부와 부모 자식의 관계에서 핵심 기준이다. 왜냐하면 순종은 사랑의 결과물이기 때문이다. 참된 순종은 명령하고 억압하는 관계에서는 절대 나올 수 없다.

그러므로 참된 순종은 서로 사랑할 때만 가능하다는 사실을 알고, 피고용인들은 교회가 그리스도께 순종하듯 고용인과 회사를 사랑함으로 순종하는 자세를 가져야 한다.

묵상

노예 제도가 없어진 오늘날에는 본절을 노사 즉 피고용인과 고용인의 관계로 적용할 수 있다. 끊임없이 일어나는 노사분쟁의 이면을 들여다보면, 적은 비용 지출로 많은 이익을 쌓으려는 사측과, 좀 더 많은 이익금을 분배받으려는 노측의 마음이 서로 충돌하여 분쟁이 일어난다. 하나님께서는 모든 인간관계의 기본은 피차 복종이라고 말씀하셨다. "그리스도를 경외함으로 피차 복종하라"(엡 5:21).

서로의 이익을 극대화하려는 마음은 자본주의의 특징이다. 하지만 그리스도를 따르는 피고용인 성도들은 고용인에게서 나오는 돈이나 힘에 의해 일하는 자세를 가져서는 안 된다. 거룩한 백성으로 부르심을 받은 성도답게 자신의 직장이 하나님이 주신 '성직'이라는 사실을 알아야 한다.

그러므로 성도는 어떤 자리에 있든 교회가 그리스도께 복종하듯 성실하고 정직한 자세로 섬기려는 마음을 갖는 것이 먼저이다.

📖 나는 부르심의 자리에서 성실하고 정직한 자세로 섬기는 삶을 사는가?

"가난하여도 성실하게 행하는 자는 부유하면서 굽게 행하는 자보다 나으니라"(잠 28:6).

6절 눈가림만 하여 사람을 기쁘게 하는 자처럼 하지 말고 그리스도의 종들처럼 마음으로 하나님의 뜻을 행하고

바울은 믿음의 사람으로서의 정직에 대하여 말씀한다.

눈가림만 하여 사람을 기쁘게 하는 자처럼 하지 말고

* 눈가림: (헬)옵달모둘레이아 - 눈가림 봉사

'눈가림'이란, 사람이 보는 눈앞에서만 행하는 섬김을 의미한다. 하나님을 믿는 종은 모든 것을 아시는 하나님, 즉 마음 중심을 다 아시기에 사람을 외모로 판단하지 않으시는 하나님을 믿어야 한다.

"또 마음을 아시는 하나님이 우리에게와 같이 그들에게도 성령을 주어 증언하시고"(행 15:8).

그러므로 믿음의 종은 주인의 눈앞에서만 일하는 척하는 삶의 태도를 버려야 한다.

그리스도의 종들처럼 마음으로 하나님의 뜻을 행하고

성도는 그리스도의 종으로서 하나님의 뜻 안에서 자원함으로 주님을 섬기듯, 육신의 상전에게 성실하고 정직한 마음으로 봉사하는 삶을 살아야 한다. 그리스도를 믿은 종들은 사람의 눈가림만 하는 삶을 버리고 하나님의 뜻 안에서 의와 진리로 성실하게 살아가야 한다. 왜냐하면 이런 삶의 자세는 하나님의 기쁨이며, 또한 육체의 주인을 비롯한 다른 사람들에게 복음을 전파할 기회가 되기 때문이다.

"너는 말씀을 전파하라 때를 얻든지 못 얻든지 항상 힘쓰라 범사에 오래 참음과 가르침으로 경책하며 경계하며 권하라"(딤후 4:2).

묵상

'표리부동'이라는 말이 있다. 겉과 속이 같지 않음을 뜻하는 말로, 마음이 음흉하여 겉과 속이 다른 사람을 지칭할 때 쓴다.

바울 당시에 로마의 인구 중 3분의 1 정도가 노예였으며, 특히 초기 교회의 회심한 성도 중 대부분이 노예였다. 그런데 만약 노예였던 성도들이 그리스도 안에서 모두가 평등하다는 사실만을 강조하며 자신의 주인들을 섬기지 않거나 표리부동한 삶을 살았다면, 과연 기독교가 로마 사회에 그토록 빨리 전파되었을까?

오늘날도 마찬가지다. 표리부동한 목회자들과 교인들이 많아지면서 교회는 복음의 능력을 점점 상실하다가, 어느덧 사회가 교회를 걱정해야 하는 기가 막힌 상황에 이르게 되었다. 그 결과로 교회와 교인의 수는 날마다 줄어들고 있다. 복음의 능력은 어제나 오늘이나 변함이 없는데, 복음으로 살지 않는 목회자와 교인들의 삶의 자리가 예수님과 교회를 불신하게 만들어 버렸다.

이제 우리는 삶의 자리에 표리부동을 버리고 하나님의 뜻 안에서 정직하고 성실하게 사는 삶을 회복해야 한다. 당장 손해를 보지 않기 위해 행하는 모든 표리부동을 버리고 예수님을 믿어 의롭게 된 성도다운 삶을 살아야 한다. 우리가 분명히 기억해야 할 것은 거짓된 삶은 천국을 유업으로 받지 못할 중한 죄 중에 하나라는 사실이다.

"무엇이든지 속된 것이나 가증한 일 또는 거짓말하는 자는 결코 그리로 들어가지 못하되 오직 어린양의 생명책에 기록된 자들만 들어가리라"(계 21:27).

그러므로 구원받은 성도는 하나님의 말씀 안에서 착함과 옳음과 진리를 따라 하나님과 사람 앞에서 정직하게 사는 삶으로 하나님께 영광을 돌려야 한다.

📖 내가 버려야 할 표리부동한 삶의 모습은 없는가?

"종들아 모든 일에 육신의 상전들에게 순종하되 사람을 기쁘게 하는 자와 같이 눈가림만 하지 말고 오직 주를 두려워하여 성실한 마음으로 하라"(골 3:22).

7절 기쁜 마음으로 섬기기를 주께 하듯 하고 사람들에게 하듯 하지 말라

바울은 무슨 일을 하든 주님을 섬기듯 살라고 말씀한다.

기쁜 마음으로

* 기쁜 마음: (헬)유노이아 – 올바르다, 잘하다, 호의, 친절, 열정을 가지다

예수님을 믿는 종의 마음에는 언제나 열정적인 친절이 있어야 한다. '기쁜 마음'이란 거짓이 아닌 올바른 마음, 대충하지 않고 잘하려는 마음, 쌓으려 하지 않고 베풀려는 마음, 불친절이 아닌 친절한 마음을 의미한다.

섬기기를 주께 하듯 하고 사람들에게 하듯 하지 말라

믿음의 종은, 주인이 맡겨 주는 일을 할 때 남의 일을 하듯이 성의 없이 해서는 안 된다. '주께 하듯 하라'는 말씀은, 비록 세상에서의 신분은 종이지만, 예수님을 믿는 순간 하나님의 고귀한 자녀가 되었기에 하나님의 자녀답게 예수님을 섬기듯 상전을 섬겨야 한다는 의미이다.

'사람들에게 하듯 하지 말라'라는 말씀은, 하나님의 존귀한 자녀로서 부르심을 받은 자리에서 사람의 눈만 의식하는 섬김의 삶을 살지 말고, 신분과 환경을 뛰어넘어 마음을 다하는 선행과 봉사의 삶을 살라는 의미이다. 왜냐하면 존귀한 하나님의 자녀로서 높은 자존감과 정체성을 가지고 섬김의 삶을 살아가는 성도에게는, 이 세상의 어떤 영광과도 비교할 수 없는 하늘 아버지의 보상이 기다리고 있기 때문이다.

"무슨 일을 하든지 마음을 다하여 주께 하듯 하고 사람에게 하듯 하지 말라 이는 기업의 상을 주께 받을 줄 아나니 너희는 주 그리스도를 섬기느니라"(골 3:23~24).

묵상

정통 유대인 남성들은 기도와 예배를 드릴 때, 하나님의 종이라는 경외의 마음과 순종의 마음을 고백하는 행위로 머리에 '키파'라는 작은 모자를 쓴다. 예수님을 믿어 구원받은 성도들도 언제 어디서나 '코람데오', 즉 하나님 앞에서 '일편단심'으로 변하지 않는 마음, 충성스러운 마음으로 살아가야 한다. 특히 직장을 '성직', 즉 하나님이 허락하신 '성스러운 직업'이라는 의식을 가져야 한다. 우리는 종종 자신의 흥에 겨워 열심히 일하던 사람들이 이내 흥미를 잃기 시작하면 시들해지고, 관심도 없고, 열심도 내지 않고, 건성으로 일하는 경우를 종종 본다.

하지만 구원받은 성도는 자신의 열심에 의해서나 사람에게 보이려고 일하지 않는다. 왜냐하면 성도는 사람 앞에서 살아가는 존재가 아니라 하나님 앞에서 살아가는 하늘 백성이기 때문이다. 또한 성도는 열정을 다해 '기쁜 마음', 즉 일편단심으로 세상을 섬기시는 예수님의 마음과 열심을 배웠기 때문이다. 그러므로 성도는 무슨 일이든 주를 섬기는 마음으로 충성과 열정을 다해야 한다.

📖 나는 직장과 교회에서 일편단심으로 섬기는 삶을 사는가?

"너희 중에 큰 자는 너희를 섬기는 자가 되어야 하리라"(마 23:11).

8절 이는 각 사람이 무슨 선을 행하든지 종이나 자유인이나 주께로부터 그대로 받을 줄을 앎이라

바울은 신분의 고하를 막론하고 선을 행하는 삶을 살면 하나님께서 그대로 갚아 주신다고 말씀한다.

이는 각 사람이 무슨 선을 행하든지 종이나 자유인이나

예수 그리스도를 믿는 모든 성도는, 종이든 자유인이든, 즉 신분과 상관없이 선을 행하는 삶을 살아야 한다. 왜냐하면 구원받은 성도가 선을 행하며 사는 모습이 하나님의 정의(미쉬파트)이기 때문이다.

주께로부터 그대로 받을 줄을 앎이라

* 그대로: (헬)투토 – 바로 그것을

* 받을: (헬)코미조 – 되돌아오다(자신에게로)

바울은 성도가 하나님 앞에서 다른 사람을 섬기는 삶을 살 때, 그 섬김 그대로 보상해 주신다고 말씀한다. 그러므로 이 땅에서 신분이 종일지라도 하나님을 섬기듯 주인을 마음으로 섬기면, 일차적으로는 그리스도의 정신을 실천하고 주인을 섬기는 것이 된다. 하지만 결국은 섬김 그대로 돌려받으므로 섬김의 삶은 자신에게 유익을 주는 가치 있는 일이다.

묵상

본절의 보상법은 지금까지 성경에서 발견한 보상법과는 그 내용이 사

뭇 다르다. 일반적으로 성경의 보상법은 '심은 대로 거둔다'는 개념이다. 즉 주를 위해 물질과 생명과 시간과 재능을 드리면 하나님의 나라에서 보상을 받는다는 것이 전통적인 보상 사상이다. 이 보상법은 자유인에게 속한 보상법으로 볼 수 있다.

하지만 본절에서는 종에 대하여 말씀하신다. 종은 몸도 생명도 시간도 재물도 주인의 소유인 존재이다. 그래서 아무것도 가질 수 없고 주인의 허락이 없으면 스스로 할 수 있는 일도 없다. 심지어 그리스도인 종들은 주인이 허락이 없으면 교회에도 나갈 수 없었다.

그런데 모든 자유를 빼앗기고 살아가고 있는 종들에게 '기쁜 마음' 즉 일편단심으로 변하지 않는 충성으로 주인을 섬기라고 말씀하신다. 이런 섬김이 상식적으로 가능한 일인가? 그러나 하나님의 말씀은 상식을 초월한 초상식이라는 사실을 알아야 한다. '참된 섬김'은 어떤 상황에서든, 즉 합법 안에서 세상의 질서를 거부하지 않고 섬기는 삶을 의미한다. 왜냐하면 섬김의 삶을 사는 성도에게는 이 세상의 영광과 비교할 수 없는 하나님 나라의 상급이 예비되어 있기 때문이다.

그러므로 성도는 지금 자신이 처해 있는 삶의 자리가 어떤 자리든 주님을 섬기듯 섬김의 삶을 살아, 그 섬김 그대로 보상해 주실 하나님을 바라보는 초상식의 삶을 살아야 한다.

나의 섬김은 상식인가 초상식인가?

"너희는 여호와께서 너희를 위하여 행하신 그 큰 일을 생각하여 오직 그를 경외하며 너희의 마음을 다하여 진실히 섬기라"(삼상 12:24).

■ 9절 믿는 상전의 자세

9절 상전들아 너희도 그들에게 이와 같이 하고 위협을 그치라 이는

그들과 너희의 상전이 하늘에 계시고 그에게는 사람을 외모로 취하는
일이 없는 줄 너희가 앎이라

바울은 5~8절에서 상전에 대한 종의 마음 자세와 행동에 대하여 말씀하였다. 이제 본절에서는 반대로 종에 대한 상전의 올바른 행동에 대하여 말씀한다.

상전들아 너희도 그들에게 이와 같이 하고 위협을 그치라
* 위협: (헬)아페일렌 – 협박

구원받은 상전들은 종들에 대하여 비인격적인 협박, 즉 가혹한 말과 행동, 채찍질, 굶기는 일 등의 학대를 하지 말아야 한다. 이러한 행동은 예수님의 가르침을 따르는 성도의 자세가 아니며, 또한 비인격적인 방법으로는 종들의 마음에서 우러나오는 순종을 기대할 수 없다. 예수님은 자신의 몸처럼 이웃을 사랑하라고 가르치셨다.

이는 그들과 너희의 상전이 하늘에 계시고 그에게는 사람을 외모로 취하는 일이 없는 줄 너희가 앎이라

상전 된 자들이 종들에게 비인격적이며 비성경적인 협박과 공갈을 그쳐야 하는 진짜 이유는 첫 번째, 하늘에 계신 하나님이 모든 인간의 상전이 되시기 때문이다.

"상전들아 의와 공평을 종들에게 베풀지니 너희에게도 하늘에 상전이 계심을 알지어다"(골 4:1).

그러므로 하늘의 상전이신 하나님을 최고의 어르신으로 공경하며 살아가는 성도는, 자신을 비인격적으로 대하지 않으시는 하나님 앞에서 종을 포함한 모든 사람을 함부로 대해서는 안 된다.

또한 사람을 차별해서는 안 되는 두 번째 이유는, 하늘의 상전이

신 하나님께서는 사람을 차별하지 않으시기 때문이다. 하나님이 '사람을 외모로 취하지 않으신다'는 말씀은, 재물이 많거나 권력을 가졌다는 이유로 그들이 사람을 학대하고 불의를 저지르는 것을 결코 용납하지 않으신다는 의미이다. 왜냐하면 의와 진리와 공평으로 세상을 다스리시는 하나님의 공의로운 성품이, 불공정하고 불평등한 것을 결코 용납하실 수 없기 때문이다.

"여호와께서는 지극히 존귀하시니 그는 높은 곳에 거하심이요 정의와 공의를 시온에 충만하게 하심이라"(사 33:5).

묵상

고대로부터 인간들은 자신보다 힘이 없는 사람들을 사로잡아 짐승처럼 제물 취급을 하며 노예로 삼고 살았다. 이러한 인간의 악함은 오늘날에도 다른 방식, 즉 돈과 권력을 가지고 하나님의 형상으로 창조된 인간의 존엄과 평등을 파괴하고 군림하려는 형태로 나타나고 있다. 평등과 공정은 하나님께서 인간에게 허락하신 기본적인 권리이다.

"그리스도를 경외함으로 피차 복종하라"(엡 5:21).

하나님께서는 모든 인간관계가 그리스도를 경외하듯 서로를 존중하고 귀하게 여기며 평화롭게 살라고 말씀하셨다. 그러므로 구원받은 인간은 힘의 논리, 즉 돈이나 명예나 권력과 같은 것으로 하나님이 세우신 평등과 공정이라는 가치를 짓밟는 행위를 멈추어야 한다. 인간이 인간을 함부로 대하고 기만하며 속이는 것이 세상에서 가장 악하고 추하고 더러운 것이라는 사실을 알아야 한다.

더욱이 예수님을 머리로 모시고 살아가는 교회 안에서 외모, 즉 돈, 학력, 세상의 권력 등으로 성도를 평가하는 악습이 있어서는 안 된다. 하나님의 공의를 행하는 삶이란, 오직 그리스도의 십자가의 사랑으로 서로를 돕고 세우고 살리는 것이다.

📖 나는 사람을 대할 때 외모와 중심 중에서 어떤 가치에 더 관심을 두고 사는가?

"외모로 보시지 않고 각 사람의 행위대로 심판하시는 이를 너희가 아버지라 부른즉"(벧전 1:17).

✽✽

10~13절 영적 전쟁의 대상

10절 끝으로 너희가 주 안에서와 그 힘의 능력으로 강건하여지고

바울은 4장 17절~6장 9절에서 그리스도인으로 거듭난 성도들이 교회를 중심으로 살아야 할 새로운 삶에 대하여 말씀하였다. 이제 최종 마무리로 10~20절에서 성부의 예정과 선택과, 성자의 은혜와 속량과, 성령의 인 치심과 보증하심으로 거듭난 성도들이 필연적으로 감당해야 할 마귀와의 영적 전쟁에 대하여 말씀한다. 본절에서는 영적 전투를 위해 강건해질 것에 대하여 말씀한다.

끝으로

* 끝으로: (헬)투 로이푸 – 마지막으로(Finally)

'끝으로'라는 말씀은, 시대적인 '종말'이 아니라 영어로 'Finally' 즉 에베소 교회에게 보내는 서신의 마지막을 의미한다.

너희가 주 안에서와 그 힘이 능력으로 강건하여지고

* 강건하여지고: (헬)엔뒤나모오 – 더욱 강하게 하다, 강한 힘을 부여하다

'주 안에서와 그 힘의 능력으로'라는 말씀은, 영적인 전쟁 속에서

살아가는 성도가 언제나 강한 상태를 유지하기 위해서는 '하나님을 믿고 의지할 때만 그 능력으로 더욱 강해진다'는 의미이다.

"백성들이 자녀들 때문에 마음이 슬퍼서 다윗을 돌로 치자 하니 다윗이 크게 다급하였으나 그의 하나님 여호와를 힘입고 용기를 얻었더라"(삼상 30:6).

다윗도 목숨이 경각에 달린 위급한 순간에 여호와, 즉 '언제나 지키시고 보호하시겠다'고 언약해주신 신실하신 하나님을 믿고 의지할 때 강하게 하시고 용기를 주셔서 위기를 벗어나게 하시는 하나님을 만날 수 있었다.

'강건하여지고'라는 말씀은, 성도는 자기 스스로 강해질 수 있는 것이 아니라, 오직 '하나님의 의해서만 강해질 수 있다'는 의미이다.

그러므로 구원받은 성도는 자신의 힘과 능력을 의지하지 않고, 오직 삶의 원천이 되시는 하나님의 권세의 능력을 의지할 때만 강해질 수 있다는 사실을 깨달아야 한다.

묵상

성도는 그리스도를 믿음으로 예수님의 십자가와 부활과 승천의 은혜로 의롭게 되어 하나님 나라의 백성이 된 존재들이다. 그러나 '칭의'의 은혜로 하나님의 의가 되었지만 본질적으로 강해진 것은 아니다. 성도를 포함한 모든 인간은 여전히 죄로부터 자유할 수 없는 연약하고 부족한 존재들이다. 죄의 한계 속에서 연약한 존재인 인간이 강한 하나님의 사람으로 살아갈 수 있는 비결은 자신의 '연약함'을 깨닫는 것에서 출발한다.

오늘날 인간들이 불행하게 사는 이유 중에 하나는, 자신의 연약함을 인정하지 않기 때문이다. 연약함을 인정하지 않는 인간들은 자기 스스로 무엇이든 할 수 있다고 생각하지만, 마음 깊은 곳에서 밀려오는 감당할 수 없는 불안과 허전함 속에서 살아간다. 그래서 그들은 가인이 쌓은 성과 같이 거대한 정치적·경제적 이익 집단을 만들어 자신을 보호하는 성을 쌓아 안전을 누리려 한다.

"귀인들을 의지하지 말며 도울 힘이 없는 인생도 의지하지 말지니 그의 호흡이 끊어지면 흙으로 돌아가서 그날에 그의 생각이 소멸하리로다"(시 146:3~4).

그러나 하나님께서는, 인간이 진정으로 안전을 누리고 강해지기 원한다면, 하나님을 떠난 가인과 같이 이익 집단이나 돈, 명예, 권력, 건강 등을 의지하지 말라고 말씀하신다. 왜냐하면 그런 것들은 주님이 오시는 그날, 노아의 홍수 때처럼 허무하게 사라질 것이기 때문이다. 그러므로 성도는 참된 인생의 강함은 오직 우리 주 예수 그리스도와 그 힘의 능력에 있음을 깨닫고 예수님의 말씀과 말씀의 정신으로 살기 위해 발버둥 치는 삶을 살아야 한다.

나는 예수님만이 힘의 능력임을 고백하며 사는가?

"두려워하지 말라 내가 너와 함께 함이라 놀라지 말라 나는 네 하나님이 됨이라 내가 너를 굳세게 하리라 참으로 너를 도와 주리라 참으로 나의 의로운 오른손으로 너를 붙들리라"(사 41:10).

11절 마귀의 간계를 능히 대적하기 위하여 하나님의 전신 갑주를 입으라

바울은 치열한 영적 전쟁을 위해 성도가 준비해야 할 것에 대하여 말씀한다.

마귀의 간계를

* 간계: (헬)메도데이아스 – 음모, 간교한 책략

'마귀'는 인간의 삶의 배후에 있는 악의 우두머리요 공중의 권세를 잡은 통치자로서 하나님의 백성들이 물리쳐야 할 원수이다.

"가라지를 뿌린 원수는 마귀요 추수 때는 세상 끝이요 추수꾼은 천사들이니"(마 13:39).

마귀는 간교한 책략으로 광명의 천사로 위장하고, 하나님의 능력을 모방하며, 성경을 왜곡하여 영적 지각이 없는 성도들을 미혹하여 지옥으로 끌고 가려고 한다.

"이것은 이상한 일이 아니니라 사탄도 자기를 광명의 천사로 가장하나니"(고후 11:14).

능히 대적하기 위하여 하나님의 전신 갑주를 입으라

* 전신 갑주: (헬)파노플리아 – 군인이 전쟁에 필요한 방어용·공격용 무기의 총칭

'하나님의 전신 갑주를 입으라'는 말씀은, 성도의 삶의 자리가 평범해 보이지만 사실은 영적인 측면에서 죽고 사는 치열한 전쟁터라는 의미이다. 그래서 구원받은 성도는 구원받은 것으로 만족하지 말고, 굶주린 사자와 같이 성도들의 영혼을 타락시켜 지옥 백성으로 삼으려는 마귀와 대적하기 위해 예수님의 이름의 능력, 즉 하나님의 전신 갑주를 입어야 한다.

묵상

구원받은 성도가 영적인 전쟁에서 하나님의 전신 갑주를 입고 승리하는 삶을 살기 위해서는 두 가지 사실을 기억해야 한다.

첫째는 믿음으로 내면이 강건해질 때 전신 갑주를 입을 수 있다.

전투에 임하는 군인이 아무리 좋은 갑옷과 무기로 무장했을지라도, 마음속에서 승리에 대한 믿음이 없고 두려움으로만 가득 차 있다면 강한

무기와 갑주는 무용지물이 될 것이다.

둘째는 전신 갑주를 착용할 때 하나라도 빠뜨려서는 안 된다.

전투에 임하는 군인이 무장할 때 어느 하나라도 소홀히 한다면, 적에게 약점을 노출하게 되어 심각한 상처를 입거나 심지어 죽을 수도 있다. 그러므로 성도는 마귀와의 영적 전쟁에서 십자가와 부활과 승천으로 마귀의 권세를 멸하시고, 우리에게 구원과 의와 존귀함을 주신 예수 그리스도를 믿는 믿음으로 내면이 강건해야 한다. 그리고 날마다 말씀과 예배와 기도로 예수 그리스도의 인격을 닮아 가는 삶을 통해, 완벽한 전신 갑주로 무장해야한다. 더 나아가 마귀에게 조금의 약점도 주지 않기 위한 '인격신앙'을 소유하여 예수님이 십자가로 주신 승리를 누리며 살아야 한다.

📖 **나는 신앙생활이 영적으로 죽고 사는 전쟁터라는 사실을 알고 있는가?**

"근신하라 깨어라 너희 대적 마귀가 우는 사자 같이 두루 다니며 삼킬 자를 찾나니"(벧전 5:8).

12절 우리의 씨름은 혈과 육을 상대하는 것이 아니요 통치자들과 권세들과 이 어둠의 세상 주관자들과 하늘에 있는 악의 영들을 상대함이라

바울은 성도가 왜 전신 갑주를 입어야 하는지 구체적인 이유를 말씀한다.

우리의 씨름은 혈과 육을 상대하는 것이 아니요

＊ 씨름: (헬)팔로- 던지다

'씨름'이란 몸과 몸이 맞붙어 겨루는 레슬링이나 생사를 건 싸움

(fighting)을 의미한다. 성도의 싸움의 대상은 '혈과 육', 즉 연약한 육신으로 살아가는 인간이 아니라, 초자연적인 능력을 가진 악한 영들로, 그것들과 생사를 건 싸움을 해야 한다.

그러므로 구원받은 성도는 믿지 않는 가족이나 이웃을 원수, 즉 싸움에 대상으로 삼아서는 안 된다. 연약한 육신을 가진 그들은 내 몸처럼 사랑하고, 복음을 전해야 할 대상이다.

통치자들과 권세들과 이 어둠의 세상 주관자들과 하늘에 있는 악의 영들을 상대함이라

'통치자들과 권세들'이란, 악한 천사뿐만 아니라 선한 천사까지 포함한 영적 존재이며, 이 땅에서 하나님을 인정하지 않으려는 세상의 구조와 사상과 제도들을 의미한다. 또한 '이 어둠의 세상 주관자들'이란, 하나님을 불신하는 세상의 권력자들이며 '하늘에 있는 악한 영들'은 영적 세계에서 하나님을 대항하여 사탄의 편에 선 악한 천사들을 지칭한다.

따라서 성도가 싸워야 할 대상은 연약한 육체를 가진 인간과 공동체가 아니라, 그 배후에서 각종 악법과 음란한 문화와 맘몬니즘과 분열과 거짓을 조장하여 하나님과 교회를 대적하게 하는 사탄과 그를 따르는 악한 영들이다.

묵상

리처드 니버의 저서 《그리스도와 문화》에서 그리스도와 세상 문화와의 관계를 다섯 가지 유형을 소개한다.

첫째는 '대립 유형'으로, 문화를 죄악 덩어리로 배척하며 그리스도인으로서 문화에 물들어서는 안 되기에 세상으로부터의 고립을 선택하는 사상이다.

둘째는 '일치 유형'으로, 본질적으로 그리스도와 문화 간에는 갈등이 없는 근본적인 일치를 주장한다. 이들은 그리스도를 인간 문화의 위대한 영웅으로 보고 그리스도의 가르침을 인간 문화의 윤리와 사상으로 이해하려고 한다.

셋째는 '종합 유형'으로, '일치 유형'과 비슷하나 그리스도가 문화 위에서 구원하여 인도하고 다스려야 한다는 사상이다.

넷째는 '역설 유형' 즉 '회색지대 유형'이라고도 한다. 즉 타락한 세상은 그리스도의 은혜로 붙잡아 주지 않으면 멸망할 수밖에 없기에 그리스도가 세상과의 긴장 속에서 사랑으로 봉사해야 한다는 사상이다.

다섯째는 '변혁 유형'으로, 문화는 하나님이 선하게 창조하신 긍정적인 것이므로 문화를 하나님의 선하시고 기뻐하시고 온전하신 뜻을 향하여 변혁시켜 나가야 한다는 사상이다.

성도가 어떠한 유형으로 문화를 바라보느냐도 중요하지만, 더욱 중요한 것은 세상의 배후에는 하나님을 거역하려는 악한 영의 세력이 있다는 사실이다. 따라서 성도는 하나님이 선하게 창조하신 인간과 공동체를 향한 공격을 멈추고 사탄과의 영적 전쟁을 위해 날마다 전신 갑주로 무장해야 한다.

나는 영적 싸움의 대상을 정확하게 알고 있는가?

"그중에 이 세상의 신이 믿지 아니하는 자들의 마음을 혼미하게 하여 그리스도의 영광의 복음의 광채가 비치지 못하게 함이니"(고후 4:4).

13절 그러므로 하나님의 전신 갑주를 취하라 이는 악한 날에 너희가 능히 대적하고 모든 일을 행한 후에 서기 위함이라

바울은 11절을 다시 반복하며, 성도에게 악한 영향력을 극복하기

위해 전신 갑주를 입으라고 말씀한다.

> 그러므로 하나님의 전신 갑주를 취하라 이는 악한 날에 너희가 능히 대적하고

'악한 날'이란, 이중적인 의미를 가지고 있다.

첫째로 '지금' 즉 성도가 살아가고 있는 오늘을 의미하며, 둘째로 예수님의 '재림이 가까운 날'을 의미한다. 왜냐하면 예수님이 재림주로 오실 심판의 날이 가까워질수록 사탄은 자신의 끝이 임박함을 알고 발악하며 성도들을 유혹하고, 또 살아가는 동안 만나게 되는 인생의 고난 앞에서 마음과 생각과 삶을 무너뜨려 하나님을 원망하게 하여 떠나게 하려고 하기 때문이다.

그러므로 성도는 지금, 즉 삶의 모든 순간마다 영적인 전신 갑주를 입고 사탄의 영향력을 분별하여 대적해야 한다. 마지막이 가까울수록 발광하는 사탄의 거짓과 기만에 속지 않기 위해 더욱더 말씀과 예배와 기도의 삶으로 전신 갑주를 입고 날마다 인격신앙으로 강해져 가는 성화의 삶을 살아야 한다.

모든 일을 행한 후에 서기 위함이라

* 서기 위함이라: (헬)히스테미 - 굳건히 서다

'모든 일을 행한 후에'라는 말씀은, 사탄과의 '영적인 싸움에서 승리한 후에'라는 의미이다. 또한 '서기 위함이라'는 말씀은 '전투에서 패하여 쓰러지지 않고 승리하였다'는 의미이다. 그러므로 성도는, 이기는 자들에게 만국을 다스리는 권세를 주신 주님을 바라보고, 사탄의 유혹과 시련의 공격으로부터 흔들리지 않도록 전신 갑주를 입고 굳게 서야 한다.

"이기는 자와 끝까지 내 일을 지키는 그에게 만국을 다스리는 권

세를 주리니"(계 2:26).

> **묵상**

대한민국 국민에게 네 가지의 의무, 즉 국방, 납세, 교육, 근로의 의무가 있는 것처럼, 구원받은 성도에게도 의무가 있다. 바로 전신 갑주로 무장하는 것이다. 왜냐하면 사탄은 매순간마다 구원받은 성도의 삶의 자리에 침투하여 각종 유혹으로 진리에서 떠나 세상의 헛된 것을 좇게 하고, 인생의 광야 앞에서 하나님의 선하시고 온전하시고 기뻐하시는 뜻을 바라보지 못하게 하여, 원망과 불평 속에서 살아가게 하기 때문이다.

그래서 성도는 날마다 삶의 자리에서 일어나는 영적인 전투에서 승리하기 위해 하나님의 전신 갑주로 굳게 무장하고, 한시도 긴장을 풀지 말고 말씀과 예배와 기도의 삶으로 강해져 가야 한다.

그러나 만약 성도가 자신의 의무, 즉 영적 전쟁을 위한 전신 갑주를 입는 것을 거부하거나 대충 입는다면, 사탄을 대적할 수도 없을 뿐만 아니라, 영적 전쟁에서 패하여 진리에서 떠나 세상의 맘몬과 세속적인 번영만 쫓다가 결국에는 하나님 앞에 서지 못하는 불행한 인생이 될 것이다.

그러므로 성도는 때가 악함을 깨닫고, 날마다 전신 갑주로 강하게 무장하여 사탄의 유혹과 인생에서 만나는 시련을 잘 견디고 이겨 승리자로 하나님께 영광을 돌리며, 생명의 면류관을 쓰고 하나님 앞에 서야 한다.

📖 **나는 전신 갑주를 입고 성도의 의무를 다하고 있는가?**

"믿음의 선한 싸움을 싸우라 영생을 취하라 이를 위하여 네가 부르심을 받았고 많은 증인 앞에서 선한 증언을 하였도다"(딤전 6:12).

✳✳
14~17절 하나님의 전신 갑주를 취하라

14절 그런즉 서서 진리로 너희 허리 띠를 띠고 의의 호심경을 붙이고

바울은 10~13절에서 사탄과의 싸움을 위해 전신 갑주로 무장하는 것이 성도의 의무라고 말씀하였다. 이제 14~17절에서 하나님의 전신 갑주가 무엇인지 구체적으로 말씀하며, 가장 먼저 진리의 허리 띠와 의의 호심경에 대하여 말씀한다.

그런즉 서서 진리로 너희 허리 띠를 띠고

성도가 영적 전쟁을 위해 먼저 갖추어야 할 전신 갑주의 첫 번째는 '진리의 허리 띠'이다. '허리 띠'는 병사가 전쟁에 나갈 때 전투에서 민첩하고 재빠르게 싸울 수 있도록 허리를 묶어주는 띠이다. 만약 병사가 허리를 단단히 묶지 않아 전투 중에 갑옷이 흘러내린다면 목숨을 잃을 수도 있는 심각한 위기에 빠질 것이다.

마찬가지로 하나님의 군사로 사탄과의 영적 전쟁을 수행해야 하는 성도가 복음의 진리로 자신의 마음과 생각과 인격을 단단히 묶지 못하여 정직과 성실을 잃어버리고 하나님의 뜻을 따라 살지 못한다면, 결국 사탄에게 속아 거짓과 기만의 삶으로 타락할 수밖에 없다. 그러므로 성도는 영적 군사로서 성실과 정직과 진리의 말씀으로 삶의 자리를 단단히 동여매어 사탄의 유혹을 이겨 내야 한다.

의의 호심경을 붙이고

* 호심경: (헬)도라카 - 가슴막이

'호심경'이란, 전투에 나가는 병사의 심장과 폐 등 몸의 주요 기관

들을 보호하기 위해 가슴뿐만 아니라 목부터 허리, 혹은 넓적다리까지 감싸는 보호대이다.

마찬가지로 영적 전쟁에 임하는 성도는 사탄의 공격으로부터 생명을 보존하기 위해 '의의 호심경'을 착용해야 한다. '의'란, 하나님이 은혜로 이 땅에 오셔서 십자가에서 신적 교환을 통하여 인간의 모든 죄를 사해 주시고 부활하심으로 의롭다 칭하여 주신 '그리스도의 공의'를 의미한다.

그러므로 성도는 하나님의 은혜로 그리스도를 믿어, 즉 예수님의 말씀을 믿고 존중하고 그렇게 살기 위해 발버둥 치는 삶으로 의로운 존재가 되었으니, 삶의 자리에서 실제적이고 구체적인 의로운 삶을 통해 거짓의 아비인 사탄의 공격을 이겨 내야 한다.

"빛의 열매는 모든 착함과 의로움과 진실함에 있느니라"(엡 5:9).

묵상

순서적으로는 하나님의 '은혜'(헤세드)로 '의로워진'(체데크) 성도는 '진리'(에메트)의 말씀으로 '공의로운'(미쉬파트) 삶을 살아야 한다. 하지만 '하나님의 공의'(체데크)와 '하나님의 정의'(미쉬파트)가 공존한다는 사실을 알아야 한다. 즉 은혜로 오신 예수 그리스도를 믿어 의로워진 성도는 변함없고 신실하신 하나님의 계명(미츠와)을 따라 공의로운 삶을 살아야 한다.

그런데 자신이 예수님의 은혜로 '칭의'를 받았다고 고백은 하면서도, 하나님의 계명을 따라 정의로운 삶을 살기 위해 발버둥 치지 않는 교인들을 자주 본다. 왜 은혜는 받았는데 정의로운 삶의 자리가 빈약한가? 그것은 바로 하나님의 진리에 대한, 진리로 사는 훈련이 약하기 때문이다. 하나님께서 이스라엘 백성들을 출애굽 시키시고 홍해(세례)를 통과하게 하신 후, 광야와 시내 산과 성막으로 부르셔서 하나님의 진리의 말씀을 따라 살도록 훈련하셨다.

마찬가지로 예수님을 믿어 구원받은 성도는, 세례를 받은 후 교회를 중심으로 죄 없으신 예수님의 진리의 말씀으로 사는 훈련을 받아야 한다. 왜냐하면 은혜는 받았으나 진리로 훈련되지 않는 교인은, 결국 자신이 익숙한 애굽(세속)의 가치와 기준, 즉 맘몬이즘과 세속적인 번영을 따라갈 수밖에 없기 때문이다.

"한 번 빛을 받고 하늘의 은사를 맛보고 성령에 참여한 바 되고 하나님의 선한 말씀과 내세의 능력을 맛보고도 타락한 자들은 다시 새롭게 하여 회개하게 할 수 없나니 이는 그들이 하나님의 아들을 다시 십자가에 못 박아 드러내 놓고 욕되게 함이라"(히 6:4~6).

결국 훈련이 없는 교인의 삶의 자리에는, 형식적이며 기복적인 종교 생활, 거짓, 기만, 비난, 비판, 부정, 불평의 열매만 가득할 뿐이다.

그러므로 교회는 성도들을 진리의 말씀으로 훈련하는 일에 몰입해야 하고, 성도는 하나님의 말씀을 따라 정의를 행하며 성실과 정직한 삶을 살기 위해 매일 말씀과 예배와 기도로 훈련 받기를 기뻐해야 한다.

📖 **나는 진리의 허리띠와 의의 호심경으로 무장하기 위해 어떤 훈련을 받고 있는가?**

"형제들이 와서 네게 있는 진리를 증언하되 네가 진리 안에서 행한다 하니 내가 심히 기뻐하노라 내가 내 자녀들이 진리 안에서 행한다 함을 듣는 것보다 더 기쁜 일이 없도다"(요삼 1:3~4).

15절 평안의 복음이 준비한 것으로 신을 신고

바울은 당시 최강 군대였던 로마군의 전투화를 통해 평안의 복음을 말씀한다.

평안의 복음이 준비한 것으로

'평안의 복음의 신(발)'이란, 하나님의 군대로 부르심을 받은 성도에게 '평안의 복음' 그 자체가 거친 전쟁터에서 로마 군인들의 발을 안전하게 보호하였던 전투화와 같은 역할을 한다는 의미의 말씀이다. 종종 본절을 이사야 52장 7절과 연결시켜 '평안의 복음을 전하기 위한 신발을 신으라'는 의미로 해석하기도 하지만, 잘못된 해석이다.

"좋은 소식을 전하며 평화를 공포하며 복된 좋은 소식을 가져오며 구원을 공포하며 시온을 향하여 이르기를 네 하나님이 통치하신다 하는 자의 산을 넘는 발이 어찌 그리 아름다운가"(사 52:7).

본절은 복음을 전하기 위한 신발을 신으라는 말씀이 아니라, 구원받은 성도가 평안의 복음으로 무장될 때만 사탄 세력과의 영적 전쟁에서 실족하지 않고 견고히 서서 승리를 누릴 수 있다는 의미의 말씀이다.

신을 신고

로마군이 신었던 전투화는 동과 주석을 섞은 놋과 가죽으로 만들어진 샌들이었다. 발가락을 밖으로 드러내는 형태로, 밑바닥에는 두꺼운 가죽을 대었고, 약 7.5센티미터 정도의 송곳 같은 쇠못이 박혀 있었다. 그리고 정강이를 보호하기 위한 덮개 같은 것이 있어서 겨울 부츠처럼 가죽 끈으로 발목에 묶은 형태였다. 이러한 군화 덕분에 로마 군사들은 전쟁터에서 뾰족한 나무나 돌 등에 발이 상하지 않을 뿐만 아니라, 미끄러운 곳에서도 자세를 바로잡을 수 있어 높은 전투력을 발휘할 수 있었다.

그러므로 구원받은 성도는 영적 전쟁에서 사탄의 공격에도 믿음을 잃지 않고 마음의 평안을 누리기 위해서는 오직 '복음', 즉 천지창조와 타락과 구속의 과정(성육신, 십자가, 부활, 승천, 성령, 교회, 재림)을 정확하게 아는 것이 중요하다.

> **묵상**

복음을 바르게 알고 신앙생활을 하는 것과 모르고 하는 것에는 엄청난 차이가 있다.

복음을 정확하게 아는 성도는, 첫째로 사탄의 공격을 방어하거나 반격할 때, 로마 군인의 군화처럼 미끄러지거나 흐트러지지 않는 최상의 마음과 신앙을 유지하여 승리를 누릴 수 있게 된다.

둘째로 적의 발바닥을 찔러 공격을 더디게 하려고 설치해 작은 나무 꼬챙이처럼, 사탄이 성도의 삶의 자리 곳곳에 설치해 놓은 '부비 트랩', 즉 이미 회개하였지만 생각하기도 부끄러운 죄들과 돈, 명예, 권력, 사람 등의 공격과 유혹으로부터 흔들리지 않는 신앙을 유지하도록 보호해 준다.

이처럼 복음을 정확하게 아는 것은 예수님께서 십자가에서 성취해 놓으신 승리를 누릴 수 있는 비결이 된다. 그러므로 구원받은 성도는 오직 복음, 즉 '본질상 진노의 자녀였던 나를 위해 예수님이 십자가에서 대속의 피를 흘려 죽어 주심으로 나의 모든 죄가 용서되었다'는 확신을 가져야 한다. 이 복음을 확실히 믿을 때만, 내 안에 있는 온갖 더럽고 추한 죄를 고발하여 십자가와 부활과 승천으로 주신 마음의 평안을 빼앗으려는 사탄의 공격을 능히 막아낼 수 있다.

나는 평안의 복음의 내용을 정확하게 알고 전달할 줄 아는가?

"전에 악한 행실로 멀리 떠나 마음으로 원수가 되었던 너희를 이제는 그의 육체의 죽음으로 말미암아 화목하게 하사 너희를 거룩하고 흠 없고 책망할 것이 없는 자로 그 앞에 세우고자 하셨으니 만일 너희가 믿음에 거하고 터 위에 굳게 서서 너희 들은 바 복음의 소망에서 흔들리지 아니하면 그리하리라 이 복음은 천하 만민에게 전파된 바요 나 바울은 이 복음의 일꾼이 되었노라"(골 1:21~23).

16절 모든 것 위에 믿음의 방패를 가지고 이로써 능히 악한 자의 모든 불화살을 소멸하고

바울은 영적 전쟁을 위한 전신 갑주로, 믿음의 방패를 가지라고 말씀한다.

모든 것 위에 믿음의 방패를 가지고
* 모든 것 위에: (헬)엔 파신 – 모든 것들 가운데서
* 방패: (헬)뒤라 – 문

'모든 것 위에'라는 말씀은, 하나님의 군사로서 영적 전쟁을 위한 '진리의 허리띠', '의의 호심경', '평안의 복음의 신'에 이어서 무장해야 할 무기가 '믿음의 방패'라는 의미이다.

'방패'란, 헬라어로 '뒤레오스', 즉 '문'을 의미하는 '뒤라'에서 파생된 단어로서, 당시 로마 군인들이 전투 중에 날아오는 화살로부터 자신의 몸과 요새를 보호하기 위해 나무 위에 가죽을 두껍게 입혀 만든, 길이 120센티미터 폭 70센티미터인 직사각형의 방패를 의미한다.

그러므로 '믿음의 방패를 가지라'는 말씀은, 성도가 사탄의 공격을 막아내기 위한 병기로 자신의 몸과 마음을 보호할 수 있는 '믿음'이라는 방패를 가져야 한다는 의미이다.

이로써 능히 악한 자의 모든 불화살을 소멸하고

'악한 자의 모든 불화살'이라는 말씀은, 한밤중에 기습적으로 날

아오는 불화살처럼 성도의 삶의 자리에 찾아드는 '의심과 공포'를 의미한다.

고대에는 군인들의 대부분이 농부들이었다. 그래서 전쟁을 할 때도 생산 인력을 보호하기 위해 가능한 한 근접전은 피하고, 먼 거리에서 굵은 삼베나 역청을 이용하여 불화살을 날려 적의 방패와 요새를 불태워 공포를 주는 전략을 주로 사용했다. 그래서 당시 세계 최강의 군대라고 불리던 로마 군인들도 적진에서 날아오는 불화살을 막기 위하여 방패에 덧댄 가죽에 물을 묻혀 자신과 요새를 보호했다고 한다.

구원받은 성도라 할지라도 살아가는 동안 삶의 자리에서 만나는 크고 작은 고난과 시련 앞에서 '진짜 하나님이 나를 지키고 보호하시는가?'라는 질문과 함께 믿음이 흔들릴 때가 종종 있다. 그때 우는 사자와 같이 믿음이 연약한 성도를 넘어뜨려 지옥 백성으로 삼으려고 돌아다니던 사탄은, 성도들의 흔들리는 마음속에 의심의 불화살을 날려 공포심을 조장하여 하나님에 대한 믿음을 무너뜨리려 한다.

그러므로 구원받은 성도는 사자처럼 으르렁거리며 의심과 공포의 불화살을 쏟아 하나님의 말씀을 믿지 못하게 하는 사탄을 향하여 믿음의 방패를 굳게 들고 대적해야 한다. 왜냐하면 우리는 은혜로 오신 예수님을 믿어 구원은 받았지만, 여전히 연약한 몸과 마음을 가지고 살아가는 죄인이기 때문이다.

구원받은 성도는 힘들고 어려운 삶의 자리를 만날 때, 의심의 구름에 휩싸일 때, 믿음의 방패를 들고 굳게 서서 사탄이 쏘는 의심과 공포의 불화살을 막아 내며 '하나님만이 나의 구원이시요, 보호자'라는 사실을 선포하고 예수님이 십자가에서 주신 승리의 삶을 누려야 한다.

"여호와는 나의 반석이시요 나의 요새시요 나를 건지시는 이시요 나의 하나님이시요 내가 그 안에 피할 나의 바위시요 나의 방패시요 나의 구원의 뿔이시요 나의 산성이시로다"(시 18:2).

묵상

우리가 아직 죄일 때, 우리를 구원하시기 위해 하나님께서 사랑으로 독생자 예수 그리스도를 이 땅에 보내셨다.

"우리가 아직 죄인 되었을 때에 그리스도께서 우리를 위하여 죽으심으로 하나님께서 우리에 대한 자기의 사랑을 확증하셨느니라"(롬 5:8). 이것을 '은혜'라고 한다. 그래서 우리는 예수님과 그분의 말씀을 믿음으로 구원을 받았고, 예수님의 십자가와 부활과 승천의 혜택을 입어 하나님의 자녀, 하나님 나라의 백성이 되었다.

그러므로 이제 은혜로 오신 예수님을 믿어 구원받은 성도는, 구원의 사건이 하나님의 자녀로서 삶의 끝이 아니라 시작이라는 사실을 알아야 한다. 그리고 더 나아가 하나님 나라의 백성으로서 하나님을 아는 지식과 깊은 교제를 통하여 날마다 성화의 삶을 살아가며 인격신앙인으로 성숙해 가야 한다.

"너는 진리의 말씀을 옳게 분별하며 부끄러울 것이 없는 일꾼으로 인정된 자로 자신을 하나님 앞에 드리기를 힘쓰라"(딤후 2:15).

이것을 '믿음 생활'이라고 한다. 아무리 좋은 금고를 사서 보화를 가득 채워 놓았다 할지라도 비밀번호나 열쇠를 잃어버리면 보화를 사용할 수 없듯이, 놀라운 구원의 은혜를 받았어도 의심과 공포의 구름에 휩싸여 믿음이라는 열쇠를 잃어버린다면 구원의 은혜를 누릴 수 없다.

그러므로 구원받은 성도가 인격신앙인으로 성숙해지는 길은 오직 믿음의 방패를 굳게 잡는 길밖에 없다. 더 나아가 믿음은 오직 말씀 즉 하나님을 아는 지식과 기도 즉 하나님과의 깊은 교제를 통해 온다는 사실을 알아야 한다.

📖 **나의 믿음을 흔들려고 사탄이 쏟아 대는 의심과 공포의 불화살은 무엇인가?**

"무릇 하나님께로부터 난 자마다 세상을 이기느니라 세상을 이기는 승리는 이것이니 우리의 믿음이니라"(요일 5:4).

17절 구원의 투구와 성령의 검 곧 하나님의 말씀을 가지라

바울은 영적 전쟁을 위한 전신 갑주의 마지막으로, 신체에서 가장 중요한 머리를 보호하는 투구와 유일한 공격 무기인 검을 가지라고 말씀한다.

구원의 투구와

* 투구: (헬)페리케팔라이안 – 머리를 두르는 것

'투구'란, 전쟁에 임하는 군인들이 머리에 쓰는 전투 장비로서, 주로 청동이나 철과 같은 강한 금속으로 만들어 머리를 보호하는 역할을 한다. '구원의 투구를 쓰라'는 말씀은, 하나님의 은혜로 오신 예수 그리스도를 믿음으로 받은 구원이 성도에게 '소망의 투구'가 된다는 의미이다.

"우리는 낮에 속하였으니 정신을 차리고 믿음과 사랑의 호심경을 붙이고 구원의 소망의 투구를 쓰자"(살전 5:8).

그러므로 구원의 투구를 쓴 그리스도의 군사인 성도는, 사탄과의 영적 전쟁에서 전혀 두려워할 필요가 없다. 왜냐하면 예수님의 십자가와 부활과 승천을 통해 이미 승리한 싸움에 임하고 있기 때문이다.

구원받은 성도는 '성부 하나님의 예정과 선택', '성자 예수 그리스도의 은혜와 속량', '성령 하나님의 인 치심과 보증하심' 가운데에서 이미 사탄의 권세에서 벗어나 삼위 하나님의 보호하심 속에 있으므로

승리가 보장된 영적 전쟁을 담대하게 수행하기만 하면 된다.

성령의 검 곧 하나님의 말씀을 가지라

* 검: (헬)마카이라 – 양면에 날이 선 은으로 된 칼

'성령의 검'은 지금까지 영적 전쟁에 임하는 성도가 갖추어야 할 다섯 가지 장비와 다른 의미이다. 앞에서 말씀하신 '진리의 허리띠', '의의 호심경', '평안의 복음의 신발', '믿음의 방패', '구원의 투구'가 소극적인 방어를 위한 영적 무기라면, '성령의 검' 즉 하나님의 말씀은 사탄의 세력을 멸하는 적극적인 공격용 무기이다.

'성령의 검 곧 하나님의 말씀'은 크게 두 가지의 역할을 한다.

첫째는 사탄과 사탄의 권세 아래 있는 악인을 쳐서 죽이는 '심판의 검'이다.

"공의로 가난한 자를 심판하며 정직으로 세상의 겸손한 자를 판단할 것이며 그의 입의 막대기로 세상을 치며 그의 입술의 기운으로 악인을 죽일 것이며"(사 11:4).

둘째는 구원받은 성도의 혼과 영과 관절과 골수를 찔러 쪼개시며 마음과 생각을 감찰하여 능력을 부어 주시는 '구원의 검'이다.

"하나님의 말씀은 살아 있고 활력이 있어 좌우에 날선 어떤 검보다도 예리하여 혼과 영과 및 관절과 골수를 찔러 쪼개기까지 하며 또 마음의 생각과 뜻을 판단하나니"(히 4:12).

그러므로 성도는 항상 하나님의 말씀으로 무장하기를 기뻐해야 한다. 왜냐하면 하나님은 말씀으로 천지를 창조하셨고, 말씀으로 능력을 나타내셨으며, 말씀으로 성령충만하게 하시고, 말씀으로 사탄의 공격을 물리치게 하시며, 말씀으로 세상을 심판하시기 때문이다.

묵상

성공한 자녀는 부모에게 기쁨이고 면류관이다. 그래서 부모들은 "자녀가 부모보다 똑똑하고 잘났다"라는 말을 들으면 기뻐하고 행복해한다. 목회도 마찬가지다. 목사는 자신이 섬기는 성도들이 '목사보다 더 성숙하고 인격적이며 말씀대로 살기 위해 발버둥 치며 산다'는 칭찬을 들을 때가 가장 기분이 좋고 행복하다. 이것이 참된 목회의 성공이요, 참된 기쁨이다.

존경하는 선배 목사께서 말씀하기를 "한국교회는 머릿수 자랑, 평수 자랑, 예산 자랑, 이 세 가지 자랑을 버리지 않으면 소망이 없다"고 하셨다. 그러면 무엇을 자랑하는 교회가 좋은 교회인가?

첫째도 둘째도 '성령의 검, 즉 하나님의 말씀'을 읽고 듣고 공부하고 '그렇게 살기 위해 발버둥 치는 성도'가 많은 교회가 진정으로 소망이 넘치는 큰 교회요, 부흥한 교회일 것이다. 이런 교회라야 하나님이 좋으셨을 때 내리시는 은혜(favor)를 받을 수 있다.

📖 나는 말씀대로 살기 위해 발버둥 치는 삶을 사는가? 그리고 나의 주변에 말씀과 말씀의 정신으로 살기 위해 발버둥 치는 가족과 성도들이 있는가?

"계명을 지키는 자는 자기의 영혼을 지키거니와 자기의 행실을 삼가지 아니하는 자는 죽으리라"(잠 19:16).

✢✢

18~20절 영적 전쟁을 위한 기도정신

18절 모든 기도와 간구를 하되 항상 성령 안에서 기도하고 이를 위하

여 깨어 구하기를 항상 힘쓰며 여러 성도를 위하여 구하라

바울은 14~17절에서 성도가 갖추어야 할 하나님의 전신 갑주에 대하여 말씀하고, 이제 18~20절에서 전신 갑주로 무장한 성도에게 끊임없는 기도로 성령님을 통하여 주시는 힘과 능력을 공급받으라고 말씀한다.

모든 기도와 간구를 하되
* 기도 : (헬)프로슈케 – 하나님 되심을 깊이 인정하고 예배하는 마음으로 드리는 기도
* 간구 : (헬)데에시스 – 전능하신 하나님께 필요한 것을 얻기 위해 간청하는 기도

'기도와 간구'란, 전신 갑주에 속하지는 않지만, 영적 전쟁에서 전신 갑주가 능력을 발휘할 수 있도록 해주는 가장 중요한 요소이다. 그리고 하나님과의 깊은 관계를 유지하고 영적 전투에서 필요한 능력을 공급받게 해준다.

기도에 대하여 주석가 폴케스는 "갑주의 각 부분은 기도를 통해 덧입혀진다"라고 말했다. 즉 사탄과의 영적 전쟁에서 승리를 누리기 위해서는 전신 갑주로 무장해야 하며 동시에 기도와 간구가 함께 동반되어야 한다는 의미이다.

항상 성령 안에서 기도하고
* 항상 : (헬)엔 판티 카이로 – 모든 시간 또는 기회 안에서

영적 전쟁은 성도의 삶의 자리에서 끝없이 일어나는 사건이다. 그러므로 성도는 '항상', 즉 '모든 시간과 기회 안에서' 성령님의 도우심으로 진리의 말씀을 따라 살기 위해 발버둥 치며 기도와 간구의 삶을 살아야 한다.

이를 위하여 깨어 구하기를 항상 힘쓰며 여러 성도를 위하여 구하라

* 깨어: (헬)아그뤼프네오 – 경계하다, 주의를 기울이다

* 힘쓰며: (헬)프로스카르테레시스 – 인내, 버팀, 변함없는 충성

바울은 하나님의 전신갑주로 무장한 성도가 기도와 간구를 드릴 때 가져야 할 세 가지 자세를 말씀한다.

첫째는 능동적인 자세이다. 사탄은 모든 시간과 사건 속에서 역사함으로 성도는 한 순간도 스스로 긴장의 끈을 놓지 말고 깨어 경계하는 자세를 가져야 한다.

둘째는 인내이다. 기도의 응답이 더디다고 낙심하지 말고, 하나님의 때를 기다리는 자세와 변함없는 충성의 자세로 기도해야 한다.

셋째는 중보이다. 전신갑주로 무장한 성도는 기도의 내용이 자기 중심에서 여러 성도들을 위한 중보기도로 바뀌어야 한다.

"믿음의 기도는 병든 자를 구원하리니 주께서 그를 일으키시리라 혹시 죄를 범하였을지라도 사하심을 받으리라"(약 5:15).

영적으로 성장해 감에 따라서 기도의 내용이 자신에게만 머물지 않고 다른 사람을 위한, 더 나가서는 하나님의 소원을 이루어 드리기 위한 기도로 성숙해져 가고 기도의 지경이 넓어져야 한다.

묵상

기도 없는 진리의 허리띠, 의의 호심경, 복음의 평안의 신발, 믿음의 방패, 구원의 투구, 성령의 검 즉 말씀은 능력이 약하다. 왜냐하면 하나님의 전신 갑주는 기도로만 그 능력이 작동하기 때문이다.

"이르시되 기도 외에 다른 것으로는 이런 종류가 나갈 수 없느니라 하시니라"(막 9:29).

3년 동안 예수님께로부터 직접 훈련을 받았던 제자들도 기도할 때 성령님이 임하셨고, 성령님이 임하시자 예수님을 통해서 입었던 전신 갑

주가 그 능력을 발휘하여 하나님 나라를 전하는 복음의 증인으로 살게 되었다.

기도는 하나님의 군사로 부르심을 받은 성도의 기본 중 기본이요, 모든 능력의 시작이요, 삶의 원천이다. 그러므로 성도는 모든 시간과 모든 사건 속에서 모든 기도를 동원하여 기도의 삶을 살아야 한다.

나의 전신 갑주와 기도는 함께 성장하고 있는가?

"소망 중에 즐거워하며 환난 중에 참으며 기도에 항상 힘쓰며"(롬 12:12).

19절 또 나를 위하여 구할 것은 내게 말씀을 주사 나로 입을 열어 복음의 비밀을 담대히 알리게 하옵소서 할 것이니

바울은 18절에서 성숙한 성도는 기도의 지경이 넓어져야 한다고 말씀하였다. 그리고 이제 본절에서 바울은 자신을 위한 중보기도와 함께 구체적인 증보기도의 내용을 말씀한다.

또 나를 위하여 구할 것은 내게 말씀을 주사 나로 입을 열어

* 직역) 내 입이 열려진 상태 안에서 말씀이 나에게 주어지도록

바울이 요청한 첫 번째 중보기도는, 증거할 말씀을 자신의 입에 주시기를 간구해 달라는 것이다. 바울은 말씀을 주시는 주체는 하나님이시기에, 복음을 증거할 때 자신의 말이 아니라 오직 죄 없으신 예수님의 말씀만 전하기 원하였다. 따라서 성도들은 목회자와 선교사들을 위한 중보기도의 우선순위가 복음증거여야 한다.

복음의 비밀을 담대히 알리게 하옵소서 할 것이니

* 담대히: (헬)파르레시아 - 말하는 것이 자유로움, 두려움 없는 용기

바울이 요청한 두 번째 중보기도는, 복음의 비밀을 담대히, 즉 복음을 반대하는 사람들 앞에서도 전혀 두려움이 없이 용기 있게 전할 수 있도록 간구해 달라는 것이다. 바울이 담대하게 전하기 원하였던 '복음의 비밀'은, 구약 시대에는 계시하지 않고 예수님을 통하여 바울과 사도들을 중심으로 그리스도 안에서만 알 수 있는 비밀을 의미한다.

'복음의 비밀'이란, 그리스도 예수 안에서 유대인과 이방인, 자유인과 종 그리고 남자와 여자가 하나가 되어 '한 새 사람', 즉 '교회'를 세워 예수님이 다시 오시는 날까지 에덴동산에서 아담과 하와가 범죄함으로 타락한 인류를 다시 구원하여 하나님께 돌아오게 하는 사역을 말씀한다.

"너희는 유대인이나 헬라인이나 종이나 자유인이나 남자나 여자나 다 그리스도 예수 안에서 하나이니라"(갈 3:28).

그래서 바울은 이 복음의 비밀을 맡은, 인류 역사의 중심이요 구속사의 중심인 교회를 세우고자, 예수 그리스도를 전하는 일에 모든 삶과 생명을 바쳤다.

묵상

바울이 누구인가? 베냐민 지파 사람이요, 바리새인 중에 바리새인이요. 학문으로는 당대 최고의 가말리엘 문하에서 수학한 박학다식한 사람이었다. 그런데 그가 자신의 지식을 자랑하지도 않고, 겸손하게 자신을 세워 복음을 전하게 하신 분이 하나님이심을 고백하며 복음을 거침없이 전할 수 있도록 중보기도를 부탁한다.

이러한 바울의 자세는 옳고 당연한 것이다. 왜냐하면 사람을 지으시고 세우시는 분이 하나님이시기 때문이다. 복음을 전하는 자는 자신

의 지식이나 학벌 등을 자랑하지 않고 자신의 영달을 위해 기도하지 않아야 한다.

복음을 전하는 자가 오직 자신이 하나님의 말씀을 운반하는 통로에 불과하다는 사실을 알 때, 복음을 전한 후 하나님이 주신 여러 가지 은혜와 열매 앞에서 겸손해 질 수 있게 된다. 그러므로 복음을 전하는 일은 구원받은 성도의 사명이며, 복음을 전할 때 자신의 말과 지식과 자랑으로 하지 아니하고 오직 하나님의 말씀만 전해야 한다.

나는 복음을 전하는 목회자와 선교사들을 위해 중보기도를 드리는가?
"형제들아 우리를 위하여 기도하라"(살전 5:25).

20절 이 일을 위하여 내가 쇠사슬에 매인 사신이 된 것은 나로 이 일에 당연히 할 말을 담대히 하게 하려 하심이라

바울은 자신이 사슬에 매인 '복음의 대사'가 되었다고 말씀한다.

이 일을 위하여 내가 쇠사슬에 매인 사신이 된 것은

* 사신: (헬)프레스뷰오 – 연장자, 대사

당시 헬라 사회에서의 사신을 보낼 때, 황제가 신임하는 측근 중에서 행정과 외교에 경험이 많은 연장자를 파견하는 관례가 있었다. 바울은 당시 미결수의 신분으로 로마의 감옥에 갇혀서 로마 사람들로부터 이상한 사상을 퍼뜨리는 선동가로 취급받으며 무시와 조롱을 당하고 있었다.

"로마 사람인 우리가 받지도 못하고 행하시도 못할 풍속을 선한다 하거늘"(행 16:21).

그러나 바울은 이러한 상황 속에서도 쇠사슬에 매여 감옥에 갇혀

있는 처지를 비관하지 않고, 도리어 자신은 하나님의 구원의 비밀을 전하는 '하나님의 대사'라고 말씀한다. 그래서 바울은 감옥에서도 평안의 복음이신 예수 그리스도를 전하기 위해 쉬지 않고 빌립보서와 골로새서와 빌레몬서와 함께 에베소서를 기록하여 그리스도의 몸인 교회를 세우는 일에 전심전력을 다하였다.

나로 이 일에 당연히 할 말을 담대히 하게 하려 하심이라

* 직역) 내가 당연히 말해야 하는 만큼 담대히 말하게 하시려고

바울은 현재 감옥에 갇혀 있는 일조차도 복음을 담대하게 전하게 하시려는 하나님의 계획 가운데 허락된 환경이라고 말씀한다. 그래서 복음을 위한 대사로서 당당함을 잃지 않고, 감옥에 갇힌 일을 통해서도 기회가 생기는 대로 담대히 복음을 전하고자 힘쓰고 있다고 말씀한다.

묵상

성도가 전신 갑주와 기도로 무장해야 하는 가장 큰 이유는 바로 '복음 전파'이다. 바울은 에베소에 있는 성도들에게 전신 갑주와 기도로 무장하라고 말씀하고, 이어서 자신에 대한 중보기도를 요청했다. 그런데 중보기도의 제목이 개인적인 것이 아니라, 복음을 위한 하나님의 대사로서 막중한 사명을 잘 감당할 수 있도록 말씀의 능력이 하나님으로부터 임하기를 소원하는 내용이었다.

구원받은 성도에게는 하나님의 전신 갑주, 즉 진리의 허리띠, 의의 호심경, 복음의 평안의 신발, 믿음의 방패, 구원의 투구, 성령의 검 곧 하나님의 말씀으로 무장해야 할 사명이 있다. 그리고 사탄에게 인생의 주권을 빼앗기고 맘몬이즘과 세속적인 번영에 빠져 하나님을 떠나 사탄의 종으로 살아가고 있는 사람들에게 복음을 전해야 한다.

성도에게는 성도로서 거룩을 향한 삶의 자리를 지키는 동시에, 세상에 복음이신 예수 그리스도를 전파하여 예수님을 구주로 영접하여 구원에 이르도록 도와야 할 사명이 있다. 이것이 영적 전쟁이요, 전신갑주로 무장해야 할 가장 중요한 이유이다.

따라서 성도는 목회자와 선교사들을 위해 중보할 때 바울의 기도 요청을 기억해야 한다.

📖 **나는 성도의 가장 큰 사명이 복음 전파라는 사실을 알고 있는가?**

"너는 말씀을 전파하라 때를 얻든지 못 얻든지 항상 힘쓰라 범사에 오래 참음과 가르침으로 경책하며 경계하며 권하라"(딤후 4:2).

**

21~22절 두기고의 파송*

21절 나의 사정 곧 내가 무엇을 하는지 너희에게도 알리려 하노니 사랑을 받은 형제요 주 안에서 진실한 일꾼인 두기고가 모든 일을 너희에게 알리리라

에베소서는 머리말(1:1~2)과 본론(1:3~6:20) 그리고 맺는말(6:21~24)로 나눌 수 있다. 이제 바울은 마지막으로 21~24절에서 끝맺는 말을 하면서, 본절에서 두기고의 파송 목적에 대하여 말씀한다.

나의 사정 곧 내가 무엇을 하는지 너희에게도 알리려 하노니

'두기고'는 바울의 동역자 중에 한 사람으로, 사도행전 20장에 의하면 예루살렘까지 바울과 동행한 아시아에 있는 교회의 대표자들 중 한 사람이었다. '너희에게도'라는 말씀은, 이미 앞서 두기고를 파송하여 골로새에 있는 성도들에게 자신의 소식을 알렸듯이, 마찬가지로 에베소에 있는 성도들에게도 자신의 옥중 소식을 알리고자 함이라는 의미이다.

"두기고가 내 사정을 다 너희에게 알려 주리니 그는 사랑 받는 형제요 신실한 일꾼이요 주 안에서 함께 종이 된 자니라 내가 그를 특별히 너희에게 보내는 것은 너희로 우리 사정을 알게 하고 너희 마음을 위로하게 하려 함이라"(골 4:7~8).

그러므로 목자와 양의 관계는 서로의 형편과 사정을 알고 기도로 소통하는 관계여야 한다.

사랑을 받은 형제요 주 안에서 진실한 일꾼인 두기고가 모든 일을 너희에게 알리리라

* 일꾼: (헬)디아코노스 – 사역자, 집사

바울은 두기고가 어떤 하나님의 사람인지에 대하여 두 가지의 특징을 소개한다.

첫째는 '사랑을 받은 형제요'라고 소개한다. 두기고는 과거에 사랑을 받았던 사역자가 아니라, 과거부터 지금까지 변함없이 에베소와 골로새 및 아시아의 여러 성도들로부터 사랑과 존경을 받고 있는 귀한 형제라고 말씀한다.

둘째는 '진실한 일꾼'으로 소개한다. '일꾼'이란 하나님의 일을 하는 모든 직분자들을 지칭하는 단어이다. 바울이 '일꾼'이라는 단어 앞에 '진실한'이라는 수식어를 붙여 두기고를 소개하는 것으로 보

아, 그를 향한 신뢰가 얼마나 컸는지를 알게 한다. 교회에서 목회자와 성도, 성도와 성도의 관계에서 신뢰가 얼마나 중요한지를 알게 하는 말씀이다.

묵상

목사들이 매 주일 성도들을 향하여 축도하듯이, 성자의 은혜와 성부의 사랑과 성령의 교통하심 가운데서 목회자와 성도, 성도와 성도가 서로를 알고 소통하는 관계야말로 가장 이상적이고 아름다운 하나님의 공동체일 것이다.

구약에서 사르밧 과부와 수넴 여인은, 엘리야와 엘리사의 형편과 사정을 알고 섬김으로 하나님의 역사를 이루는 큰 공로자들이 되었다. 신약에서 나사로를 비롯한 많은 제자의 무리들도 공생애 기간 동안 예수님의 형편과 사정을 알고, 힘을 다해 섬김으로 하나님 나라와 구속사에 아름다운 동역자들이 되었다.

오늘날도 마찬가지로 그리스도의 몸인 교회 안에서 목회자와 성도, 성도와 성도의 관계에서 서로의 삶과 형편과 사정을 알고 소통하며, 여러 섬김 즉 기도와 격려와 위로과 물질 등으로 섬기며 성숙한 관계로 발전해 가야 한다.

하지만 '관계'는 '철길'과 같아서 어떤 이유로든 끊어져 버리면 사랑과 믿음과 소망과 섬김과 돌봄이라는 '기차'는 갈 수도, 올 수도 없게 된다. 그러므로 목회자와 성도, 성도와 성도는 성령님의 교통하심 속에서 '관계'라는 '철길'을 잘 가꾸어 '소통이라는 기차'가 마음껏 달리도록 돌보는 삶을 살아야 한다.

자기 자신을 사랑하듯이 서로를 돌아볼 줄 아는 성숙한 인격적인 관계야말로 하나님 보시기에 가장 아름답고 복되고 이상적인 사랑의 관계일 것이다.

📖 **나는 교회 안에서 목회자와 성도와의 관계를 아름답게 가꾸어 가고 있는가?**

"나는 선한 목자라 나는 내 양을 알고 양도 나를 아는 것이 아버지께서 나를 아시고 내가 아버지를 아는 것 같으니 나는 양을 위하여 목숨을 버리노라"(요 10:14~15).

22절 우리 사정을 알리고 또 너희 마음을 위로하기 위하여 내가 특별히 그를 너희에게 보내었노라

바울은 두기고를 에베소에 있는 성도들에게 보낸 이유에 대하여 자신의 사정을 알리는 일과 더불어 성도들을 위로하고자 함이라고 말씀한다.

우리 사정을 알리고 또 너희 마음을 위로하기 위하여

* 위로하기: (헬)파라칼레오 – 곁에서 부르다

'위로하다'라는 말씀은, 다른 사람 바로 곁에 서서 말로써 위로하고 지지하고 격려하는 것을 의미한다. 당시 에베소뿐 아니라 아시아 있는 여러 성도들은 바울이 감옥에 갇힌 일로 낙심해 있었다.

"그러므로 너희에게 구하노니 너희를 위한 나의 여러 환난에 대하여 낙심하지 말라 이는 너희의 영광이니라"(엡 3:13).

그래서 바울은 그들을 위로하기 위해 급하게 두기고를 파송하였고, 두기고의 방문은 성도들에게 큰 위로가 되었을 것이다. 하지만 무엇보다도 두기고 편에 도착한 바울의 편지, 즉 하나님의 말씀은 확실한 위로가 되었다.

내가 특별히 그를 너희에게 보내었노라

* 특별히: (헬) 에이스 아우토 투토 – 바로 이것을 위하여

바울은 본절에서 편지를 쓰면서, 마치 두기고를 이미 파송한 것처럼 과거형으로 '너희를 위로하기 위해 보내었노라'고 기록하고 있다. 이 사실을 통해 바울은 에베소 성도들에게 두 가지의 마음을 전하기를 원했을 것이다.

첫째는 아비가 자녀를 위로하듯이 두기고의 파송과 편지를 통하여 자신을 걱정하는 성도들의 마음에 닿도록 진정한 위로를 전하는 것이다.

둘째는 두기고를 통하여 전해질 말씀으로 성도들이 깊은 위로를 받고, 그리스도의 평강과 사랑 가운데 소망을 잃지 않고, 전신 갑주로 무장하여 믿음의 선한 싸움에서 승리하기를 원하는 간절한 마음을 전하는 것이다.

묵상

미국 펜실베이니아 대학의 에덤 그랜트 교수는 《기브 앤 테이크》라는 저서에서 사람들을 세 가지로 분류한다.

첫째는 받은 것보다 더 많이 주기를 좋아하는 '기버'(giver), 둘째는 준 것보다 더 많이 받기를 바라는 '테이커'(taker), 셋째는 받은 만큼 되돌려주는 '매처'(matcher)이다.

'기버' 즉 주기를 좋아하는 사람들이 때로 사악한 사람들에게 이용당하여 종종 힘들 때도 있다. 하지만, 사회 각 분야에서 큰 성과를 거두고, 성공하여 존경받는 인물들 중에 '기버'들이 압도적으로 많다고 한다.

그러나 하나님께서는 성경 곳곳에서 '피차'라는 단어를 통하여 목회자와 성도, 부모와 자식, 부부, 성도 간에 좋은 관계에 대하여 말씀하신다. "그리스도를 경외함으로 피차 복종하라"(엡 5:21).

좋은 관계는 '피차', 즉 자신을 사랑하듯 상대방을 존중하고 사랑할 때

만들어진다. 그러나 만약 '피차'의 정신이 없이 일방적으로 '그저 받으려고만' 한다든지 반대로 '무조건 주려고만' 하면, 인간적인 한계로 인하여 '피차' 불행해질 수밖에 없다. 왜냐하면 '피차'가 없는 섬김은 하나님의 정신이 아니기 때문이다.

"나는 포도나무요 너희는 가지라 그가 내 안에, 내가 그 안에 거하면 사람이 열매를 많이 맺나니 나를 떠나서는 너희가 아무것도 할 수 없음이라"(요 15:5).

그러므로 성도는 일방적인 관계가 아닌 '피차'의 정신으로 서로의 마음에 닿도록, 즉 정다운 생명의 말로 지지하고 격려하며 위로하는 관계를 통해 행복한 교회와 가정과 세상을 만들어야 한다.

📖 **나는 정다운 위로의 말로 지지하고 격려하는 삶을 사는가?**

"피차 사랑의 빚 외에는 아무에게든지 아무 빚도 지지 말라 남을 사랑하는 자는 율법을 다 이루었느니라"(롬 13:8).

**

23~24절 성도를 위한 축복기도

23절 아버지 하나님과 주 예수 그리스도께로부터 평안과 믿음을 겸한 사랑이 형제들에게 있을지어다

바울은 마지막으로 에베소 성도들을 위하여 축복 기도를 드린다. 성도들을 향한 바울의 축도의 내용은 크게 두 가지다.

첫째는 평안이다.

'평안'은 하나님께 속한 것으로, 본질상 진노의 자식이었던 인간이 예수님을 믿음으로 하나님의 자녀가 된 후, 예수 그리스도 안에서 하늘로부터 오는 선물이자 영적인 복이다.

"평안을 너희에게 끼치노니 곧 나의 평안을 너희에게 주노라 내가 너희에게 주는 것은 세상이 주는 것과 같지 아니하니라 너희는 마음에 근심하지도 말고 두려워하지도 말라"(요 14:27).

둘째는 믿음을 겸한 사랑이다.

'믿음을 겸한 사랑'이란 본절에만 등장하는 독특한 표현으로, 인간적인 사랑과는 차원이 다른 사랑, 즉 원수까지도 사랑하는 '아가페'를 의미한다.

신학자 폴케스(Foulkes)는 본절을 "어떤 의미에서 사랑은 믿음으로부터 나온다. 그리스도와 연합하는 믿음이 없이는 사랑도 장성할 수 없다. 반면 신실하다는 의미에서의 믿음은 사랑의 열매다"라고 해석했다.

그러므로 예수님의 말씀을 믿고 존중하며 그렇게 살기 위해 발버둥 치는 성도는, 평안과 믿음을 동반한 사랑으로 돕고 세우고 살리는 삶의 자리를 가지고 주님을 섬겨야 한다.

"이 모든 것 위에 사랑을 더하라 이는 온전하게 매는 띠니라"(골 3:14).

묵상

예수 그리스도를 믿어 구원받아 하늘의 복과 땅의 복을 받은 성도에게서 나타나야 할 특징은 무엇인가?

첫째는 평안이다. 이 평안은 세상의 조건 즉 물질, 권력, 건강 등을 통해 오지 않고 오직 십자가의 은혜로부터 온다. 죽음을 앞에 두고 깊은 잠을 자는 베드로(행 12:6), 매질을 당하고도 찬송하는 바울과 실라(행

16:25), 유라굴로라는 광풍 앞에서도 안심하라는 바울(행 27:22) 등, 성령님을 받은 후 제자들의 삶의 자리는, 작은 일에도 쉽게 마음이 무너지고 얼굴색이 변하는 우리에게 평안의 근원이 어디에 있는가를 돌아보게 한다.

둘째는 사랑(아가페)이다. 이 사랑은 받으려는 사랑이 아니라 주고 베풀려는 '기버'(giver)의 사랑이다. 구원받은 성도에게 방언, 신유, 축사와 같은 성령의 은사도 필요하지만, 진짜 필요한 성령의 열매는 예수님을 믿고 구원받고 세례 받은 자로서의 가슴 절절한 사랑이다.

그러므로 성도는 사랑이 없으면 아무것도 아니라는 말씀에 귀를 기울이고 자신의 인격과 삶의 자리를 돌아보아야 한다.

"내가 사람의 방언과 천사의 말을 할지라도 사랑이 없으면 소리 나는 구리와 울리는 꽹과리가 되고 내가 예언하는 능력이 있어 모든 비밀과 모든 지식을 알고 또 산을 옮길 만한 모든 믿음이 있을지라도 사랑이 없으면 내가 아무것도 아니요 내게 있는 모든 것으로 구제하고 또 내 몸을 불사르게 내줄지라도 사랑이 없으면 내게 아무 유익이 없느니라"(고전 13:1~3).

📖 나의 마음과 삶의 자리에서 평안과 사랑이 흘러나오고 있는가?

"두려워하지 말라 내가 너와 함께 함이라 놀라지 말라 나는 네 하나님이 됨이라 내가 너를 굳세게 하리라 참으로 너를 도와 주리라 참으로 나의 의로운 오른손으로 너를 붙들리라"(사 41:10).

"또 주께서 우리가 너희를 사랑함과 같이 너희도 피차간과 모든 사람에 대한 사랑이 더욱 많아 넘치게 하사"(살전 3:12).

24절 우리 주 예수 그리스도를 변함 없이 사랑하는 모든 자에게 은혜가 있을지어다 바울은 23절에 이어서, 마지막으로 에베소에 있는 성도들에게 축도한다.

우리 주 예수 그리스도를 변함 없이 사랑하는 모든 자에게
* 변함 없이: (헬)아프다르시아 – 부패하지 않음, 청렴 결백함, 불멸

하나님은 어떤 사람에게 은혜를 베푸시는가?

주석가 헨드릭슨(Hendriksen)는 본절을 "한 번 있으면 영원히 없어지지 않는 변함없는 사랑으로 우리 주 예수 그리스도를 사랑하는 모든 자들에게"라고 해석했다. 즉 하나님의 은혜를 받기 위해서 필요한 조건은, 오직 우리 주 예수 그리스도를 영원토록 변함없이 사랑하는 믿음뿐이다. 그 믿음만 있다면 그 누구나 십자가의 은혜를 누릴 수 있다는 말씀이다.

은혜가 있을지어다
* 카리스: (헬)카리스, (영)grace – 기쁨과 즐거움, 긍휼, 자비

변하지 않는 맑고 밝은 믿음으로 예수 그리스도를 믿는 성도가 누릴 은혜는, 한이 없는 은혜요, 기쁨과 즐거움이 가득한 은혜요, 영원 무궁한 은혜이다.

그러나 예수 그리스도를 사랑하지 않는 자, 즉 예수님의 말씀을 믿지 않고 존중하지 않고 그 말씀대로 살기 위해 발버둥 치지 않는 자에게는 그 어떤 은혜도 임하지 않는다.

"만일 누구든지 주를 사랑하지 아니하면 저주를 받을지어다"(고전 16:22).

묵상

아브라함이 언제 구원을 받았으며, 왜 믿음의 조상이 되었는가?

"아브람이 여호와를 믿으니 여호와께서 이를 그의 의로 여기시고"(창 15:6).

아브라함이 하나님을 믿을 때, 하나님께서는 그를 의로 여기시고 위대한 믿음의 조상이 되게 하셨다. 그러나 아브라함은 한 번 믿은 것으로 그치지 않고, 하나님을 위해서라면 독자인 아들 이삭까지도 아끼지 않을 만큼 변함없이 신뢰와 사랑으로 일생 동안 하나님을 믿었다.

"아브라함은 시험을 받을 때에 믿음으로 이삭을 드렸으니 그는 약속들을 받은 자로되 그 외아들을 드렸느니라 그에게 이미 말씀하시기를 네 자손이라 칭할 자는 이삭으로 말미암으리라 하셨으니 그가 하나님이 능히 이삭을 죽은 자 가운데서 다시 살리실 줄로 생각한지라 비유컨대 그를 죽은 자 가운데서 도로 받은 것이니라"(히 11:17~19).

아브라함의 믿음이 위대한 것은, 어떤 경우에도 하나님께서 자신의 인생에 실수하지 않으실 것과, 어떠한 아픔과 상처도 주지 않으실 분임을 믿었다는 사실이다. 그래서 그는 주저함 없이 독자 이삭까지도 드릴 수 있었던 것이다.

하나님께서는 우리에게도 변함없는 영원한 사랑을 요구하신다. 안타깝게도 훗날 에베소 교회는 이 사랑을 버렸기에 하나님의 책망을 받았다. "그러나 너를 책망할 것이 있나니 너의 처음 사랑을 버렸느니라"(계 2:4). 그러므로 구원받은 성도가 하나님의 영원불멸하신 은혜와 사랑을 받기 위해서는, 변함없이 매일 말씀과 예배와 기도로 성장해 가며 하나님을 사랑하는 믿음을 가져야 한다.

📖 나는 변함없는 믿음을 하나님께 드리기 위해 마음과 생각을 어떻게 관리하며, 말씀과 예배와 기도로 어떻게 성장해 가고 있는가?

"주께서 심지가 견고한 자를 평강하고 평강하도록 지키시리니 이는 그가 주를 신뢰함이니이다"(사 26:3).

에베소서 묵상집
그리스도의 몸인 교회를 세우라

1판 1쇄 인쇄 _ 2023년 11월 1일
1판 1쇄 발행 _ 2023년 11월 11일

지은이 _ 박정훈
펴낸이 _ 이형규
펴낸곳 _ 쿰란출판사

주소 _ 서울특별시 종로구 이화장길 6
편집부 _ 745-1007, 745-1301~2, 743-1300
영업부 _ 747-1004, FAX 745-8490
본사평생전화번호 _ 0502-756-1004
홈페이지 _ http://www.qumran.co.kr
E-mail _ qrbooks@daum.net / qrbooks@gmail.com
한글인터넷주소 _ 쿰란, 쿰란출판사
페이스북 _ www.facebook.com/qumranpeople
인스타그램 _ www.instagram.com/qrbooks
등록 _ 제1-670호(1988.2.27)
책임교열 _ 최진희·이화정

ⓒ 박정훈 2023   ISBN 979-11-6143-863-4   93230

책값은 뒤표지에 있습니다.
이 출판물은 저작권법에 의해 보호를 받는 저작물이므로 무단 복제할 수 없습니다.
파본(破本)은 구입처에서 교환해 드립니다.